QUANGUO GAOSU GONGLU DIANZI BUTINGCHE SHOUFEI LIANWANG
ZONGTI JISHU FANG'AN YU CESHI FANG'AN

全国高速公路电子不停车收费联网
总体技术方案与测试方案

交通运输部路网监测与应急处置中心　主编

人民交通出版社股份有限公司
China Communications Press Co.,Ltd.

内 容 提 要

本书内容包括两大部分，分别为：总体技术方案和联合测试方案。总体技术方案包括：概述、全国ETC运行现状、联网技术方案、联网实施方案、联网测试、投资估算；联合测试方案包括：测试概述、测试依据、测试范围及对象、测试组织、测试准备、测试内容、测试计划。

本书可供高速公路电子不停车收费联网从业人员，包括从事高速公路电子不停车收费联网的行政管理者、企事业单位工作人员参考使用。

图书在版编目(CIP)数据

全国高速公路电子不停车收费联网总体技术方案与测试方案 / 交通运输部路网监测与应急处置中心主编 . — 北京 : 人民交通出版社股份有限公司 , 2018.9

ISBN 978-7-114-14781-4

Ⅰ . ①全… Ⅱ . ①交… Ⅲ . ①高速公路—公路收费系统—研究—中国 Ⅳ . ① U412.36

中国版本图书馆 CIP 数据核字（2018）第 118433 号

书　　名：**全国高速公路电子不停车收费联网总体技术方案与测试方案**
著 作 者：交通运输部路网监测与应急处置中心
责任编辑：陈力维　张龙定
责任校对：张　贺
责任印制：张　凯
出版发行：人民交通出版社股份有限公司
地　　址：（100011）北京市朝阳区安定门外外馆斜街3号
网　　址：http://www.ccpress.com.cn
销售电话：（010）59757973
总 经 销：人民交通出版社股份有限公司发行部
经　　销：各地新华书店
印　　刷：北京市密东印刷有限公司
开　　本：880×1230　1/16
印　　张：11.5
字　　数：300千
版　　次：2018年9月　第1版
印　　次：2018年9月　第1次印刷
书　　号：ISBN 978-7-114-14781-4
定　　价：98.00元

交通运输部办公厅文件

交办公路〔2014〕112号

交通运输部办公厅关于实施《全国高速公路电子不停车收费联网总体技术方案》和《全国高速公路电子不停车收费联网联合测试方案》的通知

为贯彻落实《交通运输部关于开展全国高速公路电子不停车收费联网工作的通知》（交公路发〔2014〕64号）要求，保障全国高速公路电子不停车收费联网工作顺利推进，交通运输部组织制定了《全国高速公路电子不停车收费联网总体技术方案》和《全国高速公路电子不停车收费联网联合测试方案》，请结合本地实际，抓紧组织实施。

实施期间遇有技术问题，请与方案编制单位部路网监测与应急处置中心联系，联系人：高薪，010-65299189。

交通运输部办公厅

2014年6月4日

抄送：交通运输部路网监测与应急处置中心，交通运输部公路科学研究院。

交通运输部办公厅　　2014年6月4日印发

《全国高速公路电子不停车收费联网总体技术方案与测试方案》编写组

主编单位： 交通运输部路网监测与应急处置中心

参编单位： 交通运输部公路科学研究院

北京市首都公路发展集团有限公司

主编人员： 李作敏　孙永红　李爱民　王　刚

李　剑　梅乐翔　刘　旭　陈　霖

宋　杰　王梦佳　高　薪　张为民

胡　宾　张北海　李全发　颜　鹏

管　伟　杨　蕴　刘鸿伟　雷茂锦

孙兴焕　金文彪　沈志祥　李　英

余绪金　陈　喆　李友良

前　言

为贯彻落实《交通运输部关于开展全国高速公路电子不停车收费联网工作的通知》（交公路发〔2014〕64号）要求，保障全国高速公路电子不停车收费（以下简称“ETC”）联网工作顺利推进，交通运输部组织制定了《全国高速公路电子不停车收费联网总体技术方案》和《全国高速公路电子不停车收费联网联合测试方案》。本书为全国高速公路ETC联网总体技术方案和联合测试方案，可作为高速公路ETC联网工作人员参考，指导推进全国高速公路ETC联网工作。

本书分两部分，分别介绍了总体技术方案和联合测试方案。本书全面分析全国ETC运行现状，提出联网问题及需求分析。在充分调研的基础上，总结“京津冀鲁晋”三省两市、“长三角”五省一市区域联网运营成功经验，提出全国高速公路电子不停车收费联网技术方案，包括联网总体框架、联网运营基本规则、清分结算方案、客户服务方案、数据传输、系统信息安全保障、车道系统业务处理流程、时钟同步机制及卡片文件结构和数据定义等。结合实际，提出29省（自治区、直辖市）接入全国ETC联网体系的实施方案，并且给出工程投资估算。为了保障全国联网工作的高效推进，制定联合测试方案，确保联网区域内跨省（自治区、直辖市）ETC核心设备之间的有效互通兼容，实现ETC用户在联网区域内不同省（自治区、直辖市）车道系统的正常交易和准确扣费，确保各省（自治区、直辖市）清分结算系统与收费公路联网结算管理中心清分结算系统之间数据接口正确、交易记账和清分结算准确。

本书的编写，得到了江西省高速公路联网管理中心、江苏省联网营运管理中心、浙江省公路管理局、安徽省高速公路联网运营有限公司、辽宁省高速公路管理局、广东省联合电子服务股份有限公司、天津市高速公路收费管理中心和相关联网省（自治区、直辖市）交通运输主管部门的大力支持和帮助，在此一并表示感谢！

希望各有关单位和个人在ETC联网推进工作中提出修改意见，以便于今后对方案进行修订完善。

目　　录

第一部分　总体技术方案

第二部分 联合测试方案

第一部分

总体技术方案

1 概　　述

1.1 背景

2007年，京津冀、长三角两个片区电子收费（包括电子不停车收费专用和人工半自动非现金收费，以下简称“ETC”）联网示范工程的实施以及《电子收费专用短程通信》（GB/T 20851—2007）系列国家标准、《收费公路联网收费技术要求》（交通部2007年第35号公告）、《收费公路联网电子停车收费技术要求》（交通运输部2011年第13号公告）的相继颁布，开创了我国全面实施高速公路ETC联网的新局面。京津冀、长三角区域高速公路ETC联网给用户提供了更便捷的跨省（区、市）[1]通行与清算服务，同时也带动了区域经济的发展，其社会效益有目共睹。

在现阶段，提升ETC联网服务质量，实现全国ETC联网，是高速公路网络化运营管理的客观需要和广大公众跨区流动的实际需求；是国务院促进物流业健康发展和“十二五”节能减排综合性工作方案的要求；是从政治高度、全局高度、战略高度，统一思想、为民务实的成果；是树立服务型行业和落实为民、利民、便民实事的重要举措；是集中力量加快推进“四个交通”发展，努力建设人民满意交通的重要体现；将成为高速公路运行管理与服务领域面临的重要课题。

2014年3月7日，交通运输部印发《关于开展全国高速公路电子不停车收费联网工作的通知》（交公路发〔2014〕64号），正式启动全国高速公路ETC的联网工作。按照文件精神，交通运输部路网监测与应急处置中心（以下简称部路网中心）牵头制定了全国ETC联网技术实施方案，并成立联网工作组，负责开展全国高速公路ETC的联网技术方案的编制及联网推进工作。通知印发后，由部路网中心联合交通运输部公路科学研究院、北京市首都公路发展集团组成的联网工作组迅速展开工作，通过联网工作组及14省（市）相关部门的不懈努力，2014年12月26日，北京、天津、河北、山西、辽宁、上海、江苏、浙江、安徽、福建、江西、山东、湖南、陕西14省（市）高速公路ETC正式联网运行，全国ETC联网迈出关键一步。为更好地指导2015年15省（区、市）ETC联网工程实施，部路网中心组织联网工作组在2014年《全国高速公路电子不停车收费联网总体技术方案》（交公路发〔2014〕112号）的基础上进行修订，形成本技术方案。

1.2 实施目标

按照交公路发〔2014〕64号文件精神，全国高速公路ETC联网工程实施目标是：依托京津冀鲁晋区域ETC清分结算系统，建设全国ETC清分结算系统，全面推进全国ETC联网工作，北京、天津、河北、山西、辽宁、上海、江苏、浙江、安徽、江西、福建、山东、陕西、湖南14个省（市）于2014年底前完成联网，其余省（区、市）于2015年9月基本完成联网，建成全国ETC联网运营服务体系，加快形成ETC的规模化应用和完善的服务网络，促进传统交通运输模式的转型升级，推进“四

[1] 本书中若无特别指明，则省（区、市）指省（自治区、直辖市），参见《交通运输部关于开展全国高速公路不停车收费联网工作的通知》（交公路发〔2014〕64号）。

个交通”发展，为广大群众提供畅通、便捷、安全、高效、绿色的公路运输服务。

1.3　适用范围

本技术方案在全国ETC联网工作调研基础上起草编制，适用于全国高速公路ETC联网工作推进和工程实施。2014年12月26日已联网的14省（市）应重点关注第4.2.3节，配合15省（区、市）的联网接入工作。

1.4　方案主要内容

（1）在调研的基础上，提出联网问题及需求分析。

（2）在“京津冀鲁晋”三省两市、“长三角”五省一市区域联网运营基础上，总结2014年14省（市）联网运营成功经验，结合2015年各省（区、市）ETC建设和运行现状，提出全国高速公路ETC联网技术方案，包括联网总体框架、联网运营基本规则、清分结算方案、客户服务方案、数据传输、系统信息安全保障、车道系统业务处理流程、时钟同步机制及卡片文件结构和数据定义等内容。

（3）提出全国29省（区、市）实现全国ETC联网的实施方案。

（4）为确保全国联网工作的顺利开展，制订联合测试方案。

（5）工程投资估算。

1.5　编制依据

本方案编制主要依据以下技术文件：

（1）《交通运输部关于开展全国高速公路不停车收费联网工作的通知》（交公路发〔2014〕64号）。

（2）《电子收费 专用短程通信》（GB/T 20851.1—2007 ～ GB/T 20851.5—2007）。

（3）《收费公路联网收费技术要求》（交通部2007年第35号公告）。

（4）《收费公路联网电子不停车收费技术要求》（交通运输部2011年第13号公告）。

（5）《公路电子不停车收费联网运营和服务规范》（JTG B10—2014）。

（6）《全国高速公路电子不停车收费联网工作总体技术方案》（交办公路〔2014〕112号）及《全国高速公路电子不停车收费联网工作总体技术方案补充技术要求》（交办公路〔2014〕205号）。

（7）《全国高速公路电子不停车收费联网管理委员会章程》（交办公路〔2014〕190号）。

（8）2014年全国高速公路电子不停车收费联网工作推进过程中发布的相关文件。

2　全国ETC运行现状

2.1　全国 ETC 建设及客服发展情况

在京津冀和长三角 ETC 联网示范工程的带动下，2014 年我国已有 26 个省（区、市）按照国家和交通运输部颁布的标准建设开通了 ETC 系统。

随着 ETC 系统在全国高速公路的大规模建设与应用，其安全、便捷、绿色环保效益凸显，社会各界广泛关注，得到了公众和行业主管部门的广泛认可。

自 2007 年京津冀、长三角区域高速公路 ETC 联网示范工程启动以来，全国 ETC 车道数量和用户数量每年均以较快的速度增长。据不完全统计与测算，截至 2014 年年底，我国开通 ETC 车道约 7600 条，ETC 用户数达 1300 万（包含单卡用户），自营客户服务网点超过 800 个，各类合作网点超过 13000 个。另外，全国已开通 ETC 系统的省（区、市）也积极拓展并发挥各大银行、加油站、便利店等便民优势，ETC 代理服务网点已逐步覆盖省、市、县（区）一级（均指省内）。

2.2　2014 年联网区域概况

2.2.1　京津冀鲁晋联网区域

2.2.1.1　建设情况

京津冀区域高速公路 ETC 联网示范工程于 2010 年 9 月 28 日实现互联互通；鲁、晋两省于 2013 年 12 月 31 日接入京津冀联网区域。截至 2014 年第一季度：

北京市联网高速公路共有收费站 149 个，建设 ETC 车道 412 条，MTC 车道 1181 条，发展 ETC 用户约 121.58 万（其中，OBU 用户 121.5 万、单独用户卡用户 0.08 万）。

天津市联网高速公路共有收费站 108 个，建设 ETC 车道 182 条，MTC 车道 1006 条，发展 ETC 用户约 10.68 万（其中，OBU 用户 10.66 万、单独用户卡用户 0.02 万）。

河北省联网高速公路共有收费站 345 个，建设 ETC 车道 301 条，MTC 车道 3600 条，发展 ETC 用户约 50.57 万（其中，OBU 用户 21.8 万、单独用户卡用户 28.77 万）。

山东省联网高速公路共有收费站 344 个，建设 ETC 车道 469 条，MTC 车道 2542 条，发展 ETC 用户约 67 万（其中，OBU 用户 52 万、单独用户卡用户 15 万）。

山西省联网高速公路共有收费站 260 个，建设 ETC 车道 220 条，MTC 车道 2146 条，发展 ETC 用户约 10.67 万。

2.2.1.2　联网运营管理模式

1）省（市）域内 ETC 联网运营管理模式

北京市联网高速公路 ETC 的运营管理采取企业运营方式，由北京速通科技有限公司负责全市 ETC 的运营管理工作。

天津市联网高速公路 ETC 的运营管理采取事业单位与企业运营相结合的方式，在天津市高速公路管理处下设立天津市高速公路电子收费管理中心，负责全市 ETC 的运营管理工作。

河北省联网高速公路 ETC 的运营管理采取事业单位的方式，在河北省高速公路管理局下设立指挥调度中心，负责全省 ETC 的运营管理工作。

山东省联网高速公路 ETC 的运营管理采取事业单位的方式，在山东省交通运输厅下设立高速公路收费结算中心，负责全省 ETC 的运营管理工作。

山西省联网高速公路 ETC 的运营管理采取事业单位的方式，在山西省高速公路管理局下设立山西省高速公路收费管理结算中心，负责全省 ETC 的运营管理工作。

2）跨省（市）域内 ETC 联网运营管理模式

在北京、天津、河北现有联网收费管理体系基础上，2010 年 9 月组建了京津冀区域联网收费管理中心，在其上设立京津冀区域联网电子不停车收费管理委员会，负责行使示范工程中跨省（市）ETC 交易的服务与管理职能。2013 年 4 月，北京、天津、河北、山东、山西交通运输主管部门共同在北京成立了京津冀鲁晋区域联网电子收费管理委员会，并召开了第一次会议，旨在共同推动以上两市三省的 ETC 联网工作。京津冀鲁晋区域联网管理体制，如图 1.2-1 所示。

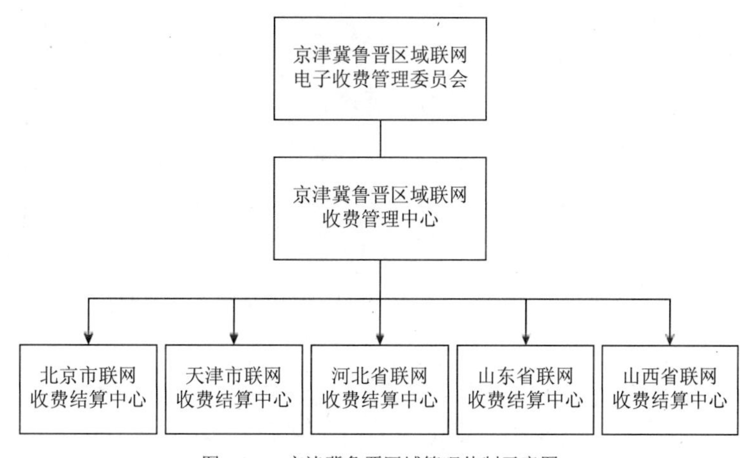

图 1.2-1　京津冀鲁晋区域管理体制示意图

2.2.1.3　联网运行成效

据统计，2011—2013 年京津冀鲁晋区域联网省（市）跨省（市）交易量见表 1.2-1。

京津冀鲁晋区域联网省（市）跨省（市）交易量统计（万笔）　表 1.2-1

年　份	北京	天津	河北	山东	山西	合计
2011 年	584.35	148.42	331.32	0.00	0.00	1064.09
2012 年	942.30	223.71	506.51	0.00	0.00	1672.52
2013 年	1660.11	323.11	687.03	0.00	0.00	2670.25

注：山东省、山西省于 2013 年 12 月 31 日正式联网，2011—2013 年不产生交易数据。

根据表 1.2-1，可以看出：

2011 年全年，京津冀区域跨省（市）交易量为 1064.09 万笔。

2012 年全年，京津冀区域跨省（市）交易量为 1672.52 万笔，较 2011 年增长 57.2%。

2013 年全年，京津冀区域跨省（市）交易量为 2670.25 万辆次，较 2012 年增长 60%。

可见，京津冀域跨省（市）交易呈逐年上涨趋势，如图 1.2-2 所示。北京、天津、河北跨省（市）交易量增长趋势非常明显。

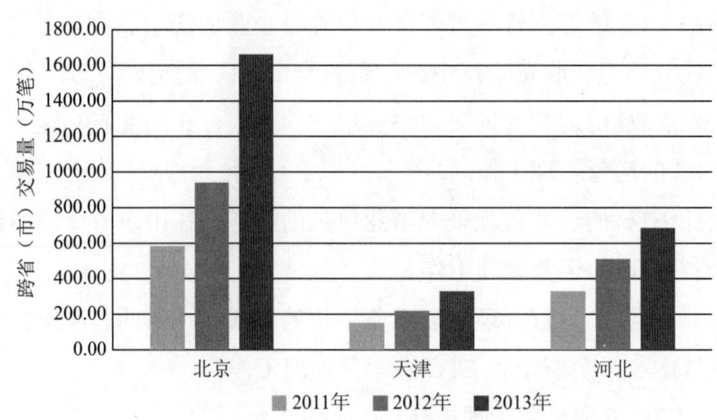

图 1.2-2　京津冀区域跨省（市）交易量分地区变化趋势

2.2.2　长三角联网区域

2.2.2.1　建设情况

长三角（上海、江苏、浙江、安徽、江西、福建）区域高速公路 ETC 联网示范工程始于 2008 年 12 月 31 日，上海和江苏在沪苏高速公路的省界收费站进行了 ETC 联合试运行开通，实现沪苏互联；2009 年 11 月 28 日，安徽 ETC 系统开通，并实现了沪、苏、皖三地互联；2010 年 7 月 28 日，沪、苏、皖、赣 ETC 系统实现互联互通。2012 年初，福建并网。2012 年 8 月 2 日，浙江正式并网，至此长三角（上海、江苏、浙江、安徽、江西、福建）区域高速公路 ETC 联网示范工程正式实施完成，全面实现了长三角地区五省一市高速公路区域联网 ETC 互联互通、跨省（市）运营，跨省（市）清分与结算（包括跨省（市）通行费资金的划拨）。截至 2014 年第一季度：

上海市联网高速公路共有收费站 107 个，建设 ETC 车道 276 条，MTC 车道 899 条，发展 ETC 用户约 35.76 万。

江苏省联网高速公路共有收费站 362 个，建设 ETC 车道 751 条，MTC 车道 2693 条，发展 ETC 用户约 127 万（其中，OBU 用户 91 万、单独用户卡用户 36 万）。

浙江省联网高速公路共有收费站 340 个，建设 ETC 车道 741 条，MTC 车道 2180 条，发展 ETC 用户约 43 万。

安徽省联网高速公路共有收费站 173 个，建设 ETC 车道 266 条，MTC 车道 1365 条，发展 ETC 用户约 18.35 万（其中，OBU 用户 11.86 万、单独用户卡用户 6.49 万）。

江西省联网高速公路共有收费站 245 个，建设 ETC 车道 318 条，MTC 车道 1370 条，发展 ETC 用户约 14.9 万（其中，OBU 用户 9.2 万、单独用户卡用户 5.7 万）。

福建省联网高速公路共有收费站 244 个，建设 ETC 车道 445 条，MTC 车道 1247 条，发展 ETC 用户约 28.71 万（其中，OBU 用户 26.82 万、单独用户卡用户 1.89 万）。

2.2.2.2　联网运营管理模式

1）省（市）ETC 联网运营管理模式

上海市联网高速公路 ETC 的运营管理采取事业单位与企业运营相结合的方式，由上海市路政局具体负责本市高速公路 ETC 建设、推广等行业管理与监督；上海公共交通卡股份有限公司负责 ETC 发行管理、客服管理、用户发展、跨省结算等具体工作。

江苏省联网高速公路 ETC 的运营管理采取企业运营方式，江苏交通控股有限公司下设江苏省高速公路联网营运管理中心，直接负责全省 ETC 的运营管理工作。

浙江省联网高速公路 ETC 的运营管理采取事业单位的方式，浙江省公路管理局下设高速公路收费结算中心，负责全省 ETC 的运营管理工作。

安徽省联网高速公路 ETC 的运营管理采取事业单位与企业运营相结合的方式，安徽省交通运输联网管理中心下设安徽省高速公路联网运营有限公司，安徽省全省联网收费的运营管理工作由省交通运输联网管理中心总体负责，省高速公路联网运营有限公司承担具体运营工作。

江西省联网高速公路 ETC 的运营管理采取事业单位的方式，江西省交通运输厅下设江西省高速公路联网管理中心，负责全省 ETC 的运营管理工作。

福建省联网高速公路 ETC 的运营管理采取企业运营方式，由福建省高速公路有限责任公司直接负责全省 ETC 的运营管理工作。

2）跨省（市）ETC 联网运营管理模式

长三角（上海、江苏、浙江、安徽、江西、福建）区域高速公路联网不停车收费示范工程采用对等管理架构，不设置长三角区域联网不停车收费管理中心，先期利用现有的各省（区、市）联网收费管理（结算）中心或监控中心完成数据的汇总、验证、统计与清算等业务，省级结算中心之间完成跨省（市）ETC（含非现金支付）原始交易数据、清分数据、系统参数（黑名单等）、核对结果、查询请求、查询结果的传输与交换，通过银行完成跨省（市）结算资金的划拨，通过客户服务与发行系统和银行完成资金的归集、账户的管理等，各省（区、市）内仍然维持现有的高速公路联网收费管理体系不变。长三角区域联网管理体制，如图 1.2-3 所示。

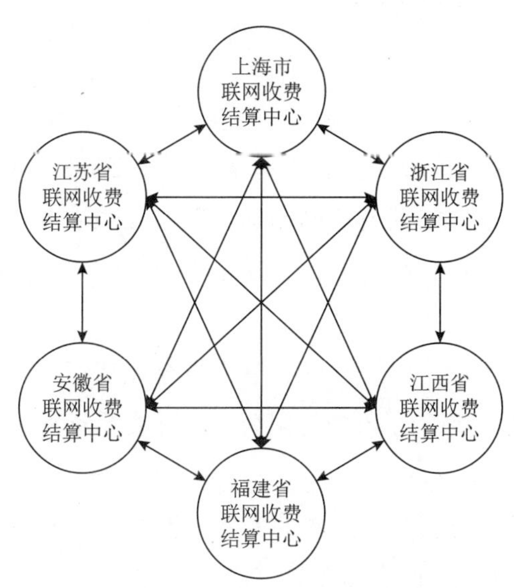

图 1.2-3　长三角区域管理体制示意图

2.2.2.3　联网运行成效

据统计，2011—2013 年长三角区域联网省（市）跨省（市）交易量见表 1.2-2。

长三角区域联网省（市）跨省（市）交易量统计（万笔）　　表 1.2-2

年　份	安徽	福建	江苏	江西	上海	浙江	合计
2011 年	108.20	0.00	538.62	6.61	526.08	0.00	1179.51
2012 年	306.30	47.07	789.59	38.45	748.40	272.01	2201.82
2013 年	753.90	113.27	1158.34	92.93	1040.42	1005.30	4164.16

根据表 1.2-2，可以看出：

2011 年全年，长三角区域跨省（市）交易量为 1179.51 万笔。

2012 年全年，长三角区域跨省（市）交易量为 2201.82 万笔，较 2011 年增长 86.7%。

2013 年全年，长三角区域跨省（市）交易量为 4164.16 万辆次，较 2012 年增长 89.2%。

可见，长三角区域跨省（市）交易呈逐年上涨趋势，如图 1.2-4 所示。安徽、上海、江苏、浙江跨省（市）交易量增长趋势非常明显。

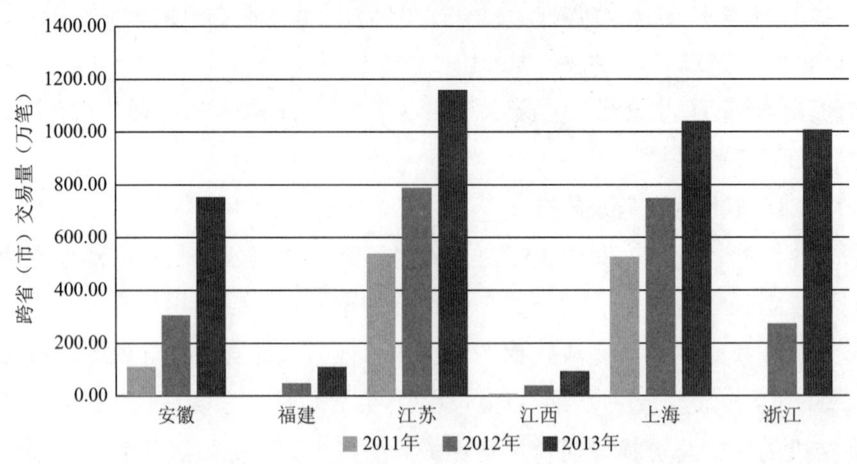

图 1.2-4 长三角区域跨省（市）交易量分地区变化趋势

2.2.3 陕西、辽宁、湖南省运行情况

2.2.3.1 陕西省运行情况

1）建设情况

陕西省高速公路电子不停车收费经陕西省交通运输厅于 2008 年 6 月批准实施，2009 年 1 月 1 日正式启用。截至 2014 年第一季度，陕西省联网高速公路共设收费站 289 个，ETC 车道 222 条，MTC 车道 1600 条，发展 ETC 用户约 49.06 万（其中，OBU 用户 19.76 万、单独用户卡用户 29.3 万）。

2）运营管理模式

陕西联网高速公路 ETC 的运营管理采取事业单位与企业运营相结合的方式，2011 年 8 月由陕西省交通运输厅批准成立陕西高速公路电子收费有限公司，并委托省高速公路收费管理中心实际管理。

3）发行与客服现状

截至 2014 年，陕西省电子收费服务网点共 133 个，包括自营服务网点 18 个，与银行合作代理网点 115 个，达到全省 10 地市及重点县区全覆盖。

2.2.3.2 辽宁省运行情况

1）建设情况

辽宁省高速公路于 2009 年试点建设两个 ETC 收费站，2011 年又建设 23 个收费站，并实现与 MTC 互通联网运行，截至 2013 年末全省共开通 173 个收费站，共计 355 条 ETC 车道（占已开通收费站的 60%），MTC 车道 1746 条。截至 2014 年第一季度，辽宁省联网高速公路共设收费站 285 个，ETC 车道 355 条，发展 ETC 用户约 24.17 万。

2）运营管理模式

辽宁联网高速公路 ETC 的运营管理采取事业单位与企业运营相结合的方式。辽宁省高速公路管理局设置电子收费运营服务管理中心，负责电子不停车收费业务的管理工作，下设客户服务部、投诉处理部、数据监管部、财务部、技术部。电子收费客户服务等具体业务采用公司化运营，在辽宁省高速公路实业发展总公司下设立电子不停车收费运营服务公司。

3）发行与客服情况

辽宁省 ETC 服务网点主要包括全业务网点、电子标签安装网点、储值卡发行及发票打印网点、独立发票打印网点等，其中全业务网点 13 个，全部分布在沈阳城区内。除沈阳地区外，在各城市高速公路主要收费站内设置电子标签安装网点，全省共计 13 个。其他各网点全部设在银行营业厅内。ETC 服务网点已经覆盖地市级城市。

2.2.3.3　*湖南省运行情况*

1）建设情况

截至 2014 年第一季度，湖南省联网高速公路共设收费站 340 个，ETC 车道 452 条，MTC 车道 2444 条，发展 ETC 用户约 29.7 万（其中，OBU 用户 29.65 万、单独用户卡用户 0.05 万）。

2）运营管理模式

湖南联网高速公路 ETC 的运营管理采取事业单位管理的方式，由湖南省高速公路管理局对全省 ETC 进行建设、运营等管理。

3）发行与客服情况

截至 2014 年，湖南省电子收费服务网点共 532 个，均为代理服务网点。

2.3　2014 年区域联网问题和需求分析

从高速公路规模、机动车保有量等方面来看，全国高速公路 ETC 系统的建设和发展程度与欧洲、日本等发达国家相比尚属于起步阶段，但发展势头较好，ETC 标准规范、关键产品已趋于成熟，省域、京津冀和长三角地区 ETC 工程实施、服务体系等已初具规模，具备全国高速公路 ETC 联网的基本条件。

根据目前情况来看，对于更大范围乃至全国高速公路 ETC 联网，还存在以下问题及需求：

1）部分省（区、市）未按国家标准建设 ETC 系统

我国 ETC 系统主要采用 5.8GHz 专用短程 DSRC 通信技术，并配合“双片式电子标签（OBU）+ 双界面用户卡”车载终端，同时满足 ETC 系统与 MTC 系统的应用需求。尚有部分省（区、市）的 ETC 系统未按国家标准进行建设，如吉林省采用与国家标准技术路线完全不同的无源 RFID 技术，其 OBU 不能与国家标准路侧设备（RSU）兼容，安装其他省（区、市）OBU 的车辆也不能在吉林省实现 ETC 收费。广东省 ETC 系统原先是按照地方标准建设，其 OBU 不能与国家标准 RSU 实现互连互通，目前广东省正积极进行“一张网”系统升级改造，全省所有 OBU 以及 ETC 车道计划陆续完成国标化改造。

2）部分省（区、市）车型分类标准尚未统一

目前，我国部分省（区、市）（例如：内蒙古、河南、湖北、重庆、甘肃、广东等）收费车型分类标准尚未与交通运输部颁布标准统一，这也直接影响了上述省（区、市）参与全国高速公路 ETC 联网。统一车型分类标准是省（区、市）际高速公路 ETC 联网收费的基础，只有按照统一车型分类标准，即 ETC 客车车型分类应严格执行《收费公路车辆通行费车型分类》（JT/T 489—2003）标准，才能保障全国 ETC 联网的顺利实施。

3）南北方联网区域运营规则和客户服务标准存在差异

经过实地调研分析，由于各省（区、市）ETC 管理体制、运营模式的不同以及京津冀鲁晋、长三角区域存在跨省（区、市）结算体制的差异，这直接影响更大范围乃至全国 ETC 联网运行效率和客户服务水平。因此，完善并建设统一的 ETC 联网运营规则与客户服务体系迫在眉睫。根据交通运输部《关于开展全国高速公路电子不停车收费联网工作的通知》（交公路发〔2014〕64 号）的文件精神，进一步明确了“依托京津冀区域 ETC 清分结算系统建设全国 ETC 清分结算中心系统”的管理架构。这需要在南北方联网区域现有的运营规则和客户服务标准的基础上取长补短，建立符合全国 ETC 联网需求的统一运营规则和客户服务体系，规范包括清分结算、联网信息管理、检测管理、指标参数、车道服务、用户服务、形象标识等方面的总体原则，并对涉及跨省清分结算、争议交易、投诉处理、入网检测等省（区、市）际系统运行和服务的核心问题进行细则规定。

4）地方差异化应用和个性化需求所带来的影响

已建设 ETC 系统的省（区、市）在推广和发展 ETC 用户时，也存在对 ETC 差异化的应用和个性化的需求：

（1）关于用户卡兼做通行券和电子钱包的问题

目前，已开通 ETC 系统的省（区、市）对于用户卡是否兼做通行券和电子钱包问题并未统一，这给用户在不同区域的体验带来了差异。

情形一：已采用 433MHz 通信技术实现现金路径精确标识的省，如浙江、四川、广东等，用户卡可单独作为电子钱包使用。

情形二：若用户在 MTC 入口领通行卡，用户卡仅作为电子钱包使用，在这种情况下，该车辆也只能在 MTC 车道出口刷卡缴费通行，如辽宁等。

情形三：若在收费站入口未使用用户卡（卡中无入口信息），收费站出口也无法使用用户卡进行单独支付，如北京等。

（2）关于车卡绑定的问题

目前，已开通 ETC 系统的省（区、市）实行 ETC 车辆信息与 OBU 绑定，有的省（区、市）实行一车一卡，有的联网省（区、市）由于区域性优惠政策的不同，会出现“一车多签、一车多卡”的现象，给运营管理带来极大的不便，也直接影响收费车道的判定方式。这就要求对车卡绑定方式进行统一规定，并建立用户信息共享平台，优化并统一车道判定方式，以此提高管理效率和服务水平。

（3）关于车道系统对 OBU 和用户卡发行属地的判定方法

已开通 ETC 系统的省（区、市）针对 OBU 发行属地的判定方法为，判定系统信息文件（EF01）中发行方标识区域代码的 4 个字节，即省（区、市）名称的 2 个汉字，如“北京”。

根据调研了解，针对用户卡的发行属地判定，长三角区域是判定卡片发行基本数据文件（0015）中的卡片网络编号。由于长三角区域和其他区域的具体卡片网络编码方式不同（长三角区域是 16 进制编码，其他区域是 BCD 编码），会造成部分省（市）的判定混乱，如辽宁 ETC 车辆在浙江路网行驶会被判定为本地车辆等。因此，全国 ETC 联网依然通过卡片网络编号进行用户卡的发行属地判定会存在问题。

（4）关于 OBU 和用户卡的数据结构和定义

目前，已开通 ETC 系统的部分省（区、市）也将 ETC 技术应用在其他方面，如解决二义性路径识别问题、城市拓展应用等。这势必会对 OBU 和用户卡的应用空间带来冲击，需要对 OBU 和用户卡的数据结构和定义进行重新规定和调整。

（5）关于黑名单机制

ETC 更大范围区域联网乃至全国联网后，黑名单的数据规模也将随着联网规模的扩大而增加，黑名单的上传与下发机制将是全国 ETC 联网的关键一环，也是保证全国 ETC 联网运行顺畅的基础。目前，亟需统一和明确联网省（区、市）ETC 黑名单的生成更新条件、上传下发时限、应急处置机制等，同时也应考虑黑名单数据规模对中心系统承载、传输带宽及速率等软硬件设施的影响。

2.4　2015 年全国联网概况

2014 年 12 月 26 日，北京、天津、河北、山西、辽宁、上海、江苏、浙江、安徽、福建、江西、山东、湖南、陕西 14 省（市）高速公路 ETC 正式联网运行。

截至 2015 年 1 月 5 日，跨省（区、市）交易量达 786.06 万辆次，交易金额达 4.9 亿元，系统清分 21 次，开展结算业务 17 次，系统整体运行稳定。

2.5　2015 年全国联网问题及需求分析

结合 2014 年联网情况以及 15 省（区、市）情况来看，对于 15 省（区、市）实现全国 ETC 联网，存在以下问题及需求：

2.5.1　部分省（区、市）尚未完成国标化 ETC 系统改造

我国 ETC 系统主要采用 5.8GHz 专用短程 DSRC 通信技术，并配合“OBU+ 双界面用户卡”车载终端，同时满足 ETC 系统与 MTC 系统的应用需求。目前，部分省（区、市）ETC 系统还未完成国标化改造。如吉林省之前采用与国家标准技术路线完全不同的无源 RFID 技术，其无法实现与国家标准 RSU 兼容，因此，吉林省需要对原有系统进行国标化改造，目前改造工程正在实施当中。此外，广东省 ETC 系统之前是按照地方标准建设，其 OBU 不能与国家标准 RSU 实现互连互通，目前广东省正积极进行“一张网”系统升级改造，全省所有 OBU 以及 ETC 车道将陆续完成国标化改造。

2.5.2　部分省（区、市）车型分类标准尚未统一

目前 2015 年预联网省（区、市）中，有内蒙古、河南、湖北、重庆、甘肃、广东等的收费车型分类标准尚未与交通运输部颁布标准统一，这将直接影响到上述省（区、市）实现全国 ETC 联网。统一车型分类标准是全国高速公路 ETC 联网收费的基础，只有按照统一车型分类标准，即 ETC 客车车型分类应严格执行《收费公路车辆通行费车型分类》（JT/T 489—2003）标准，才能保障全国 ETC 联网的顺利实施。

2.5.3　运营规则和客户服务标准存在差异

由于各省（区、市）ETC 管理体制、运营模式的不同，造成各地 ETC 运营规则和客户服务标准存在很大差异，直接影响更大范围乃至全国 ETC 联网运行效率和客户服务水平。2014 年 8 月 1 日，交通运输部颁布实施《公路电子不停车收费联网运营和服务规范》（JTG B10—2014），以指导全国 ETC 联网运营和服务工作开展。同时，部路网中心组织联网工作组，依据《公路电子不停车收费联网运营

和服务规范》，陆续编制并发布了《公路电子不停车收费联网运营和服务规范实施细则（暂行）》、《公路电子不停车收费联网运营和服务规范实施手册》等文件，以具体指导当前全国ETC联网工作实施。因此，为顺利实现2015年全国ETC联网工程，15省（区、市）应严格遵守上述文件要求，实施系统改造并开展运营和服务工作。

2.5.4 地方差异化应用和个性化需求所带来的影响

已建设ETC系统的省（区、市）在推广和发展ETC用户时，也存在对ETC差异化的应用和个性化的需求：

2.5.4.1 关于用户卡兼做通行券和电子钱包的问题

目前，已开通ETC系统的省（区、市）对于用户卡是否兼做通行券和电子钱包问题并未统一，这给用户不同区域的体验带来了差异。

情形一：已采用433MHz通信技术实现现金路径精确标识的省，如浙江、四川、广东等，用户卡单独作为电子钱包使用。

情形二：若用户在MTC入口领通行卡，用户卡仅作为电子钱包使用，那么这种情况下，该车辆也只能在MTC车道出口刷卡缴费通行，如辽宁等。（2014年已按交办公路〔2014〕112号文件调整）

情形三：若在收费站入口未使用用户卡（卡中无入口信息），收费站出口也无法使用用户卡进行单独支付，如北京等。（2014年已按交办公路〔2014〕112号文件调整）

2.5.4.2 关于车卡绑定的问题

目前，已开通ETC系统的省（区、市）实行“一车一签一卡”绑定发行，有的省（区、市）实行一车一卡，而由于区域性优惠政策的不同，出现了“一车多签、一车多卡”的现象，给运营管理带来极大的不便，也直接影响收费车道的判定方式。

2.5.4.3 关于车道系统对于OBU和用户卡发行属地的判定方法

各地针对ETC用户发行属地的判定是通过卡片发行基本数据文件（0015）中的卡片网络编号进行判定，由于长三角区域卡片网络编码方式与其他地区存在差异（长三角区域是16进制编码，其他区域是BCD编码），造成部分省（区、市）的判定混乱，如辽宁ETC车辆在浙江路网行驶会被判定为本地车辆等。因此，为准确判定ETC用户发行属地，《全国高速公路电子不停车收费联网总体技术方案》（交办公路〔2014〕112号）及本次修订的技术方案均对此进行统一规定，2015年实施联网的15省（区、市）应严格按照技术方案实施。

2.5.4.4 关于OBU和用户卡的数据结构和定义

已开通ETC系统的部分省（区、市）在发行OBU和用户卡时，未严格按照国家标准和技术要求实施，这为实施全国联网及未来扩展应用带来一定困难，因此需要对OBU和用户卡的数据结构和定义进行重新规定和调整。

2.5.4.5 关于黑名单机制

ETC更大范围区域联网乃至全国联网后，黑名单的数据规模也将随着联网规模的扩大而增加，黑名单的上传与下发机制将是全国ETC联网的关键一环，也是保证全国ETC联网运行顺畅的基础。目前，亟需统一和明确联网省（区、市）ETC黑名单的生成更新条件、上传下发时限、应急处置机制等，同时也应考虑黑名单数据规模对中心系统承载、传输带宽及速率等软硬件设施的影响。

3　联网技术方案

3.1　联网总体架构

全国联网收费总体框架由国家收费公路联网结算管理中心（以下简称“国家中心”）、省（区、市）级联网结算管理中心（以下简称“省中心”）、省内路段收费分中心、收费站、收费车道（MTC车道、ETC车道）五级组成，如图1.3-1所示。

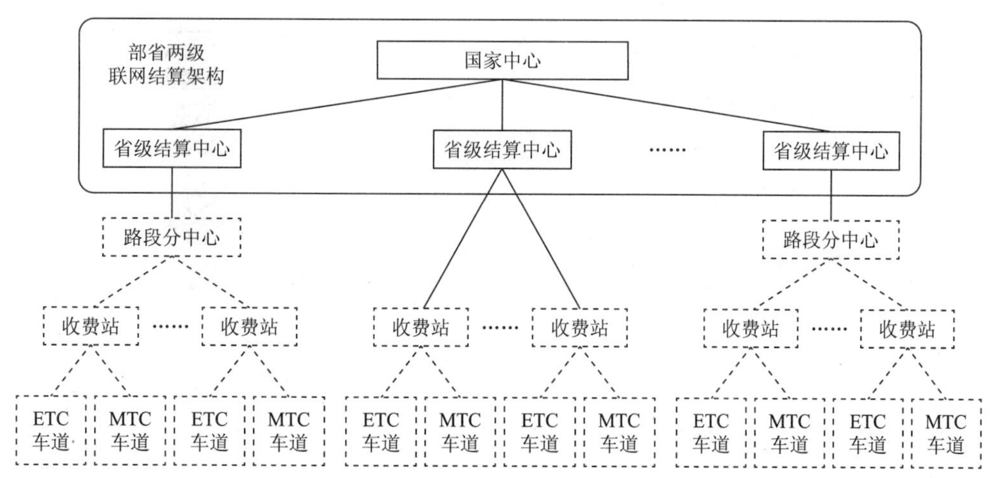

图1.3-1　全国高速公路ETC联网总体架构示意

3.1.1　国家中心

经交通运输部批准，在交通运输部路网监测与应急处置中心（以下简称“部路网中心”）下设收费公路联网结算管理中心（以下简称“国家中心”）。

3.1.1.1　国家中心组成

国家中心作为部路网中心所属机构，由部路网中心负责对其领导与管理。

3.1.1.2　定位与职能

按交通运输部文件规定和联网工作需求，国家中心承担以下工作：

（1）受交通运输部委托，起草全国收费公路联网收费和ETC方面的规章制度、标准规范和相关政策。

（2）制订全国收费公路联网收费的实施管理办法，并组织实施。

（3）承担ETC跨省（区、市）联网收费日常清分、结算、参数管理。

（4）协调、处理ETC跨省（区、市）联网运营与服务中出现的问题。

（5）协调省（区、市）际无法处理的ETC跨省（区、市）争议交易、投诉等问题。

（6）对联网区域内的ETC公共数据与数据交换进行管理，并向各省级ETC联网运营与服务机构提供数据查询服务。

（7）组织ETC跨省联网收费系统和关键设备的入网检测。

（8）承担收费公路国家级密钥管理工作。

根据《收费公路联网收费技术要求》（交通部2007年第35号公告），各省（区、市）内联网收费运营管理工作由各省中心负责。涉及跨省（区、市）清分、结算的，各省中心应配合国家中心完成具体清分、结算、核查、客服等工作。

3.1.2 省中心

按联网工作需求，省中心承担以下工作：

（1）配合国家中心完成跨省（区、市）通行费清分结算业务。

（2）负责省（区、市）内电子收费数据的汇总、验证、统计与清算等业务。

（3）与省（区、市）内发行及服务机构完成结算数据及用户状态信息的交互。

（4）负责电子收费系统用户状态名单（黑名单）的管理。

（5）负责争议交易处理、投诉处理等工作。

（6）协调、处理本省（区、市）ETC联网运营与服务中出现的问题。

（7）负责本省（区、市）ETC公共数据与数据交换的管理。

3.1.3 国家中心系统功能框架

3.1.3.1 系统简介

收费公路联网结算管理系统作为全国高速公路ETC联网运营的核心，进行所有高速公路跨省（区、市）通行交易的清分结算处理，以及争议交易、退费、投诉等业务的流转和确认，同时提供综合查询和访问服务；有效控制系统风险，加强系统运营的业务保障和质量控制；提供数据上传和共享平台，促进信息流转。

3.1.3.2 系统功能

系统分为清分系统、结算系统、综合业务系统、风险控制系统和质量控制系统。

1）清分系统

与各省（区、市）清分系统对接，按照接口规范定义进行通行交易信息、状态名单信息（黑名单）、参与方信息等数据的流转和确认；按照清分统计规则进行清分统计，并将统计信息发送至各省（区、市）清分系统；作为清分核对依据接受综合业务系统传递的争议处理结果进行业务处理。

2）结算系统

连接清分系统和结算银行，接收清分统计数据，并按规则定期结算，形成结算结果单发送至结算银行，由结算银行完成通行费轧差资金的归集和划拨。

3）综合业务系统

连接清分系统、结算系统，为国家中心业务人员及各省（区、市）清分结算人员提供业务操作平台，相关人员根据业务规则按日或其他周期登录系统，并开展业务处理。主要功能包含：

（1）清分业务。各省（区、市）清分结算人员在该平台进行清分统计的查询、核对和确认，作为各省（区、市）对清分统计结果认可的依据。

（2）结算业务。各省（区、市）清分结算人员在该平台进行结算统计的查询、核对和确认，作为各省（区、市）对结算统计结果认可的依据。国家中心业务人员按此向结算系统发送信息，进行结算。

（3）争议处理。争议所涉及的省（区、市）工作人员通过此平台上进行证据的提交和复议，双方达成一致后，系统按处理意见发送至清分系统，处理后的争议数据纳入下一个清分统计范围。双方无法达成一致的，提交国家中心协调，协调后形成的处理意见为最终结果，该结果将发送至清分系统，纳入下一个清分统计范围。

（4）退费处理。各省（区、市）工作人员通过此平台发起退费申请，填写退费说明和关键信息，由退费关联省（区、市）工作人员进行确认，达成一致意见的退费，在规则约定周期内进行退费的结算。双方无法达成一致的，提交国家中心协调，协调后形成的处理意见为最终结果，在规则约定周期内进行退费的结算。

（5）投诉处理。各省（区、市）工作人员通过此平台发起投诉申请，填写投诉说明和关键信息，由投诉关联省（区、市）工作人员进行确认，投诉可进行多次回复处理，由发起方单位向用户进行最终解释，达成一致意见且用户满意的投诉关闭。双方无法达成一致的，提交国家中心协调，协调后形成的处理意见为最终结果，由发起方单位向用户进行最终解释并关闭该投诉。

（6）信息共享。按照交通运输部相关要求，向各省（区、市）提供信息共享界面，要求各省（区、市）定期填报，经统一分析后形成相关报告，各省（区、市）相关人员经授权后可调用。如用户发行基本信息、统计分析报告、产品质量统计报告等。

4）风险控制系统

检测国家中心系统的交互信息，针对异常数据及时过滤并报警，由国家中心业务操作人员进行关注并通知相关省（区、市）配合处理。例如，单笔远超出预定上限费额的可疑通行交易、系统通信异常、状态名单剧增或剧减、各省（区、市）回复消息时间过长、争议交易急剧增多等等。

5）质量控制系统

用于分析和统计全国清分结算和服务系统的工作质量，包括数据准确性、数据传输及时性，以及相关投诉、退费、信息报送延迟等异常的统计分析，定期推出各项服务和工作的排名信息，以使全国清分结算和服务系统更加高效，提供更加优质服务。

3.1.3.3　系统架构

为保障全国清分结算和服务系统的稳定和拓展性，秉承“小核心，大外围”的理念，以清分系统和结算系统为核心，综合业务系统、风险控制系统和质量控制系统为外围，建立服务系统，如图 1.3-2 所示。

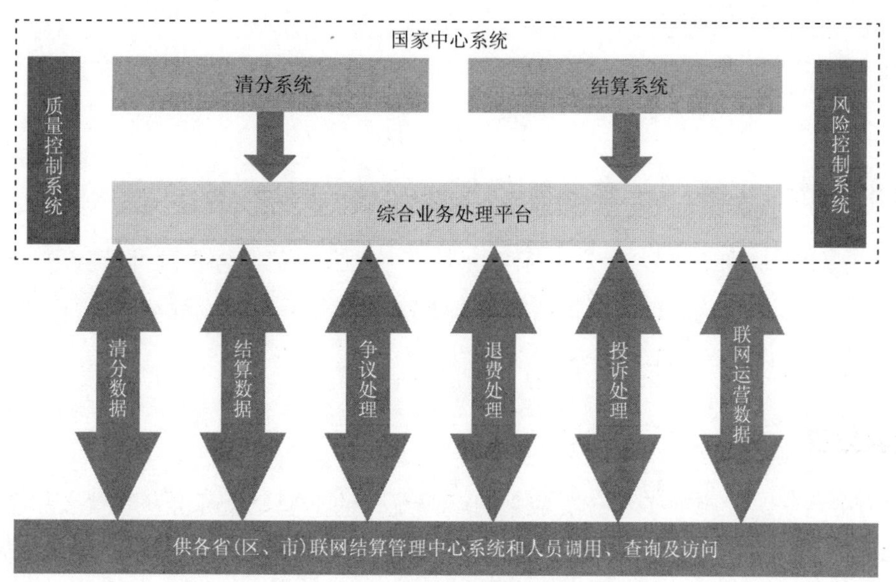

图 1.3-2　国家中心系统架构示意图

国家中心按照两地三中心原则建设联网数据容灾备份系统，由中国邮政集团负责本地和异地容灾备份系统建设。

3.1.4 跨省（区、市）数据交互

3.1.4.1 交互的数据内容

交互的数据内容主要分为两类：一类为指标性数据；另一类为清分结算数据。

1）指标性数据

省中心定期统计本省（区、市）ETC 指标性数据，并通过国家中心综合业务系统上报国家中心，由国家中心汇总相关数据信息，并共享给各省中心。

指标性数据主要包括基础设施指标数据、用户发展指标数据及运营类指标数据。详见《公路电子收费联网运营与服务规范》及相关细则。

2）清分结算数据

清分结算数据是指为实现跨省（区、市）ETC 清分结算业务、部省两级中心交互的数据，如图 1.3-3 所示。

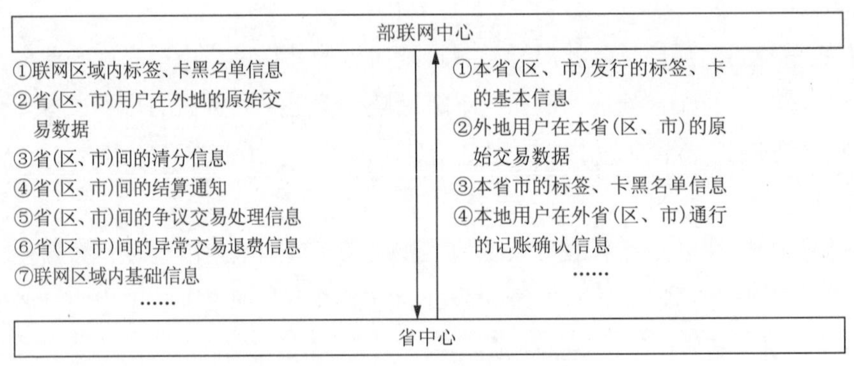

图 1.3-3 交互的清分结算数据示意图

3.1.4.2 涉及清分结算的数据接口定义

跨省（区、市）数据接口定义，见附录 A。

3.2 联网运营基本规则

3.2.1 联网区域内实行“一车、一标签、一卡”

联网区域内用户车辆和 OBU、用户卡应一一对应。一方面在发行管理环节实现“一车、一标签、一卡”绑定发行；另一方面，在车道系统增加“车卡绑定”业务处理流程，对于部分省（区、市）已发行的“非车卡绑定”用户，车道系统应实现兼容。

3.2.2 车型分类标准一致

联网区域内各省（区、市）车型分类应采用全国统一的车型分类标准《收费公路车辆通行费车型分类》（JT/T 489—2003），见表 1.3-1。未按照行业标准实施车型分类的省（区、市），按照行业标准启动车型分类调整工作。

收费公路车辆通行费车型分类　表 1.3-1

类　别	车型及规格	
	客　车	货　车
第 1 类	≤ 7 座	≤ 2t
第 2 类	8 ～ 19 座	2 ～ 5t（含 5t）
第 3 类	20 ～ 39 座	5 ～ 10t（含 10t）
第 4 类	≥ 40 座	10 ～ 15t（含 15t），20ft 集装箱车
第 5 类		>15t，40ft 集装箱车

3.2.3　在高速公路封闭式收费应用方式下，用户卡同时兼作通行券和电子钱包使用

联网区域内所有收费车道，包括 ETC 车道和 MTC 非现金支付车道，应将用户卡兼作通行券和电子钱包进行处理操作。

3.3　清分结算方案

3.3.1　涉及范围

本方案中的清分结算仅涉及全国跨省（区、市）间 ETC 清分结算（即跨省交易）业务。

各省（区、市）内部 ETC 清分结算（即省内交易），按照各自的结算管理办法完成省（区、市）内 ETC 交易的清分结算，本方案不再涉及。

3.3.2　参与对象

涉及 ETC 跨省（区、市）交易清分结算的参与对象，包括国家中心、产生原始交易的省中心（以下简称“服务方省中心”）、用户注册所在的省中心（以下简称“发行方省中心”）以及与全国 ETC 联网结算银行。

3.3.3　总体原则

（1）全国 ETC 联网按照“全额清分、轧差结算”的原则，确定“各级清分结算中心统一结算银行”的资金结算模式，国家中心和各省中心在结算银行设立跨省（区、市）ETC 通行费结算账户，由结算银行根据资金划拨指令完成跨省（区、市）ETC 通行费划拨。跨省（区、市）ETC 清分结算总体流程，如图 1.3-4 所示。

（2）跨省（区、市）ETC 原始交易数据实时传送，国家中心在收到原始交易数据后，及时将交易数据发往发行方省中心进行验证确认，发行方省中心将记账结果经国家中心反馈至服务方省中心。

（3）国家中心与各省中心每日定时进行一次清分统计，生成清分的资金对账统计数据送各省中心确认。

（4）通行费的结算周期为 T+5 日（节假日顺延）。其中，T 为国家中心收到省中心的原始交易数据时间，T+1 日完成确认清分结果，T+4 日保证（应付）资金到账，T+5 日完成资金划拨。

（5）国家中心与各省中心在每个清分统计周期内完成对账工作，对账工作由国家中心发起。对于有争议的交易数据按照争议交易处理流程执行。无争议的对账数据应由国家中心、各省中心进行确认。

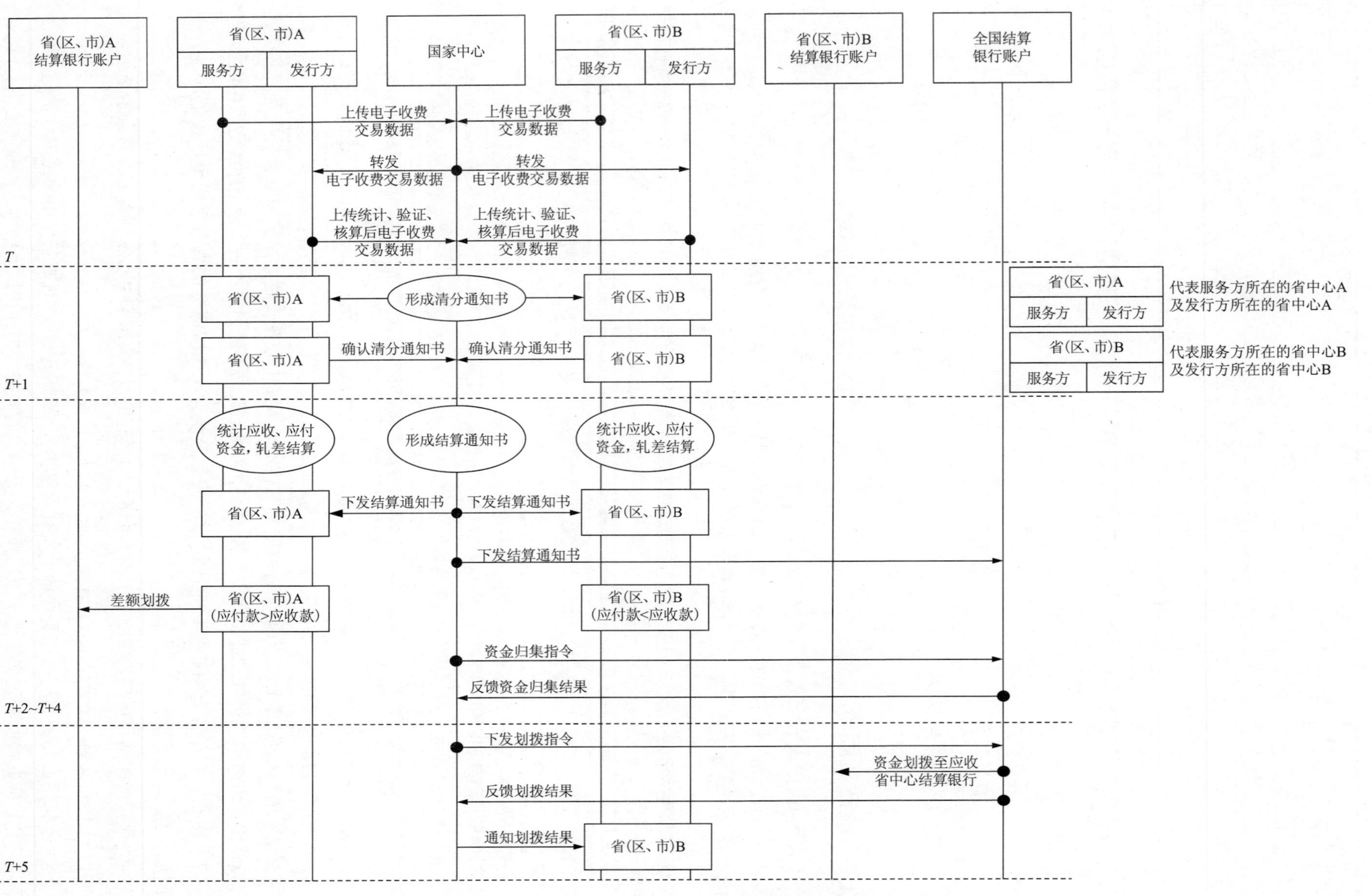

图 1.3-4　跨省（区、市）ETC 清分结算总体流程示意图

3.3.4　清分处理

清分处理流程，如图 1.3-5 所示。

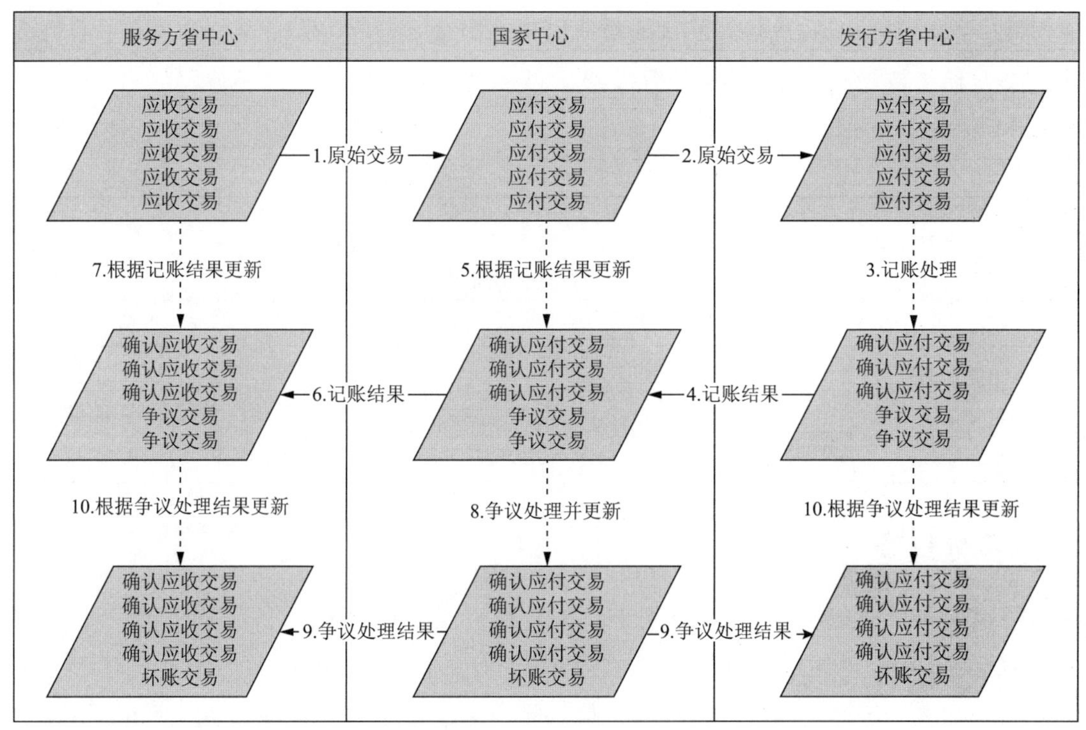

图 1.3-5　跨省（区、市）ETC 清分流程示意图

（1）服务方省中心将产生交易的发行方 ID 和在本地公路服务方生成的原始交易包上传至国家中心，国家中心保存该原始记录。

（2）国家中心根据 IC 卡的发行方 ID 将原始交易包转发给发行方省中心。

（3）发行方省中心对接收到的原始交易数据进行记账确认，包括对交易真实性验证及确认是否从用户账户中扣除通行费。原始交易包中的交易处理结果为两类：确认付款或争议交易。记账结果信息包与原始交易包一一对应，更新本地保存的数据。

（4）发行方省中心将记账结果发送给国家中心。

（5）国家中心根据记账结果更新本地保存的数据。

（6）国家中心将记账结果转发给对应的服务方省中心。

（7）服务方省中心根据记账结果更新本地保存的数据，并发往省（区、市）内的公路收费服务方（路段单位），公路收费服务方（路段单位）根据记账结果更新本地保存的数据。

在对账环节，争议交易的确认，黑名单状态不是当时状态，而是黑名单发布到交易产生的时间差是否小于 24 小时。

3.3.5　争议交易处理

ETC 系统不是在线交易，不可避免地会发生重复数据、TAC 验证失败、用户状态更新不及时等情况，进而导致服务方要求发行方按交易信息划拨通行费，但发行方拒绝支付的情况。出现此类情况的交易称为争议交易。

经交易处理之后，在联网区域内各参与方系统中，每一个交易包所含的交易必定处于两种状态之一：

确认付款或争议交易。确认付款的交易状态为最终状态，不会再发生变化。争议处理的结果只能是确认付款或确认拒付（坏账）。

争议交易处理通过国家中心综合业务系统进行交换，由所涉及的服务方省中心和发行方省中心先行沟通协商，经协商达成一致的处理结果为最终结果。如双方未能达成一致，由国家中心协调解决。达成一致的处理结果转入下一个周期清分流程。

注：交易真实性验证主要是通过对原始交易进行 TAC 验证完成。TAC 验证通常使用密码机完成校验，预先在密码机内部装载省级 TAC 密钥，业务系统通过调用密码机相关接口将需要验证的 4 字节 TAC 值及 TAC 计算数据域（表 1.3-2）输入给密码机，密码机经过运算后直接返回验证结果。具体 TAC 验证的计算流程，见《PBOC 2.0 规范》（JR/T 0025.2—2010）第 5.5.4.6 节。

TAC 计算数据域组成 表 1.3-2

长度（16 进制字节）	说　明	长度（16 进制字节）	说　明
4	交易金额。实扣通行费	4	PSAM 卡交易序列号
1	交易类型标识	4	交易日期
6	PSAM 卡终端编号	3	交易时间

3.3.6 结算处理

国家中心根据最终清分结果对涉及跨省交易的省中心应收、应付金额进行轧差结算，并形成最终结算结果，下发至各省中心及全国结算银行。轧差后应付的省中心，应保证省中心结算账户有足够的轧差金额，全国结算银行进行资金归集，并按国家中心划拨指令拨付资金，然后将划拨结果反馈至国家中心。

结算处理流程，如图 1.3-6 所示。

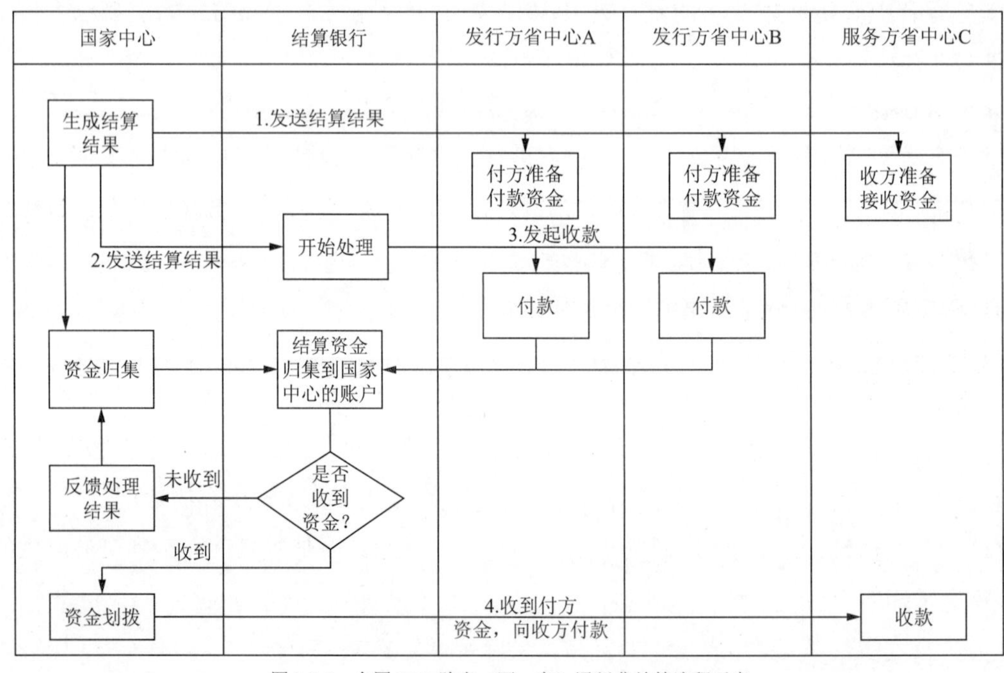

图 1.3-6 全国 ETC 跨省（区、市）通行费结算流程示意

（1）国家中心生成最终结算结果，并发送至各省中心及结算银行，各（付方）省中心确保（应付）结算资金到账。

（2）国家中心向全国结算银行发送资金归集指令，全国结算银行将（付方）省中心应付资金扣划至国家中心的结算账户；若国家中心的结算账户未收到（付方）省中心应付资金，结算银行将反馈结果至国家中心，国家中心协调（付方）省中心，然后再次发送资金归集指令，直至应付资金到账。

（3）国家中心对全国算银行下达资金划拨指令，全国结算银行将应付资金划转至（应收）省中心结算账户，并将资金划拨结果反馈至国家中心，国家中心将划拨结果通知到（应收）省中心。

3.3.7　用户状态名单管理

用户状态名单（黑名单）是由发行方产生的针对 OBU、用户卡的拒收名单。实际运行过程中，车道对黑名单上的 OBU 或用户卡应拒绝交易。黑名单的产生及撤销均由发行方完成。

黑名单包括：①挂失；②无卡注销；③透支；④禁用；⑤恢复正常（由异常状态转为正常状态的名单）。

超过有效期的 OBU、用户卡不应进入黑名单。超过有效期的黑名单应进行清理剔除。

黑名单发送采用全量和增量两种方式。发行方每日 9：00 发送全量名单，此后每 2h 发送一次增量名单。其他参与方及时转发黑名单，根据需要，各省（区、市）也可向国家中心请求重发。

国家中心负责接收联网区域内各省中心提供的黑名单，并转发给各省中心，在整个过程中不对进入黑名单的用户状态名单做任何修改。各省中心在接收到黑名单后，及时对路网收费车道系统的黑名单表进行更新。

各省（区、市）应建立黑名单审核管理、交换确认及日志管理机制。

各省（区、市）还需建立黑名单自动下发失效应急管理机制，在自动下发失效时，系统能给予提示及告警，并由人工参与进行。

3.4　客户服务方案

3.4.1　基本规则

全国高速公路 ETC 联网的客户服务主体是各省（区、市）发行及服务机构，向 ETC 最终用户提供发行、充值、查询、挂失、注销、退费等服务。各省（区、市）客户服务应符合《公路电子收费联网运营与服务规范》及实施细则（暂行）的相关规定。

3.4.2　发行管理要求

3.4.2.1　基本要求

各省（区、市）ETC 发行管理应符合以下基本要求：

1）“一车、一标签、一卡”绑定发行

在联网区域内，车辆允许在非车籍管理地办理 ETC 业务，由车辆用户自行选择发行方，但要求一辆车只能办一个 OBU 和一张用户卡，而且是绑定发行，即 OBU 签和用户卡中均写入申请车辆的车牌号码。

2）用户信息共享

为配合各省（区、市）“一车、一标签、一卡”发行，避免联网区域内“一车多签、一车多卡”的情况发生，国家中心将建立全国收费公路 ETC 用户基本信息库。国家中心通过建立全国 ETC 用户信息共享平台（综合业务系统），为各（省、市）客户发行机构提供查询服务。

3）OBU、用户卡有效期

各省（区、市）发行的 OBU 和用户卡有效期应不长于 10 年，OBU 与用户卡有效期应一致。

4）记账卡发行

各省（区、市）发行的记账卡电子钱包余额初始值应写入大值。

注：部分省（区、市）的收费车道系统针对记账卡进行实际通行费的扣减操作。

5）OBU 与用户卡的文件结构定义

为确保全国 ETC 联网工程的顺利实施，同时考虑到 ETC 后期拓展应用，本技术方案对用户卡和 ESAM 卡的文件结构、数据定义及编码方式做了进一步明确，同时为后期拓展应用和标准升级增加了不同读写权限的保留文件，详见第 3.11 节。

注：对于一个省（区、市）内存在多个发行主体的情况，省中心应指导各发行主体在发行用户卡时，严格按照《收费公路联网电子不停车收费技术要求》（交通运输部 2011 年第 13 号公告）第二部分关键信息编码正确写入用户卡网络编号和发行（卡）方标识，区分出省（区、市）内不同的发行主体，即每个发行主体的运营商标识（序号）应明确且唯一，以保证的用户卡网络编号以及发行（卡）方标识的唯一性。

3.4.2.2 其他相关要求

在 2014 年全国 14 省（区、市）联网工作推进过程中，发现部分省（区、市）ETC 电子标签和用户卡的发行工作存在较多问题，以致全国联网和用户通行受到影响。为确保全国联网运营安全、稳定、有序，部路网中心下发《关于进一步规范 ETC 发行管理工作的通知》（交路网〔2014〕226 号）文件，进一步规范了发行工作。各省（区、市）相关部门及 ETC 发行机构应严格按照文件要求执行。

3.4.3 跨省（区、市）投诉处理机制

跨省（区、市）投诉处理信息通过国家中心综合业务系统进行交换，跨省（区、市）投诉原则上由发行方归口受理，受理方将投诉记录单及相关证据通过国家中心平台转交至投诉涉及方的省中心进行调查处理，处理完成后将处理结果反馈至受理方，由受理方回复客户。跨省（区、市）投诉处理过程中出现争议，由国家中心协调解决。

国家中心将对投诉处理结果进行抽样回访。

有关跨省（区、市）投诉处理的其他相关规定，详见《公路电子收费联网运营与服务规范》及实施细则（暂行）。

3.4.4 全国 ETC 联网服务网站

3.4.4.1 国家中心网站

1）定位

国家中心网站的定位为全国高速公路电子收费系统服务门户，通过国家中心网站将全国各省（区、市）电子收费网站进行集约，形成全国高速公路电子收费系统服务网站群，将各省（区、市）网站资源有效组合，给用户提供更加全面、便利和快捷的服务，提升高速公路电子收费运营和服务整体水平。

2）服务功能

国家中心网站利用互联网便于信息存储与传递、受众面广等优势，为用户提供全国性和行业范围性的多元、定向和个性化的信息服务，通过更好地为公众提供交通信息服务，来加强与公众的沟通交流。

国家中心网站将向公众提供新闻宣传、路网介绍、路况信息、政策法规、行业发展、导航查询、知识库、咨询与投诉、论坛、相关链接等服务项目。此外，国家中心网站还会向用户介绍各省（区、市）的电子收费相关业务，包括办理、资费、咨询和投诉，以及发展信息，以全国地图方式为用户进行展示，每省（区、市）一个宣传入口。

3.4.4.2　省级客户服务网站

各省（区、市）逐步建设和完善省级客户服务网站，形成全国 ETC 网站群，建设成为本省（区、市）ETC 信息发布的第一窗口、在线服务的第一渠道。

1）建设要求

省级客户服务网站建设应突出“服务”的核心理念，围绕业务介绍、业务办理、查询服务、增值服务等方面，提高网站的实用性、增强网站用户粘度，推进 ETC 业务发展。

省级客户服务网站建设主要内容应包括：发行方介绍、信息发布、业务介绍、查询服务、在线互动。

（1）发行方介绍

主要包括发行方简介、联系方式、服务电话等内容。

（2）信息发布

主要包括通知公告、新闻动态等内容。

（3）业务介绍

主要包括产品介绍及使用说明，各项业务的办理方式、办理流程，网点介绍等内容。

（4）查询服务

主要包括账户信息查询、交易记录查询等内容。

（5）在线互动

主要包括常见问题解答、在线咨询、在线投诉等内容。

各发行方可以试点电子标签及非现金支付卡网站在线办理服务、试点提供各类增值服务，通过网站为用户提供更加便捷高效多样化的服务。

（6）登录注册

各发行方网站应具备注册、登录功能，实现用户名与 ETC 卡绑定，以便用户通过登录网站进行个人交易记录查询等功能。

2）与国家中心对接要求

（1）各发行方将用户信息及时与国家中心同步，包括用户的新增、变更和注销等。

（2）各发行方将 ETC 车道信息及时与国家中心同步，包括车道开通、检修及长期关闭。

（3）各发行方实时将交易记录包括本省（区、市）、及跨省（区、市）交易记录传输到国家中心。

3.5　数据传输

3.5.1　通信链路建立

全国 ETC 联网通信传输采用主备两条传输通道，主用通道依托全国高速公路信息通信系统联网工程建设，备用通道采用租用电信运营商专线。在全国高速公路信息通信系统联网工程建成开通前，主用通道先期采用租用运营商 VPN 专线的方式。备用通道组建专用 VPN 专网。主备用通道选择不同的电信运营商和线路路由。同时，在网络结构设计上，采用了扁平化网络结构层次，减少了网络端到端的路由跳数，避免采用迂回路由，提高了网络的质量性能。

为保障全国高速公路ETC联网系统的建设实施，部路网中心结合国家中心系统建设项目，对全国ETC联网通信链路进行了统一招标和部署，选定两家通信运营商作为全国ETC联网通信链路供应商，网络规格均为2M专线。

全国ETC联网数据传输通信主备用通道网络拓扑，如图1.3-7所示。

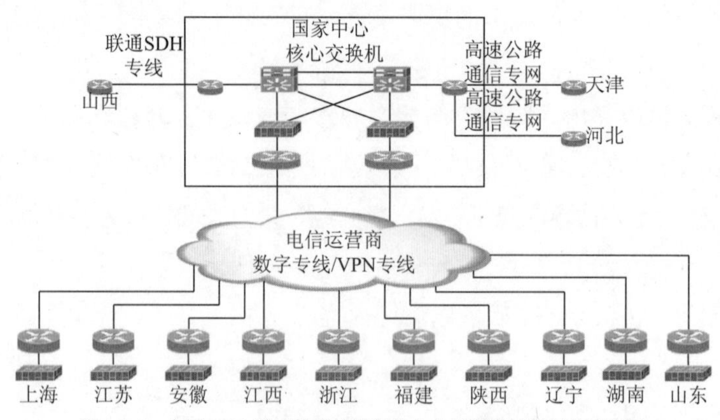

图1.3-7　全国ETC联网数据传输通信主备用通道网络拓扑示意图

3.5.2　数据传输中间件

国家中心及全国29个省（区、市）采用中间件的方式实现数据传输。为确保部省间数据传输顺利实现互连互通，国家中心及全国29省（区、市）采用同一型号的中间件产品。

3.5.3　传输安全

收费数据在网络传输过程中应具备一定的安全机制，建议采用基于PKI（公共密钥基础设施）技术的身份接入机制，通过基于网络链路加密的证书签名、验签技术，实现收费数据的安全传输以及防篡改、防抵赖等安全认证机制，如图1.3-8所示。

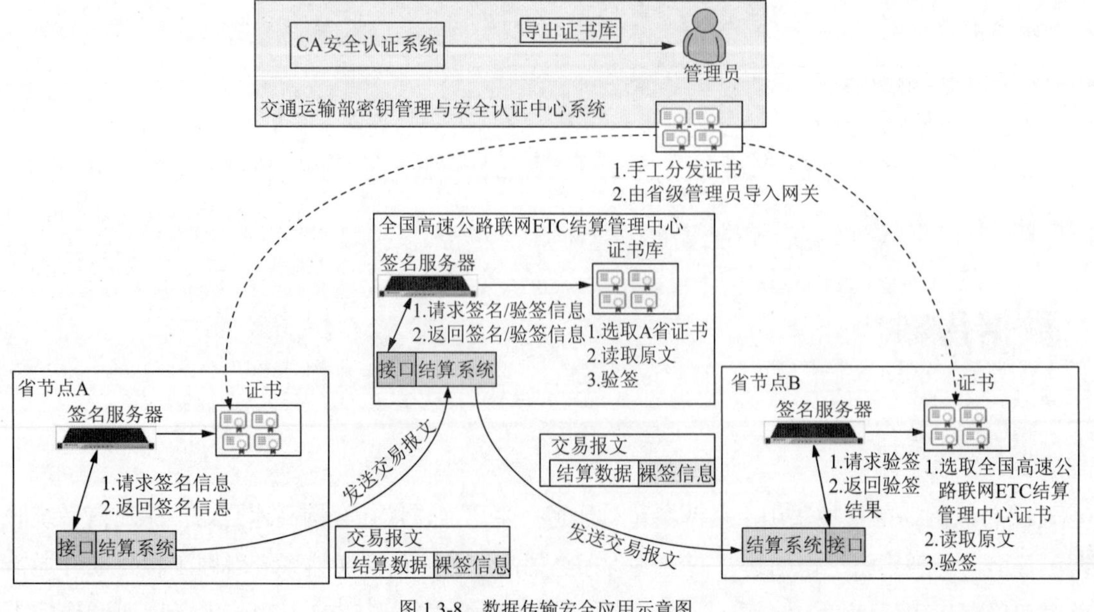

图1.3-8　数据传输安全应用示意图

在国家中心与各省中心进行数据交互过程中，对传输数据包进行基于数字证书的加密和签名应用，保证数据的安全性、完整性和不可抵赖性，同时确保数据只有合法的用户才能接收，以及在传输过程中不被非法截获、篡改，保证费用数据的安全。具体应用流程详见《收费公路联网电子不停车收费技术要求》。

各省中心应在清分结算系统中部署签名服务器，并向国家中心申领签名服务器所用的数字证书。数字证书有效期为5年，数字证书的更新由国家中心负责组织。使用期间由于各种原因需要更新数字证书的省中心，可向国家中心申请。数字证书的签发、更新等业务由交通运输部公路科学研究院提供技术服务。

关于签名服务器数字证书的申领、使用、更新、吊销等的操作流程及相关要求，详见部路网中心于2014年11月13日下发的《关于启动数字签名证书相关事项的函》（交路网〔2014〕185号）附件：收费公路联网收费数字签名证书管理办法。

3.6　系统信息安全保障

为保障全国联网安全、可靠运行，国家中心系统将按照《信息安全技术　信息系统安全等级保护基本要求》（GB/T 22239）中的三级安全要求进行建设和部署。该系统将使用数字证书以保证系统关键信息的保密性、完整性、抗抵赖性和身份鉴别。

各省中心也应按照《信息安全技术　信息系统安全等级保护基本要求》（GB/T 22239）中的三级安全要求进行建设和部署。

3.7　车道系统业务处理流程

3.7.1　基本要求

为确保联网区域内车道系统与所有OBU、用户卡的互联互通，同时又保证联网运营规则在车道系统的贯彻执行，现对车道系统的判定处理逻辑做以下规定：

（1）联网区域内收费车道，包括ETC车道、MTC非现金支付车道系统，应设定本节所要求的所有判定处理逻辑，同时还应符合《交通运输部办公厅关于实施〈军车使用ETC系统技术要求〉的通知》要求，在实施全国ETC联网的同时，确保军车使用ETC快速通行，并将通行记录上传国家中心。

（2）车道系统针对外省（区、市）ETC用户仅做本节规定的基本逻辑判定，对于本省（区、市）所特有的自应用流程，应在不影响外省（区、市）用户通行的前提下实现或仅适用于本地用户。

（3）联网区域内收费车道系统不应对外省用户卡进行0018文件的读操作。目前一些省（区、市）对于已扣款却因天线未收到用户卡成功扣款的消息而造成交易失败的特殊情况，采用人工读取0018文件的交易记录的方式判断是否成功扣款，然而由于各地对读取0018文件的PIN码设置并不一致，联网之后，操作0018文件势必会导致锁卡情况发生。因此，要求车道系统不对外省用户卡0018文件进行操作。

（4）为避免大量争议交易（由TAC验证失败引起）的发生，车道系统应针对由于天线未收到用户卡扣款成功信息而导致交易失败的异常情况进行处理。处理步骤如下：

①天线扣款指令下发成功但未收到用户卡扣款成功信息时，天线应将本次交易相关TAC计算域（如交易日期、交易时间、交易类型、PSAM脱机交易序号、扣款金额、终端机编号等）上传给车道软件，此时TAC码应统一填充为全0x00。

② ETC 车辆停车刷卡时，车道系统判别该用户卡是否已扣款成功。可通过以下两种方式之一判别：

a. 对于具备人工刷卡功能的 ETC 车道，在本 ETC 车道：获取当前卡内余额，与车辆进入 ETC 车道时第一次获得的余额进行对比，如果余额有变化，则说明已扣费。

b. 对于不具备人工刷卡功能的 ETC 车道，在相邻 MTC 车道：读取 0019 文件出 / 入口信息，通过 0019 文件中的交易时间和广场（收费站）号进行判断，如果广场（收费站）号与本广场（收费站）号相同且交易时间满足限定要求，则说明已扣费。

③车道系统确认天线已完成用户卡扣费之后，依次完成以下步骤：

a. 使用 Initialize For Purchase 指令取得该用户卡在本次天线交易中的交易序号，然后再使用 Get Transaction Proof 指令取回用户卡在本次天线交易中生成的 TAC 码。

b. 执行一次“零消费”（由于之前没有进行 MAC2 校验，且天线扣款的 MAC2 不能在机具的 PSAM 上进行验证），以完成 IC 卡和机具之间的双向认证（本次零消费不生成任何实际的交易记录）。

c. 将取回的 TAC 码与天线上传的 TAC 计算域合并，形成完整的原始交易记录，以完成清分结算（合并工作可在前端系统完成，也可在省级中心系统完成）。

（5）为配合第（4）条处理方法的实现，对于 ETC 车道不具备人工刷卡功能的省（区、市），应统一要求所有 ETC 出口车道在完成用户卡扣费的同时，必须在用户卡 0019 文件中写入完整出口信息。

（6）针对 OBU 和用户卡的发行属地判定，作出以下统一要求：

①目前，各地收费车道对于 OBU 的发行属地判定是一致的，均是通过读取 OBU 系统信息文件（EF01）中的“发行方标识”前 4 个字节进行判定，即用 2 个汉字（4 个字节）表示的区域代码。如“北京”，存储为“0xB1B1BEA9”。全国联网车道系统继续沿用此判定方式。

②针对用户卡的发行属地判定，目前各地收费车道系统均是通过读取卡片发行基本数据文件（0015 文件）中的“卡片网络编号”进行判定。但由于长三角区域和其他区域的卡片网络编码方式不同，导致辽宁省和浙江省、吉林省和安徽省、黑龙江省和福建省用户的发行属地判定混乱。因此，针对该情况，要求联网区域内收费车道系统对用户卡的发行属地判定方法进行调整，通过读取用户卡 0015 文件中的“发卡方标识”前 4 个字节进行判定，即 2 个汉字（4 个字节）表示的区域代码。

③车道系统应针对长三角五省一市 ETC 用户通行所产生的车道原始交易记录进行卡片网络编号（符合 GB/T 2260，按压缩 BCD 编码）的转换。转换方式如图 1.3-9 所示。

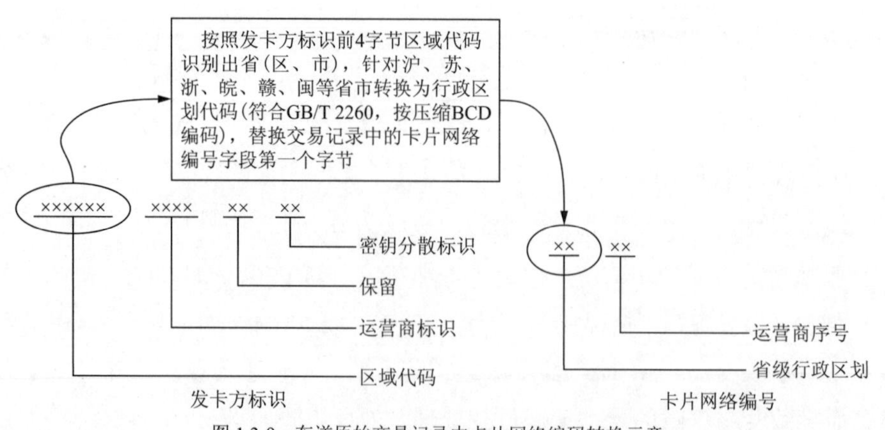

图 1.3-9 车道原始交易记录中卡片网络编码转换示意

（7）由于部分省（区、市）已有用户卡的二进制文件和记录文件在读取完整信息时，不支持 LE（长度）=0x00 的读取方式，仅支持按照文件实际长度进行读取的方式，具体的文件包括 0015、0016、

0019、0012、0008、001A、001B、001C、001D。因此，各地收费车道系统（包括 ETC 车道和 MTC 车道）的天线或用户卡机具在读取卡内二进制文件和记录文件的完整信息时，应按照“LE= 指定读取长度”的方式进行读取。

（8）收费车道系统应生成和保存车道日志，日志内容应包括路网号、收费站编号、收费车道号、出入口状态、卡类型、用户卡网络编号、用户卡内部编号、日期时间、交易状态、车型、车牌号码、TAC 码、终端机编号以及车辆图像数据等信息。收费车道日志至少保存 40 天，发生特殊情况时应保留车道录像，作为争议交易处理以及投诉处理相关证据的录像资料应至少保存 15 天。

3.7.2　ETC 车道系统

本节涉及的 ETC 车道系统主要是指非省（区、市）际共建站 ETC 车道系统，对于省（区、市）际共建站 ETC 车道系统相关配置和处理流程，见第 3.8 节。

ETC 出 / 入口车道应包括 OBU 有效性、用户卡有效性、OBU 和用户卡发行属地一致性判定、车卡绑定以及黑名单查询等 5 项基本判定流程，其中任意一项不符合，ETC 车道不应自动放行，转入人工干预处理。为便于说明，如图 1.3-10 和图 1.3-11 所示。

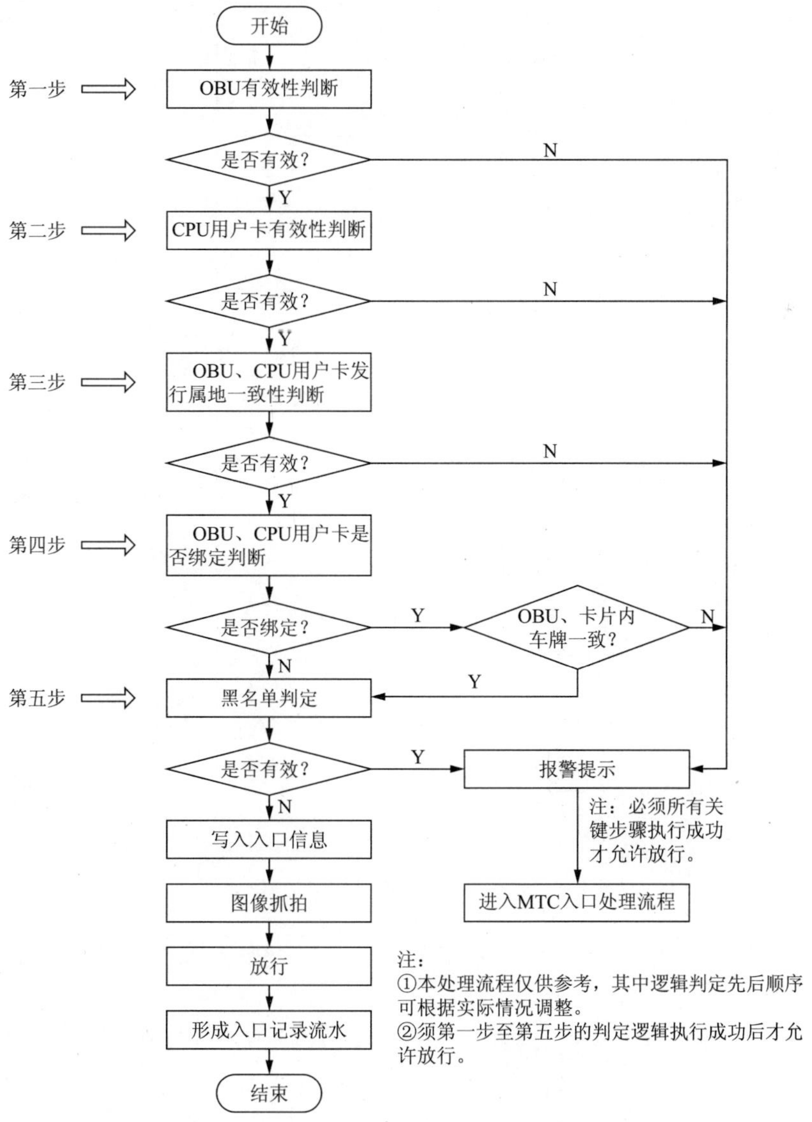

图 1.3-10　非省（区、市）界 ETC 入口车道交易流程示意

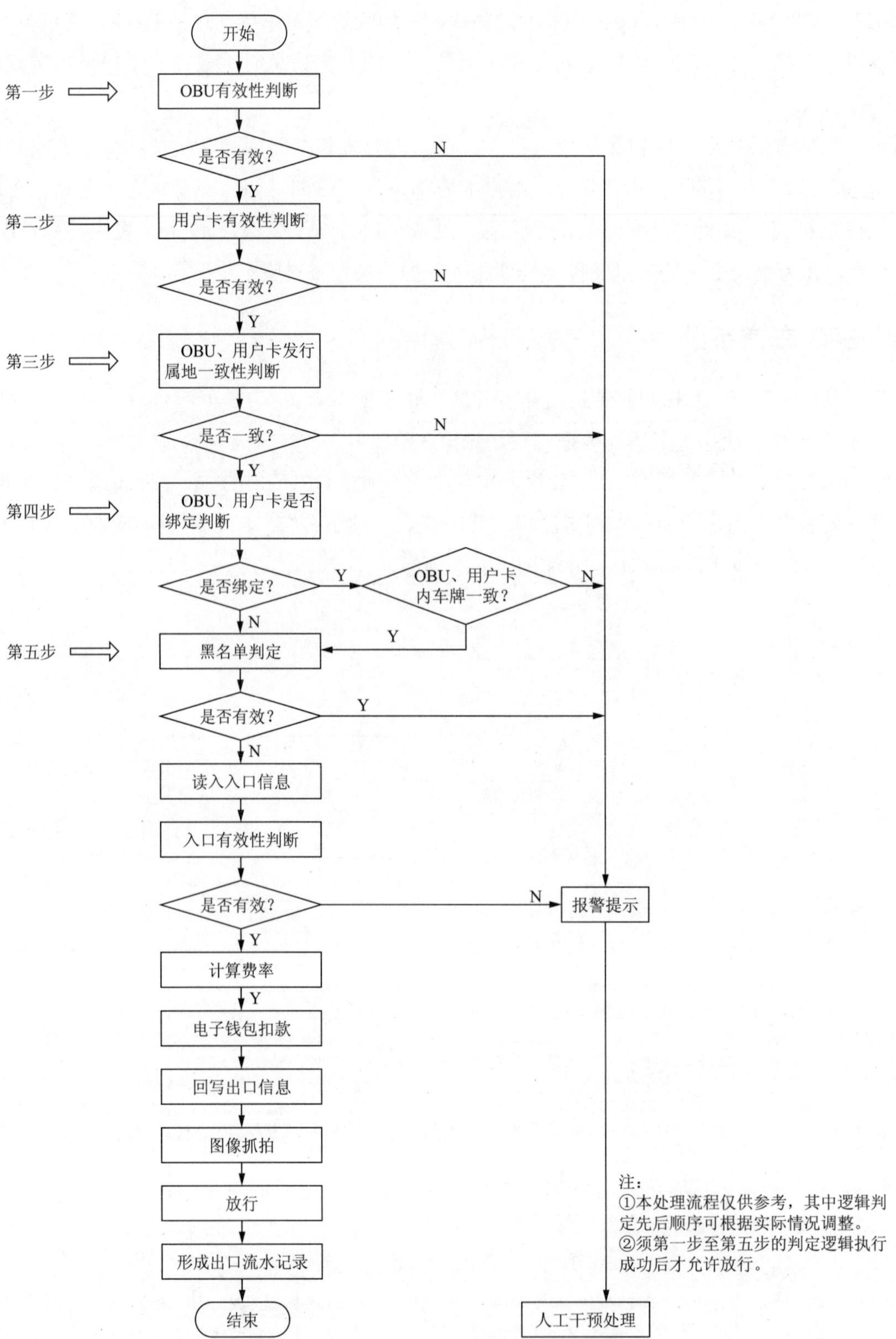

图 1.3-11 非省（区、市）界 ETC 出口车道流程示意

关键步骤说明如下：

1）第一步：OBU 有效性判定

读取 OBU 信息，判断 OBU 是否有效。读取的数据包括 OBU 发行属地、OBU 合同序列号、OBU 有效起止时间、车型及 OBU 拆卸标识位等。OBU 有效性判定包括拆卸状态判定以及有效期判定，如图 1.3-12 所示。

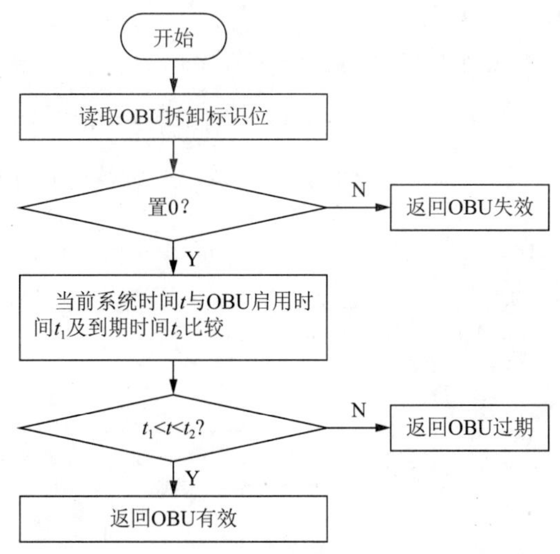

图 1.3-12　OBU 有效性判定

2）第二步：用户卡有效性判定

读取用户卡信息，判定用户卡是否有效。读取数据包括用户卡发行属地、用户卡网络编号、用户卡内部编号、用户卡类型、有效起止时间等。用户卡有效性判定主要包括有效期判定，如图 1.3-13 所示。

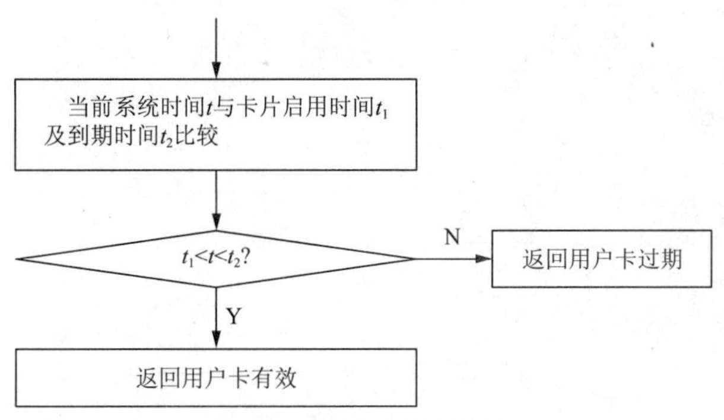

图 1.3-13　用户卡有效性判定

3）第三步：OBU、用户卡发行属地一致性判定

判断 OBU“发行方标识”和用户卡中的“发卡方标识”前 4 个字节，判断 OBU、用户卡发行属地是否一致，以及是否为联网区域内省（区、市）用户，如图 1.3-14 所示。

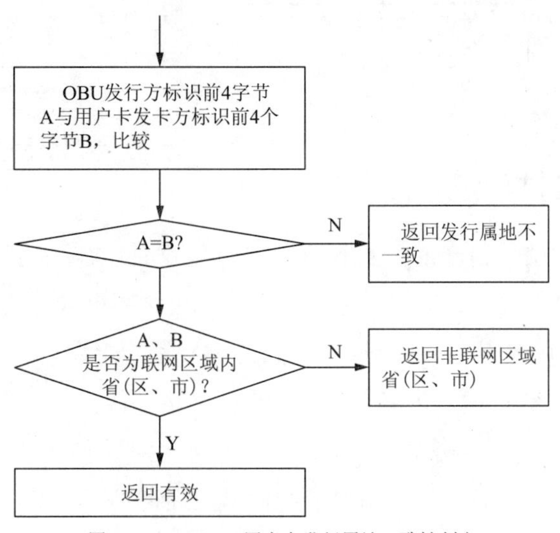

图 1.3-14　OBU、用户卡发行属地一致性判定

4）第四步：OBU、用户卡绑定判断

首先读取用户卡 0015 文件中的“车牌号码”字段是否为空，如为空，判定为非绑定用户，车道不再进行 OBU、用户卡的绑定判断；如已写入车牌号码，则读取 OBU 车辆信息文件中的车牌号码与用户卡 0015 文件中的车牌号码进行比对，一致则返回绑定有效，不一致则返回绑定错误，如图 1.3-15 所示。

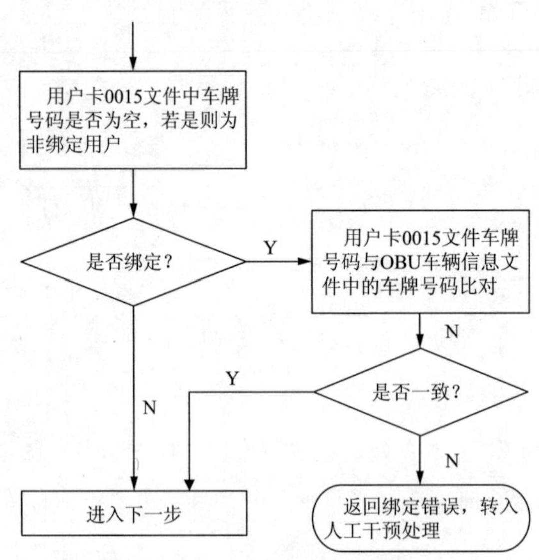

图 1.3-15 OBU、用户卡绑定判断

5）第五步：黑名单判定

通过 OBU 编号、用户卡网络编号和用户卡内部编号判定该用户卡是否在黑名单中，如图 1.3-16 所示。

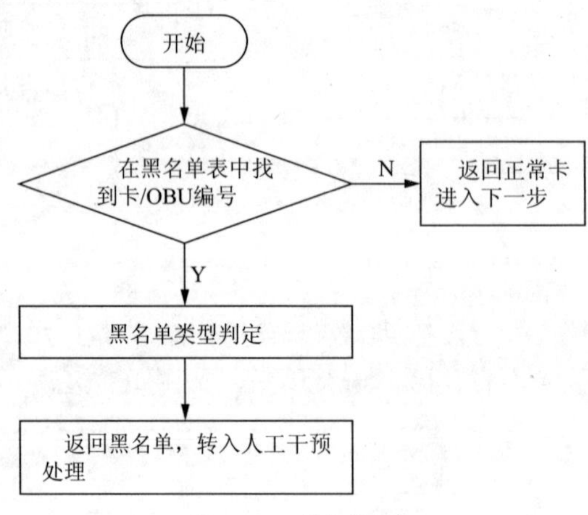

图 1.3-16 黑名单判定

3.7.3 MTC 非现金支付车道

MTC 入口车道分为有收费员值守的一般 MTC 入口车道和自动发（刷）卡入口车道。若用户卡兼做通行券功能写入入口信息时，MTC 入口车道系统应至少包含用户卡有效性、用户卡发行属地及黑名单 3 项基本判定流程，其中用户卡有效性判定同图 1.3-13，用户卡发行属地判定主要是判断用户卡发行属地是否是联网区域省（区、市），黑名单判定同图 1.3-16。任意一项不符合，应拒绝使用用户卡，按照现金用户流程处理。

MTC 出口车道应包含用户卡有效性、用户卡发行属地判定、车卡绑定以及黑名单查询 4 项基本判定流程，其中车卡绑定判定流程，如图 1.3-17 所示。任意一项不符合，按照特情处理。

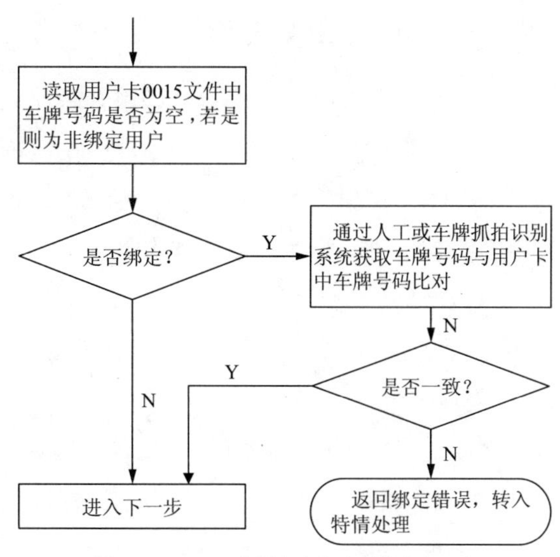

图 1.3-17　MTC 车道车卡绑定判定流程示意

3.8　省（区、市）界站方案

3.8.1　共建站配置方案

在省（区、市）际共建站采用单 ETC 车道系统方式，即一条车道布设一套 ETC 车道系统，相邻省（区、市）仅设置一台出口车道机、本省（区、市）一台入口车道机，两台车道机间通过串口进行通信，如图 1.3-18 所示。相邻省（区、市）代写入口信息时应充分协商，明确格式规范。

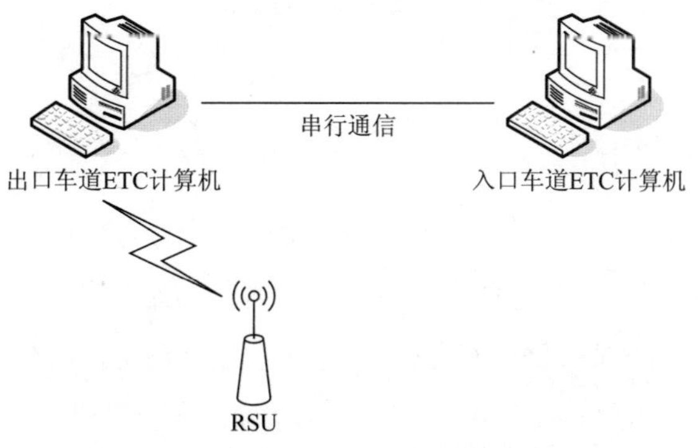

图 1.3-18　省（区、市）际共建站方案

省（区、市）际共建站 ETC 车道的主要功能由 ETC 出口车道完成，所有外设均由 ETC 出口车道控制器控制。

ETC 出口车道系统除应具备 3.7.3 中所要求的判定流程外，还应具备以下功能：完成扣款交易的同时，将相邻省（区、市）入口信息写入用户卡（0019 文件），并将相关信息传输给 ETC 入口车道控制器，入口车道控制器负责将相邻省（区、市）的出口车道控制器传输过来的信息上传到本省（区、市）的收费站服务器，然后再逐级上传到省（区、市）清算中心。由于国内 ETC 交易采用的是复合消费流程，因此，入口信息写入的是 0019 文件，各省（区、市）应提供相关 0019 文件格式、写入规则以及具体省（区、市）界站入口信息等，供相邻省（区、市）参考使用。

省（区、市）际共建站串口通信协议，详见附录 B。

3.8.2 省（区、市）界站ETC车道监测评价方案

对省（区、市）界站ETC车道进行监测、监控是评价全国高速公路联网运行质量和服务水平的重要手段。因此，交通运输部、省（区、市）应建立统一化的评价和反馈机制，从而提升车道系统的可靠性，保障联网用户畅捷通行。国家中心应加强对省（区、市）界站ETC车道的服务水平、运行状态的监测评价，省（区、市）参照进行省内ETC车道的监测评价。

3.8.2.1 实施目标

依托全国高速公路ETC联网工程，各省（区、市）应在省界站ETC系统改造中增加相应参数监测功能，将数据经省（区、市）结算中心汇总至国家中心。

省（区、市）参考本方案，对各省（区、市）重点节点站（主线站、旅游景区、大城市周边等）车道运行情况进行监测评价。国家中心将根据实际工作需要调取相关数据。

3.8.2.2 技术方案

1）实施架构

省（区、市）界站ETC车道监测评价系统架构由国家中心、省中心、省内路段收费分中心、省（区、市）界收费站、ETC收费车道五级组成，如图1.3-19所示。

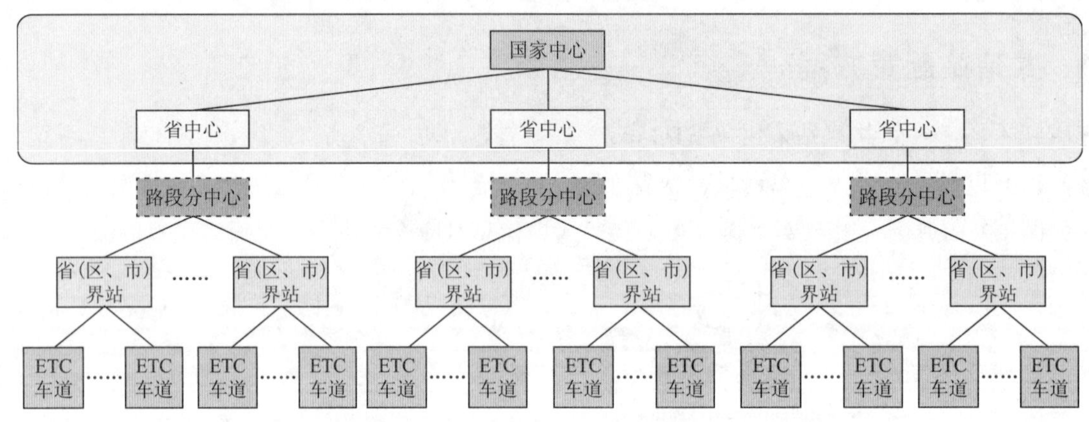

图1.3-19 省（区、市）界站ETC车道监测评价系统架构

数据由省（区、市）界站ETC车道系统产生，使用现有传输网络，经各级分中心（或其他层级中间机构）上传至省中心，省中心对数据进行处理封装后，将记录文件打包传至全国中心SFTP服务器，通过对数据进行批量处理后，实现对省（区、市）界收费站的监测评价。

2）实施内容

（1）省中心

①车道端。省（区、市）界站ETC车道系统部署专用软件，按照统一接口要求，在车道端提取供监测评价系统使用的数据字段，随车道交易一并传至省中心。

②中心端。省中心将省（区、市）界站ETC车道上传的数据进行解析，将涉及监测评价系统的数据打包，借助清分系统的网络传输链路，传送至国家中心的SFTP服务器。

（2）国家中心

国家中心根据汇集的省（区、市）界站ETC车道数据，通过建立监测评价系统进行分析，量化各类参考指标，分析生成监测和评价结果，并定期向省中心公布分享。国家中心“省（区、市）界站ETC车道运行监测与评价系统”功能模块，如图1.3-20所示。

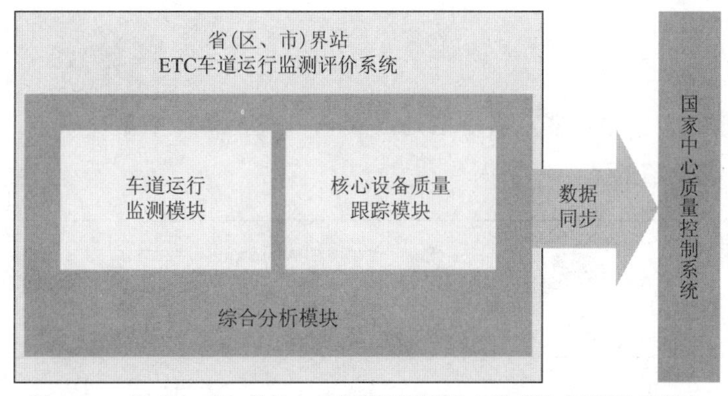

图 1.3-20　省（区、市）界站 ETC 车道运行监测与评价系统功能模块示意图

①车道运行监测模块功能

a. 通过可视化图形、消息推送等形式，对省（区、市）界站车道的运行状态进行监测及展示。

b. 显示收费站位置以及车道运行状态。

c. 根据设定的异常报警类型进行相应的报警提示（如交易成功率连续几日低于正常值）。

d. 可快速检索指定的站点的关键统计信息（如交易成功率、服务时间等）。

②核心设备质量跟踪模块功能

a. 显示各厂商 RSU、OBU 的指标（如交易成功率、交易耗时等）。

b. 根据制定指标进行筛选，快速定位问题 RSU、OBU。

c. 对核心设备的质量变化规律进行跟踪。

③综合分析模块功能

a. 纳入国家中心的质量控制系统，共享数据及统计分析结果。

b. 对各项指标进行监测、预警，将信息向省中心反馈。

c. 评价 ETC 全国联网运行状态。

d. 评估车道指标的变化情况。

e. 统计分析异常交易的变化趋势、分类。

f. 根据统计数据分析 ETC 车道异常原因。

g. 统计车道交通量，评价车道服务水平是否满足要求。

h. 量化显示车道服务水平，对其变化趋势进行跟踪。

3）监测评价指标

国家中心通过系统各功能模块，对各省（区、市）界站 ETC 车道系统运行数据进行分析，了解跨省（区、市）ETC 车辆的通行状况。监测评价的范围覆盖自建、共建形式省（区、市）界站 ETC 入口及出口车道，具体指标包括以下：

（1）车道的交易成功率。

（2）各厂商电子标签的交易成功率。

（3）车道和各厂商电子标签的兼容性对比。

（4）车道交易耗时。

（5）各厂商电子标签的交易耗时。

（6）车道服务时间。

（7）车道黑名单（全量、增量）更新信息等。

4）数据管理

（1）数据交换

国家中心搭建 SFTP 文件服务器，省中心通过文件方式上传，数据交换方式沿用清分结算系统的消息传输机制，如图 1.3-21 所示。

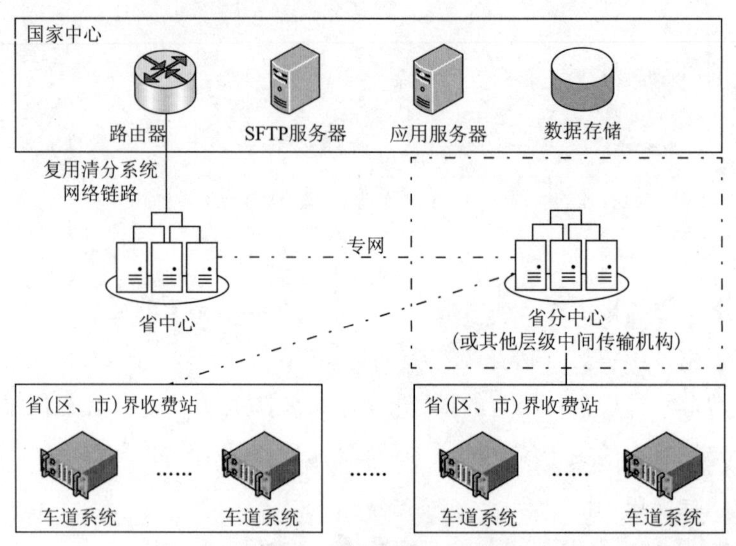

图 1.3-21 数据交换方式示意图

系统使用的所有数据均由省（区、市）界站 ETC 车道产生，省中心将车道数据记录解析并生成压缩文件上传至国家中心 SFTP 服务器。文件应以 ZIP 格式进行压缩。未压缩的文件扩展名为“.xml”，压缩后的扩展名为“.zip”。文件名本身的命名规则为：

发送方 ID +“_”+ 文件类型 + YYYYMMDD。

其中，YYYYMMDD 是报告日期。具体数据内容及接口规范见附录 C。

省（区、市）结算中心每日 12：00 发送一个数据交换文件，包括前日或更早的数据，数据以日为单位，时间范围为当天 00：00：00 ～ 23：59：59。国家中心设置批处理时间，每日定时将数据文件导入系统进行后续监测评价分析。

（2）数据提取

①数据内容

各省（区、市）需在省界收费站 ETC 车道提取的数据字段，由根节点至子节点应包含以下内容：

a. 消息包信息。省级清分方编码、报告日期、统计时间、收费服务方信息。

b. 收费服务方信息。公路收费方编号、路网信息、路网编号、收费站 / 广场信息、收费站 / 广场编号、车道信息。

c. 车道信息。车道号、车道类型、黑名单更新历史、车道开关历史、RSU 信息、交易信息。

d. 黑名单更新历史。黑名单项的发行方编码、版本号、接收时间。

e. 车道开关历史。车道开启分钟数、开 / 关车道时间信息、车道开启时间、车道关闭时间。

f. RSU 信息。RSU 厂商代码、RSU 型号、RSU 软件版本。

g. 交易统计信息。总交易数量、成功交易数量、逻辑失败交易数量、正常执行写卡等操作但最终交易失败的数量、无标签（或漏读）车数量、逻辑失败类型、当前逻辑失败类型的数量。

h. 当前车道的交易统计信息。按发行方分组的交易信息、发行方编码、该发行方发行的 OBU 交易统计信息、当前发行方发行的不同厂商的 OBU 统计信息、OBU 厂商代码、成功交易的平均交易时间。

②数据完整性要求

在每个数据统计时间窗口（每日 00：00：00 ～ 23：59：59）结束且数据完整后，应按照接口定义将车道数据汇总，该过程可在车道端或其他各级管理中心完成。

省中心按照接口定义上传数据交换文件，该文件包括前一时间窗口所有已打包的车道数据、过往时间窗口已打包未发送的车道数据。该过程应遵循“单车道数据仅在完整后才发送”“一旦数据完整应在下一周期立即发送”的原则。

5）网络传输及安全保障

通信链路复用全国 ETC 联网通信传输网络，详见第 3.5.1 节。数据传输安全保障机制采用与清分结算数据传输相同的数字签名、验签技术，详见第 3.5.3 节。

3.9　时钟同步机制

由国家中心和各省中心分别架设北斗系统授时设备，采用北斗卫星时钟信号校时。各省（区、市）内的各级收费系统，包括车道系统时钟，应与本省（区、市）中心的北斗系统时钟同步。

3.10　省（区、市）二义性路径标识方案

二义性路径标识属省内自应用，联网区域内各省（区、市）二义性路径处理可暂时按照现行的处理办法执行。考虑到全国联网范围内 ETC 系统的互联互通，本方案根据《收费公路电子不停车收费技术要求》（交通运输部 2011 年第 13 号公告）的规定和各省（区、市）目前系统的实际情况，对路径标识信息在用户卡中的读写和存储定义进行了进一步优化调整，以适应本次全国 ETC 联网工程的需要，指导拟实施 ETC 路径精确标识的省（区、市）确定技术实施方案。本次调整的相关内容在 ETC 全国联网工程中执行并作为下一版国家标准和技术要求的修订内容。

3.10.1　用户卡标识文件选择和数据定义

定义用户卡中保留文件 0008 作为标识站文件，存储路径标识信息。文件数据结构和定义，见表 1.3-3。

0008 文件数据结构　表 1.3-3

文件标识			‘0008’
文件类型			二进制文件 / 标识站文件
文件大小			128 字节
读取：自由			写入：外部认证密钥认证通过后可写
字节	类型	长度（字节）	内容
1 ～ 128	an	128	标识站信息 [由各省（区、市）自定义]

注：实施路径精确标识的省（区、市）收费车道入 / 出口应清除本文件内容。

3.10.2　OBU 标识文件选择和数据定义

在 OBU 的 ESAM 中存储标识站信息，作为路径精确标识的辅助手段之一，主要用于车辆在经过标识站点时用户卡未插入 OBU 中的应用场景。各省（区、市）可根据实际情况，选择 ESAM 中的省级应用保留文件存储路径标识信息。

3.11 用户卡、ESAM 卡文件结构及数据定义

为确保全国 ETC 联网工程的顺利实施，同时考虑到后期 ETC 拓展应用，现对用户卡和 ESAM 卡的文件结构、数据定义及编码方式进行明确，同时增加部分不同权限的保留文件定义，供后期应用拓展、国家标准升级及省（区、市）自定义应用使用，详见附录 D。全国各省（区、市）应严格按照要求进行设计和发行。

3.11.1 用户卡文件结构说明

在《收费公路联网电子不停车收费技术要求》相关内容的基础上，对用户卡的文件结构主要进行了以下调整：

1）明确了保留文件使用权限

所有保留文件分为行业应用保留文件和省级应用保留文件，行业应用保留文件作为将来行业统一定义使用，各省（区、市）不得自行应用；省级应用保留文件各省（区、市）应严格按照要求建立，并可根据需要自行选择使用，为避免省域间发生冲突，使用前应向部路网中心报备。

2）对 DF01 应用目录下尚未定义的文件标识符提出应用要求

DF01 应用目录下尚未定义的文件标识符，000A ～ 000F（对应短文件标识符为 0A ～ 0F）作为省级自定义应用保留，各省（区、市）可根据需要自行定义文件类型、空间长度和操作权限等并使用，并应提前向部路网中心报备；其他短文件标识符作为行业应用保留，各省（区、市）不得应用。

3）对 MF 文件的应用目录文件标识符提出应用要求

MF 文件下的应用目录文件标识符，1002 ～ 100F（DF02 ～ DF0F）作为省级应用保留，各省（区、市）可根据需要建立和使用；其他应用目录文件标识符作为行业应用保留，各省（区、市）不得自行使用；对于有需要拓展使用应用目录文件的省（区、市），应提前向部路网中心报备。

4）明确了对行业统一定义的数据文件的应用要求

要求各省（区、市）不得自行更改统一定义的文件类型、空间长度和操作权限等，同时不得自行定义和使用文件中的行业预留字节，所有预留字节初始化时应写为 0xFF。

5）启用原保留文件 1（0008）

考虑到部分省（区、市）对路径精确标识的需求，启用全国统一预留文件中的 0008 文件作为标识站应用文件，供实施路径精确标识的省（区、市）使用。

6）增加保留文件 6（0009）

针对本次全国联网，增加保留文件 6（0009），作为省级应用保留文件。

7）明确原保留文件 2（001A）和原保留文件 3（001B）初始化要求

要求各省（区、市）在卡片初始化时应按照规定的顺序为全国 34 个省级行政区建立标识记录。

8）调整卡片发行基本数据文件（0015）

调整 0015 文件长度从原来的 43 字节调整为 50 字节，其中第 42 字节作为车牌颜色定义，第 43 字节作为车型，第 44 ～ 46 字节为行业应用保留，第 47 ～ 50 字节为省级自定义应用。

9）明确“卡片版本号”编码方式

明确卡片发行基本数据文件（0015）中的第 10 字节“卡片版本号”的编码要求，即高 4 位为行业统一定义，依照本文件发行的 OBE-SAM，版本高 4 位统一定义为“4”；低 4 位由各省根据需要自定义。

10）调整联网收费复合消费过程文件（0019）

调整0019文件长度从原来的43字节调整为576字节，为ETC应用拓展预留应用记录标识和空间。

11）增加内部认证子密钥

在DF01联网收费应用目录下密钥文件中增加内部认证子密钥IK_DF01。

12）调整终端交易记录文件（0018）

将终端交易记录文件（0018）的PIN码，统一设为ASCⅡ码"123456"；记录长度由原来的50条记录，调整为不少于50条交易记录。

13）用户卡文件结构和数据定义的技术解释由交通运输部公路科学研究院负责

注：用户卡文件结构和数据定义详见附录D。附录D内容与2014年《全国高速公路电子不停车收费联网总体技术方案》补充技术要求（交办公路〔2014〕205号）完全一致。

3.11.2　OBE-SAM文件结构说明

在《收费公路联网电子不停车收费技术要求》相关内容的基础上，对OBE-SAM文件结构主要进行了以下调整：

1）明确了保留文件使用权限

所有保留文件分为行业应用保留文件和省级应用保留文件，行业应用保留文件作为将来行业统一定义使用，各省（区、市）不得自行应用；省级应用保留文件各省（区、市）应严格按照要求建立，并可根据需要自行选择使用，为避免省域间发生冲突，使用前应向部路网中心报备。

2）对MF文件的应用目录文件标识符提出应用要求

MF文件下的应用目录文件标识符，DF02～DF0F作为省级应用保留，各省（区、市）可根据需要建立和使用，并应提前向部路网中心报备；其他应用目录文件标识符作为行业应用保留，各省（区、市）不得自行使用。

3）增加应用预留文件3（000A）和OBU应用预留文件4（000B）

考虑到未来拓展应用，增加OBU应用预留文件3（000A）和OBU应用预留文件4（000B），作为行业应用保留文件，各省（区、市）自定义应用不得自行使用。

4）明确对行业统一定义的数据文件的应用要求

要求各省（区、市）不得自行更改统一定义的文件类型、空间长度和操作权限等，同时不得自行定义和使用文件中的行业预留字节，所有预留字节初始化时应写为0xFF。

5）明确"卡片版本号"编码方式

明确系统信息文件（EF01）中的第10字节"合同版本号"的编码要求，即高4位为行业统一定义，依照本文件发行的OBE-SAM，版本高4位统一定义为"4"；低4位由各省根据需要自定义。

6）增加外部认证子密钥

在DF01联网收费应用目录下密钥文件中增加外部认证子密钥UK_DF01。

7）OBE-SAM文件结构的技术解释由交通运输部公路科学研究院负责

注：OBE-SAM文件结构和数据定义详见附录D。附录D内容与2014年《全国高速公路电子不停车收费联网总体技术方案》补充技术要求（交办公路〔2014〕205号）完全一致。

4 联网实施方案

4.1 2014年区域联网实施方案

4.1.1 基本原则

为保障全国联网的稳步实施，应充分考虑现有京津冀鲁晋区域及长三角区域、陕西省、辽宁省、湖南省的系统运行情况，实行分步接入、平稳过渡。原则如下：

（1）联网开通尽可能不影响现有京津冀鲁晋区域及长三角区域的跨省（区、市）清分结算业务。

（2）拟联网14省（区、市）的车道端系统在统一的时间开通联网。

4.1.2 方案概述

京津冀鲁晋区域、长三角区域五省一市在实现联网的过渡期内，保持现有的“中心结算”“两两结算”模式不变。在京津冀鲁晋区域结算中心系统的基础上，配置完善国家中心生产系统（年内只做功能完善，整体系统改造和升级在2015年进行），并新建国家中心测试系统。长三角各省（区、市）分步接入国家中心测试系统开展测试工作。期间，结算业务以“两两结算”的数据为准，国家中心测试系统做传输、记账等验证使用。长三角各省（区、市）完成测试后，正式切换至国家中心生产系统，按照“中心结算”模式开展日常业务，原有“两两结算”模式终止运行。辽宁、陕西、湖南条件成熟后分别接入国家中心测试系统，完成测试验证后切换至国家中心生产系统。所有切换完成后，在车道端统一配置参数，系统正式实现联网运行。全国联网开通实施方案示意，如图1.4-1所示。

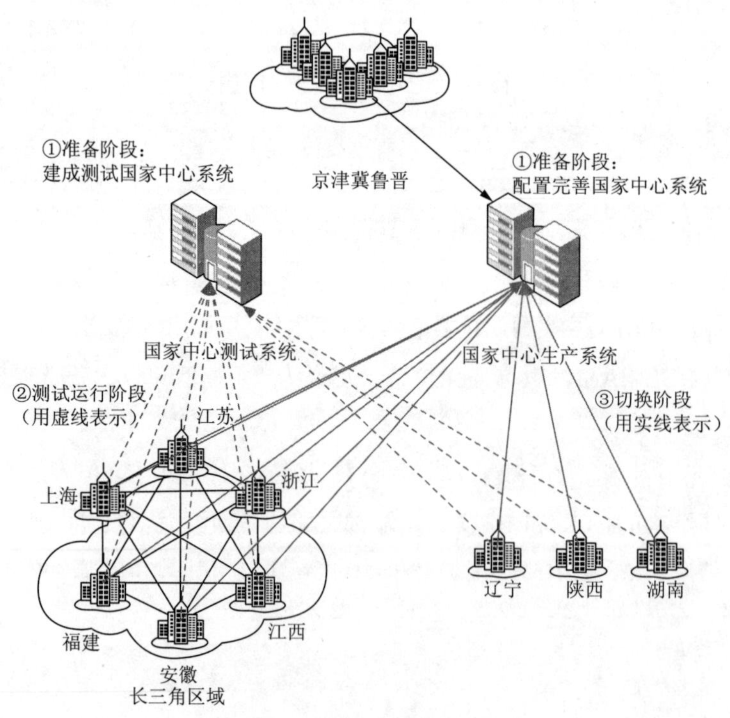

图1.4-1 全国联网开通实施方案示意

1）准备阶段

国家中心：在京津冀鲁晋区域中心系统基础上，根据全国联网接口规范，配置完善国家中心生产系统；建成国家中心测试系统；建成配套网络接入环境。

长三角区域各省（区、市）：根据全国联网技术方案，对现有省（区、市）中心系统进行改造，系统应兼容“两两结算”“中心结算”两种业务模式；准备与国家中心的数据链路；对车道系统进行改造。

辽宁省、陕西省、湖南省：根据全国联网技术方案，对现有省（区、市）中心系统进行改造；准备与国家中心的数据链路；对车道系统进行改造。

京津冀鲁晋：根据全国联网技术方案，对现有省（区、市）中心系统进行改造；对车道系统进行改造。

2）测试运行阶段

长三角区域各省（区、市）在完成准备阶段工作后，依次接入国家中心测试系统进行验证测试，长三角区域的实际跨省（区、市）清分结算业务仍然沿用原有“两两结算”系统，示例如图 1.4-2 所示。

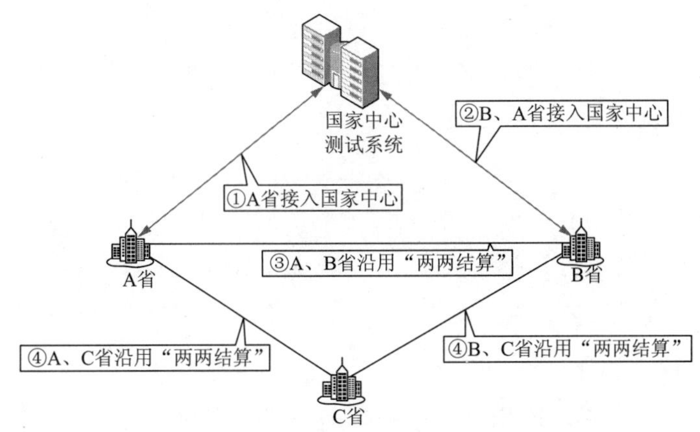

图 1.4-2　长三角区域各省（区、市）测试运行方案示意

（1）A 省（区、市）接入国家中心测试系统，发送原始交易并接收记账信息供测试使用。

（2）B 省（区、市）接入国家中心测试系统，发送原始交易并接收记账信息供测试使用。

（3）A 省（区、市）、B 省（区、市）仍然沿用原有的“两两结算”系统，进行跨省（区、市）业务结算。

（4）C 省（区、市）还未接入国家中心测试系统，AC 间、BC 间跨省（区、市）结算业务仍然沿用原长三角的“两两结算”。

上例中，A 省（区、市）、B 省（区、市）、C 省（区、市）使用该方案的系统拓扑示意图，如图 1.4-3 所示。

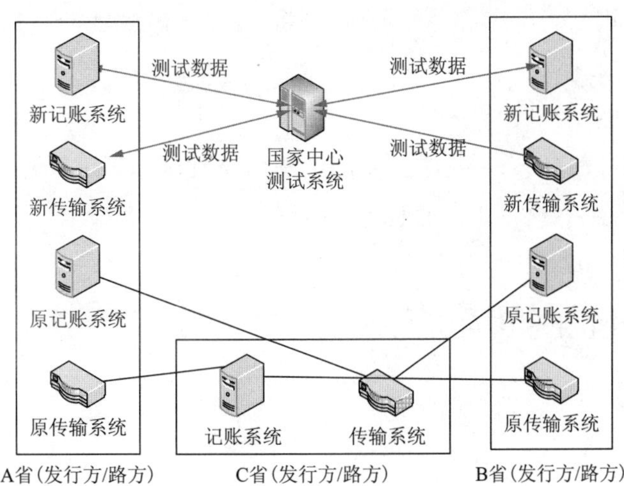

图 1.4-3　长三角区域各省（区、市）测试运行示例

辽宁省、陕西省、湖南省在完成准备阶段工作后，连入国家中心测试系统开展验证测试。

3）切换阶段

待长三角区域最后一个省（区、市）接入国家中心测试系统并完成测试验证后，原有“两两结算”系统全部停用，各省（区、市）在一定的时间窗口分步切换至国家中心生产系统，并按照“中心结算”模式开展业务，详见4.1.3。

辽宁省、陕西省、湖南省完成测试验证后，切换至国家中心生产系统。

4）联网开通

省（区、市）在车道系统下发参数，依照安排统一开通联网。

4.1.3 切换方式

1）长三角区域

切换要求如下：

（1）各省（区、市）全部联入国家中心测试系统后，“中心结算”模式经过一段时间的测试运行，未发现影响正常业务的系统问题，方可进行系统切换。具体测试方法及用例，见《全国高速公路电子不停车收费联网联合测试方案》。

（2）在切换前，各省（区、市）应将之前未清分的数据全部清分，将所有争议交易全部统一处理，一旦完成系统切换，将不再处理之前未清分的正常数据及未处理的争议数据。

（3）各省（区、市）具备切换条件后，向国家中心报备，由国家中心统一安排切换计划。

切换步骤如下：

（1）各省（区、市）路方统一停止发送原始交易数据，保持发行记账、清分系统正常工作，确认不存在在途交易后，对所有上传并记账的交易进行清分，对未处理的争议交易统一处理，随后进行“两两结算”模式下的最后一次结算，完成后则切断两省（区、市）间的线路。预计1～2日内完成该步骤操作。

（2）各省（区、市）停止原有发行记账、清分系统，启用新发行记账、清分系统等，接入国家中心生产系统，但传输系统暂不发送切换期间积压的原始交易数据。配置完成后向国家中心报备，由国家中心统一安排切换计划。预计1日内完成该步骤操作。

（3）在接到国家中心的通知后，相应省（区、市）中心少量上传积压交易数据，国家中心生产系统对原始交易及状态名单等进行交互验证，确认正常后将积压数据全部上传。预计2～3日内完成该步骤操作。

2）辽宁、陕西、湖南三省

在长三角区域顺利切换完成后，辽宁、陕西、湖南对测试环境进行配置，依次接入国家中心生产系统。至此，完成14个省（区、市）的联网工作。

4.2 2015年全国联网实施方案

4.2.1 基本原则

由于15省（区、市）ETC系统建设和发展情况差异较大，为保障全国联网的稳步实施，实行分步接入、平稳过渡。结合各地实际情况，按照“成熟一个接入一个，成熟一批接入一批”的原则，2015 年逐步实现全国联网。

4.2.2 实施方案

按照联网实施方案基本原则，15 省（区、市）可分期分批接入全国联网系统。当部分省（区、市）ETC 系统改造完成具备联网条件后，首先将省中心清分结算系统接入国家中心测试系统，完成测试验证后，切换至国家中心生产系统。待清分结算系统成功完成切换后，再统一配置车道参数，省（区、市）系统正式实现全国联网运行。

1）准备阶段

（1）国家中心：配置网络接入环境，并完成测试系统参数配置。

（2）省（区、市）中心：根据全国联网总体技术方案，对现有省（区、市）中心系统进行改造；准备与国家中心的数据链路；对车道系统进行改造。

2）测试运行阶段

具备条件的省（区、市）接入国家中心测试系统开展测试验证。

3）切换阶段

省中心系统完成测试验证后，切换至国家中心生产系统。

4）联网开通

省（区、市）下发车道系统参数，按计划实现联网运行。

4.2.3 已联网 14 省（市）的配合工作

为确保 2015 年 15 省（区、市）联网工作的顺利实施，已联网 14 省（区、市）应做好以下配合工作：

（1）保留联网测试系统，在新的省（区、市）正式切换到生产系统前，配合国家中心开展相关测试工作。

（2）按照交通运输部和国家中心的统一部署，按时下发车道系统参数，配合联网省（区、市）按计划实现联网运行。

5 联网测试

5.1 2014年区域联网测试

为确保全国联网工作的顺利开展，国家中心将组织开展入网测试工作。

本测试范围为所有联网省（区、市）。其中，2014年的测试对象为：

（1）北京、天津、河北、山西、辽宁、上海、江苏、浙江、安徽、江西、福建、山东、陕西、湖南的ETC核心设备（RSU、OBU、用户卡、用户卡机具）、车道软件以及各省（区、市）清分结算系统及记账系统。

（2）其他计划于2015年内实现联网省（区、市）的OBU和用户卡。

测试项目主要集中在设备互联互通、车道交易功能和记账功能，不包括可靠性测试和交易成功率测试。

联合测试方案，详见第二部分。

5.2 2015年全国联网测试

为确保全国联网工作的顺利开展，国家中心将组织开展入网测试工作。

本测试范围主要为2015年联网省（区、市）。测试对象为：

广东、湖北、甘肃、宁夏、云南、贵州、青海、四川、河南、吉林、黑龙江、内蒙古、新疆、重庆、广西15省（区、市）的ETC核心设备（RSU、OBU、用户卡、用户卡机具）、车道软件以及各省（区、市）清分结算系统及记账系统。同时，省（区、市）界站ETC车道监测评价系统也列为联网测试内容。

测试工作采用联合测试方式。由部路网中心统一组织，交通运输部公路科学研究院、北京市首都公路发展集团提供技术支持，各联网省（区、市）派1名技术人员参加，组成联合测试工作组，开展各项测试。测试报告由部路网中心出具并发送各省（区、市）。

联合测试方案，详见第二部分。

6 投资估算

由于各省（区、市）系统建设情况差异较大，针对全国ETC联网相关系统升级改造资金，请各省（区、市）依据《交通运输部关于开展全国高速公路电子不停车收费联网工作的通知》（交公路发〔2014〕64号），将收费车道软件升级、联网收费系统改造、客服体系建设、配套设施建设及ETC运营管理费用纳入通行费支出范围或财政预算。

附录A 全国高速公路电子不停车收费联网系统参与方间接口设计

A.1 概述

A.1.1 范围

本协议规定了国家清分结算中心及各省（区、市）内电子收费系统中各参与方（如公路收费方、清分方和发行方）之间的数据传输接口及处理流程。

国家清分结算中心和各省（区、市）清分结算中心之间的数据交换需按本协议执行；各省（区、市）内参与方间的数据交换可以本协议为参考自行设计。

A.1.2 参考文献

下列文件中的条款通过本标准的引用而成为本标准的条款。凡是注日期的引用文件，其随后所有的修改单（不包括勘误的内容）或修订版均不适用于本标准，然而，鼓励根据本标准达成协议的各方研究是否可使用这些文件的最新版本。凡是不注日期的引用文件，其最新版本适用于本标准。

《道路运输与交通信息技术电子收费（EFC）参与方之间信息交互接口的规范》（GB/T 20610—2006/ISO/TS 14904：2002）。

《收费公路联网电子不停车收费技术要求》（2011 年 2 月）。

《中国金融集成电路（IC）卡规范》（JR/T 0025—2005）。

《收费公路联网收费技术要求》（2007 年 10 月）。

A.2 术语和定义、符号、缩略语

A.2.1 术语和定义

A.2.1.1 交易处理

交易处理是公路收费交易从公路收费方到清分方，再到发行方的整个传输、记账、争议处理、清分统计、结算划账等各个过程的总和。

A.2.1.2 参与方

参与到整个电子收费运营的单位或实体。

A.2.1.3 清分方

清分方又称清分服务方，负责在本系统多个发行方及公路收费方之间交换数据，包括交易信息及各种状态信息等。同时，协调各方完成电子收费业务，包括争议处理、清分及结算等。

A.2.1.4 本地清分方

本地清分方又称为本省（区、市）清分方，是负责该清分方所属省（区、市）内的交易进行清分的参与方。本地清分方直接与本省（区、市）内的发行方和公路收费方相连。

A.2.1.5 国家级清分方

在全国负责对跨省（区、市）交易进行清分的参与方。国家级清分方仅直接与区域内各省（区、市）的清分方相连，不与各地的发行方和公路收费方直接相连。

A.2.1.6 发行方

发行方是负责将公路收费方提供的各种服务销售给用户的实体。

A.2.1.7 公路收费方

公路收费方又称服务方，是直接为终端用户提供服务，并且通过服务获得商业收益的实体。具体到公路电子收费业务，服务方是向用户提供高速公路通行并收取通行费的实体。

A.2.1.8 清分

清分是清分方统计各参与方应收 / 付款金额并与相关参与方核对数据的操作，每日进行一次。即使清分当日无交易，也应按规则生成清分信息。

国家级清分方负责对全国发生的跨省（区、市）交易进行清分，称为一级清分；本地清分方负责对在本省（区、市）内产生的交易进行清分，称为二级清分。

A.2.1.9 清分日

清分日是清分方执行清分业务的日期。

A.2.1.10 清分目标日

清分目标日是公路收费方希望交易归属的清分日期。清分方仅对清分目标日早于清分日的交易进行清分。

A.2.1.11 结算

结算是清分方按一定周期，根据每日清分结果统计各方应收 / 付款金额并发布划账指令的操作。

国家级清分方负责对全国发生的跨省（区、市）交易进行结算，称为一级结算；本地清分方负责对在本省（区、市）内产生的交易进行结算，称为二级结算。

一级结算和二级结算的周期可以不同。

A.2.1.12 结算日

清分方执行结算业务的日期。

A.2.1.13 清算

清分与结算的统称。

A.2.1.14 收款方

接收服务费的参与方，可以是清分方和公路收费方。由于收款方可能发生存在异常交易退费，所以在极端情况下收款金额可以为负数，表示净支付。

A.2.1.15 付款方

支付服务费的参与方，可以是清分方和发行方。由于收款方可能发生存在异常交易退费，而向付款方返还部分服务费，所以在极端情况下付款金额可以为负数，表示付款方净收入。

A.2.1.16 消息

在电子收费系统中，在各参与方之间需经计算机系统收、发处理的各种数据信息的总称。

A.2.2 缩略语

本标准所用缩略语，见表 1.A-1。

缩 略 语 定 义　　表 1.A-1

缩略语	英文全称	含　义
XML	eXtensible Markup Language	一种简单的数据存储语言，使用一系列简单的标记描述数据
ID	Identity	身份标识号码，也称账号，是一个编码，具有唯一性

A.2.3 XML 符号及说明定义

本文中定义 XML 结构的 Schema 通过图 1.A-1 表示。

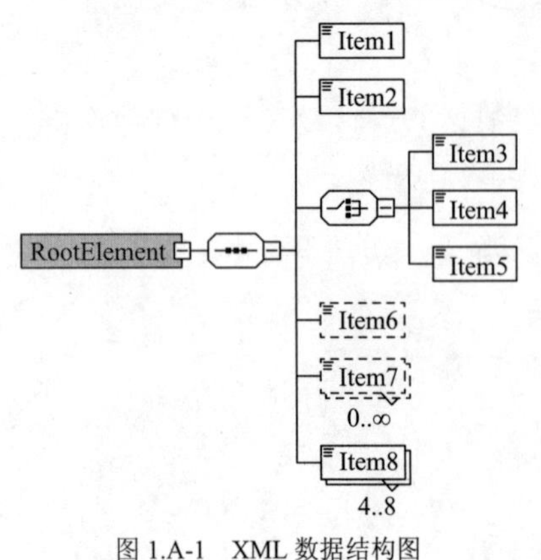

图 1.A-1　XML 数据结构图

所有 XML 节点定义均以方框套节名称定义，如图 1.A-1 中的 RootElement 及 Item1 ～ Item8。根据连接线可知各个节点的关系：Item1 ～ Item8 均为 RootElement 的子节点。

如果一个节点必须出现且仅能出现一次，则其方框为实线，没有任何下标，如 Item1 ～ Item5。

如果一个节点可以被省略，即其出现次数可以为 0，则其方框为虚线，如 Item6 和 Item7。Item6 的虚框下无下标，说明 Item6 最多可以出现一次；Item7 的虚框下有下标，指明其出现次数的上限（图 1.A-1 中定义为无穷大）。

Item8 的下标说明其出现次数必须为 4 ～ 8 次，否则不能通过 XML 合法性验证。

两个图形说明子节点的出现规则。前者表示子节点按结构图从上到下的顺序出现。例如，RootElement 的子节点必须按 Item1、Item2、Item3……的顺序出现，否则无法通过合法性验证。后者表示子节点的出现是选择关系。例如，Item3、Item4、Item5 均为 RootElement 的子节点，但在任意一个 XML 文件中，只能出现这三者之一，不能同时出现。

在说明中通过 RootElement.Item1、RootElement.Item2 的形式表示上下级节点之间的关系。

A.3 体系结构

A.3.1 基本结构

本体系结构根据《道路运输与交通信息技术　电子收费（EFC）参与方之间信息交互接口的规范》制定，如图 1.A-2 所示。

联网电子收费体系结构为树形，在同一水平的两个参与方之间没有直接联系：

（1）省（区、市）清分方可以与本省（区、市）内的多个公路收费方和发行方相连。

（2）省（区、市）清分方通过国家级清分方与其他省（区、市）清分方相连。

（3）本省（区、市）公路收费方与发行方通过本省（区、市）清分方相连。

（4）本省（区、市）公路收费方与发行方通过省（区、市）清分及国家级清分方与其他省市的公路收费方与发行方相连。

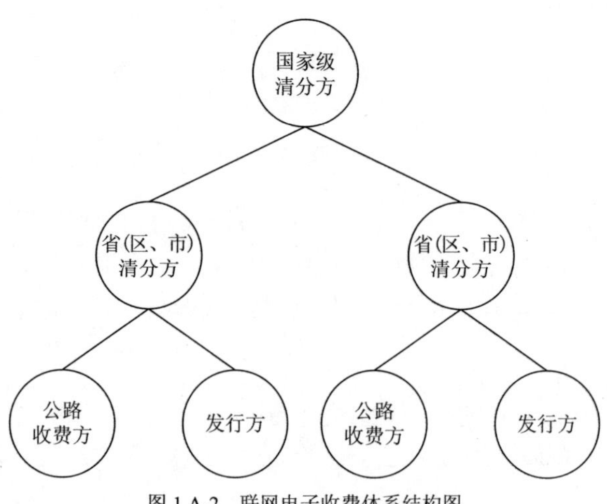

图 1.A-2　联网电子收费体系结构图

对于各省（区、市）的发行方和公路收费方而言，国家级清分方和省（区、市）清分方组合在一起，成为系统清分结算的清分方，如图 1.A-3 所示。

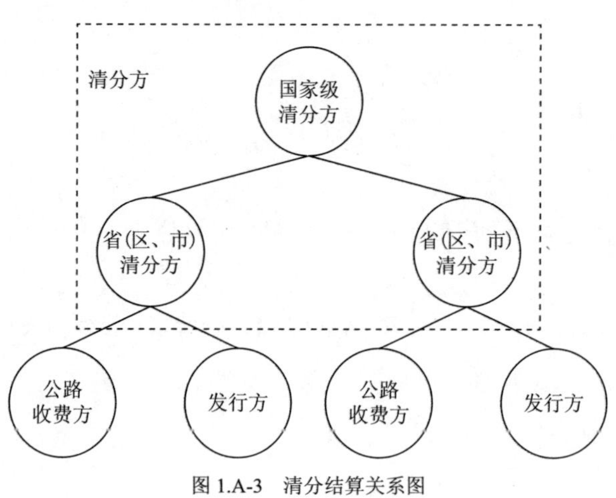

图 1.A-3　清分结算关系图

A.3.2　角色转换

公路收费方是产生消息交易的参与方；发行方是从用户账户中按交易划拨服务费的参与方。

由于省（区、市）清分方即向国家级清分方提交其他地区用户在本省（区、市）产生的跨区交易，又为本省（区、市）用户在其他省（区、市）的跨区交易支付服务费，所以对国家级清分方而言，各省（区、市）清分方即是公路收费方，又是发行方。

因此，在后面对消息的说明中，除特别描述外，均以图 1.A-4 所示的简单结构阐述各消息的处理规则。

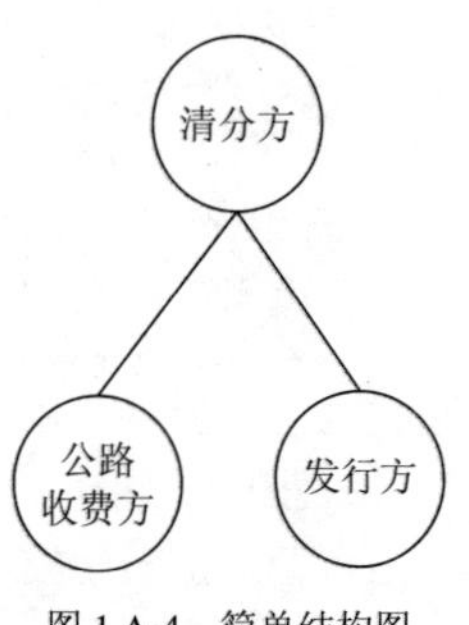

图 1.A-4　简单结构图

A.4　传输规则

A.4.1　传输方式

传输见“签名认证”相关部分。

A.4.2 基本结构

A.4.2.1 数据存储形式

所有传输的数据均采用 XML 存储，使用 UTF-8 编码，基本结构如图 1.A-5 所示。

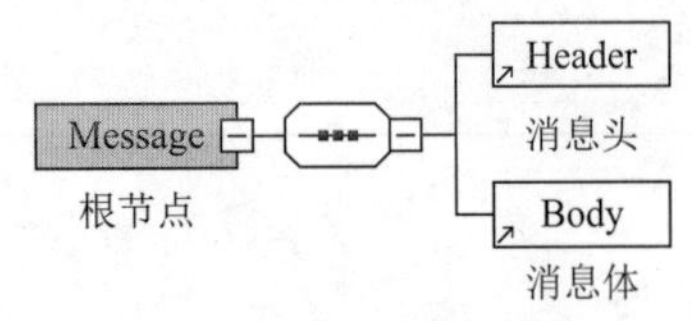

图 1.A-5 XML 基本结构图

所有消息，包括用于确认信息的消息均使用以上基本结构。

消息包含消息头 Header 和消息体 Body。所有消息的消息头结构相同，仅使用的具体数值根据其不同应用有所区别。不同应用的消息体内部结构不同。

Message 节点作为整个消息文件的根节点，不得带有任何属性，如命名空间及 SchemaLocation 等，即消息必须为：

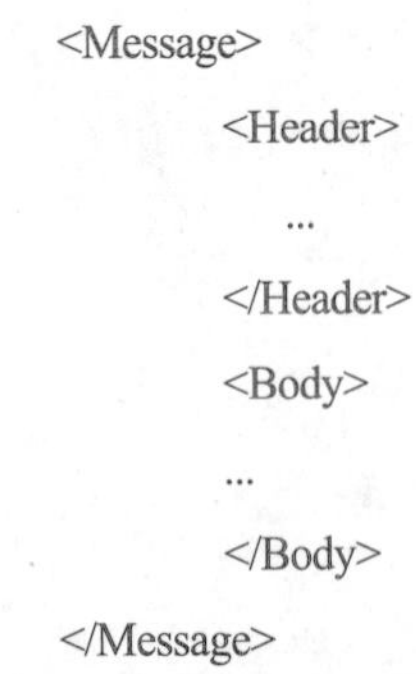

```
<Message>
    <Header>
        ...
    </Header>
    <Body>
    ...
    </Body>
</Message>
```

若未明确说明，所有整数类型的值均采用十进制，所有表示金额的节点均采用 10 进制并精确到分，如 123.45 表示一百二十三元四角五分。

所有数据结构以 Schema 形式定义。所有 XML 数据必须能够通过对应 Schema 的合法性验证。

A.4.2.2 数据结构定义

所有传输中的消息，均通过 Schema 定义文件结构。所有根据 Schema 生成的 XML 文件，必须是合法的。

Schema 文件仅定义文件结构，不负责对数据的逻辑合法性进行验证。

Schema 定义中使用的标签名称（tag）与数据库定义使用的字段名没有必然关系。数据库定义时可以采用不同的名称表示 Schema 定义的内容。

A.4.2.3 数据类型

Schema 中用于定义 XML 结构的部分数据类型说明见表 1.A-2。

XML 数据类型说明 表 1.A-2

XML 数据类型	说　明	示　例
Short	2 字节整数，以 10 进制表示	
Int	4 字节整数，以 10 进制表示	
Long	8 字节整数，以 10 进制表示	
Date	日期	YYYY-MM-DD，如 2008-01-25
DateTime	时间，采用 24h 表示法，以字符“T”作为日期与时间的分隔符，精确到秒	YYYY-MM-DDTHH:mm:ss，如 2008-01-25T15:33:46
HexBinary	在后文定义中简略为 Hex（*n*），以 16 进制数字对的方式表示一串字节数组的内容，高位在前，低位在后。*n* 为 16 进制数的位数，不足规定长度的，左补 0。由于两位 16 进制数表示 1 个字节，所以，*n* 必为偶数。如保存 1 字节内容为 Hex（2），保存 4 字节内容为 Hex（8）	001a345f 表示 0x001a345f。若使用 01a345f 则在验证 XML 文件合法性时会产生错误，因为 16 进制数字串的长度是 7，不是偶数长度

续上表

XML 数据类型	说　明	示　例
Decimal	以 10 进制表示的浮点数	如 1340.56 等
String	字符串，为表示长度，在后文定义时使用 String（*n*）进行表示。*n* 为字符串最终存储的最大字节数。超过定义长度的部分将不被接收方处理。若省略 *n*，表示不规定字符串长度	

在消息定义中的 BCD 码通过 HexBinary 表示。

本文中有关金额的单位，若未特别说明，均以“元”为单位。

A.4.3　消息头

消息头基本结构，如图 1.A-6 所示。

消息头是所有消息均包含的第一个节点，表示消息的身份及用途，数据类型及意义，见表 1.A-3。

SenderId、ReceiverId 及 MessageId 的组合，是一条消息在整个系统内的唯一身份标识。在一个消息从最初的发送方到最终接收方的传输过程中，Version、MessageClass 和 MessageType 均不会改变。转发消息的参与方仅替换 SenderId、ReceiverId 及 MessageId。

例如，某公路收费方 ID 为 1，其所在省（区、市）清分方 ID 为 2，国家级清分方 ID 为 3，另一省（区、市）清分方 ID 为 4、发行方 ID 为 5，则公路收费方的交易消息包在逐级转发的过程中 SenderId、ReceiverId 和 MessageId 变化，见表 1.A-4。

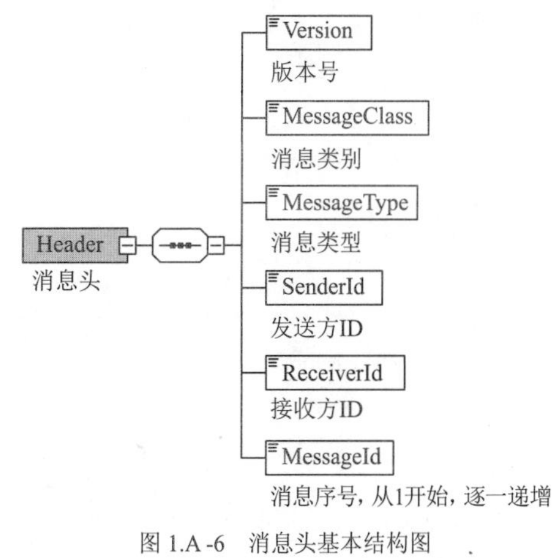

图 1.A-6　消息头基本结构图

消息头字段说明　　表 1.A-3

名　称	数据类型	取值及说明
Version	Int	版本号，以 10 进制表示。从高到低，前 4 位表示主版本号，中间 3 位表示次版本号，最后 3 位是修改号。如：0001000000 表示版本 1.0.0
MessageClass	Int	说明消息传输的机制
MessageType	Int	说明消息的应用类型
SenderId	Hex（16）	发送方 ID，在整个系统中唯一
ReceiverId	Hex（16）	接收方 ID，在整个系统中唯一
MessageId	Long	消息序号，从 1 开始递增，每次加 1。消息序号由发送方维护

传输阶段 SenderId、ReceiverId 取值　　表 1.A- 4

传输阶段	SenderId	ReceiverId
公路收费方到本省（区、市）清分方	1	2
本省（区、市）清分方到国家级清分方	2	3
国家级清分方到另一省（区、市）清分方	3	4
另一省（区、市）清分方到该省（区、市）发行方	4	5

在整个过程中，MessageId 各个发送方自行控制。

MessageClass 以 4 字节整型表示。

传输阶段 Message Id 取值，见表 1.A-5。

传输阶段 MessageId 取值 表 1.A-5

名　称	值	说　明
Request（请求）	1	接收方需返回处理结果，可能包含大量数据
Request Response（请求应答）	2	
Advice（建议）	3	接收方需指明是否接受发送方的建议，返回信息简单
Advice Response（建议应答）	4	
Notification（通知）	5	接收方仅需指明接收是否正确
Notification Response（通知应答）	6	

MessageClass 两两一组，每组中第一个值说明传输机制，该值加 1 即为第二个值，是对第一个值的确认操作。

以上定义参考《道路运输与交通信息技术　电子收费（EFC）参与方之间信息交互接口的规范》制定。以 C# 定义为：

```
public enum MessageClass
{
    Request = 1,
    RequestResponse,
    Advice,
    AdviceResponse,
    Notification,
    NotificationResponse,
}
```

MessageType 以 4 字节整型表示。

MessageType 值对应名称，见表 1.A-6。

MessageType 值对应名称 表 1.A-6

名　称	值	名　称	值
Servcie List（服务列表）	1	Key Management（密钥管理）	9
Fare Products List（价目表）	2	Status List（状态名单）	10
Customer Details（用户信息）	3	Equipment Status（设备状态）	11
Apportionment Rules（分账规则）	4	Event Exception（例外事件）	12
Reconciliation Totals（对账总金额）	5	Payment Method Acceptance（接受付费方式）	13
Authorization（授权）	6	Operator List（参与方信息）	14
Transaction（交易）	7	区域联网保留	15 ~ 20000
Report Sent（报告已发送）	8	本地自定义	20001 以上

以上定义参与《道路运输与交通信息技术　电子收费（EFC）参与方之间信息交互接口的规范》制定。以 C# 定义为：

```
public enum MessageClass
{
    ServiceList = 1,
    FareProductsList,
    CustomerDetails,
    ApportionmentRules,
    ReconciliationTotals,
    Authorization,
```

```
        Transaction,
        ReportSent,
        KeyManagement,
        StatusList,
        EquipmentStatus,
        EventException,
        PaymentMethodAcceptance,
        OperatorList,
        LocalCustomized = 20001,
}
```

A.4.4　消息体

消息体基本结构，如图 1.A-7 所示。

消息体包含一个可选属性 ContentType 和多个内容对象。

消息头中的 MessageClass 说明消息传输、应答的方式；MessageType 说明消息内容所属应用分类；ContentType 说明在 MessageType 确定的应用中的具体分类。

并不是所有消息体均有 ContentType 属性。如果某 MessageType 下仅传递一种信息，则该类消息的消息体忽略 ContentType 属性。

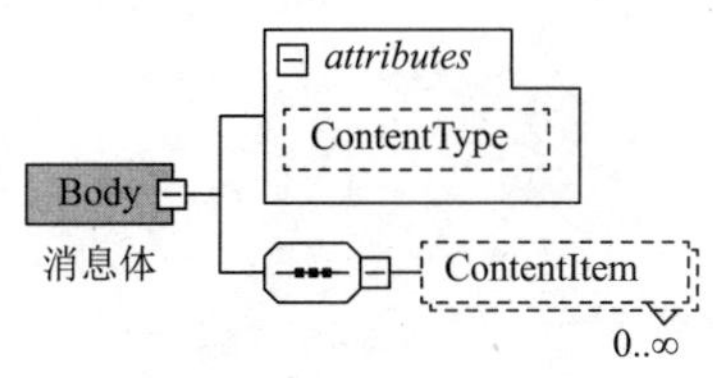

图 1.A-7　消息体基本结构图

A.4.5　消息文件的命名规则

每一个压缩文件仅包含一个原始数据文件。压缩文件与原始数据文件除扩展名不同外，文件名部分完全相同。

A.4.6　传输控制

发送方与接收方的数据传输采用一问一答方式。发送方在规定时间内未接收到接收方的应答需通过自动重发、手动重发及文件导入 / 导出功能将数据传送到接收方。重发消息、导出消息的 MessageId 保持不变。

接收方向发送方发送的确认消息不再等待对方回应，因此也不必重发。

超时时间以分钟为单位，范围为 1 ～ 60，默认值为 10min。

默认自动发送次数为 3 次（即自动重发 2 次）。若经过自动重发后仍未得到接收方的回应，则应报警由人工处理。

以上默认值均应可通过参数配置进行调整。

A.4.6.1　通用确认消息结构

1）应用范围

接收方收到发送方的消息后，必须给予发送方回应。不同的 MessageClass、MessageType 所使用的返回消息结构不尽相同。但如果消息结构不正确（如 MessageClass 值未定义）等无法通过校验的情况发生时，接收方需通知发送方消息异常。此时，需使用通用确认消息结构。另外，对某些消息的回应相对简单，也使用通用确认消息结构发送。

各消息的详细回应说明可参与相关章节。

2）消息头

确认消息头属性说明，见表 1.A-7。

确认消息头属性说明 表 1.A-7

名　称	数据类型	取值或说明
MessageClass	Int	若所接收消息的 MessageClass 有效，使用与其对应的 Response 值；否则使用所接收消息的 MessageClass 值
MessageType	Int	使用所接收消息的 MessageType

3）消息内容

确认消息内容基本结构，如图 1.A-8 所示。

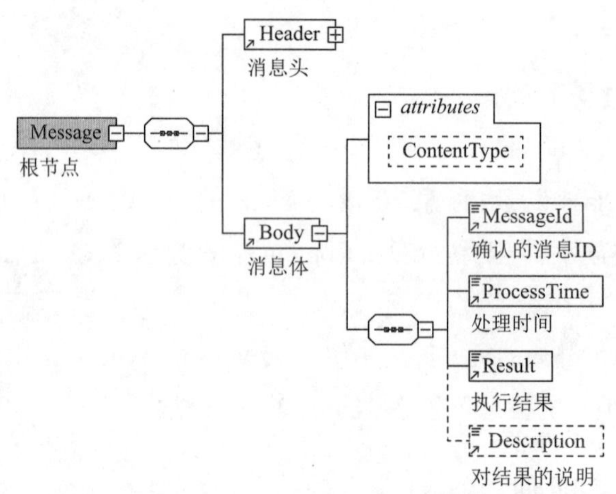

图 1.A-8　确认消息内容基本结构图

Body 的 ContentType 属性是可选的，在消息头 MessageClass 和 MessageType 的基础上进一步指出响应的是哪一类消息，与所回应的消息的 ContentType 保持一致。Body 各个子节点说明，见表 1.A-8。

确认消息 Body 属性说明 表 1.A-8

名　称	数据类型	取值或说明
MessageId	Long	当前消息所确认的消息 ID
ProcessTime	DateTime	处理时间
Result	Short	执行结果： 1：消息已正常接收（用于 Advice Response 时含已接受建议） 2：消息头错误，如 MessageClass 或 MessageType 不符合定义，SenderId 不存在等 3：验证未通过，即 XML Schema 验证未通过、签名未通过或 MD5 错误 4：消息格式正确但内容错误，包括数量不符、内容重复等 5：消息重复 6：消息正常接收，但不接受建议（仅用于 Advice Response） 7：消息版本错误 8 ～ 20000：区域联网保留 20001 以上：本地自定义
Description	String（100）	对返回结果的说明。例如对于结果 4，在说明应指出具体的错误原因

A.4.6.2　通用重发请求消息结构

1）应用范围

应用于数据接收方向数据发送方请求重发某些数据。

2）消息头

重发请求消息头属性说明，见表 1.A-9。

重发请求消息头属性说明　　表 1.A-9

名　称	数据类型	取值或说明
MessageClass	Int	1，Request
MessageType	Int	请求重发的数据类型对应的 MessageType

3）消息内容

重发请求消息内容基本结构，如图 1.A-9 所示。

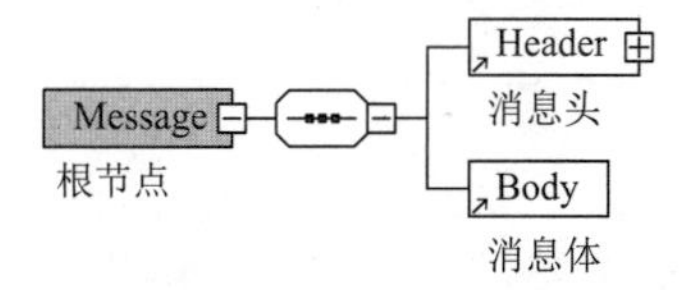

图 1.A-9　重发请求消息内容基本结构图

通用重发请求消息中没有更多的数据，其 Body 为空。

A.4.6.3　名单数据的版本控制

1）应用范围

用户状态名单及基础信息等所有经常变动的数据。

2）名单形式

名单数据会随着系统运行不断更新。所有名单类数据的更新方式分为整体更新和增量更新两类。

整体更新是数据包包含系统当前所有名单记录，接收方通过删除原有名单，直接使用接收到的新名单即可达到名单同步的目的。

增量更新是发送方只告知接收方发生数据内容改变的记录，接收方根据增量内容修改其现有名单，从而达到数据同步。

3）名单顺序

整体下发是静态的，使用该方式可以保证发送方与接收方名单数据的同步，但每当名单发生变化时都使用整体形式下发会降低系统效率，因为大部分名单数据在两次下发之间是没有变化的。

增量下发是动态的，相对整体下发数据量少，适合及时通知接收方名单的改变。

通过以上两种方式，可以有效地同步发送方与接收方的名单数据，但这种方式对发送顺序与接收顺序要求十分严格。如果接收顺序与发送顺序不同，会使数据更新异常。大多数中间件均不能保证消息的发送顺序与接收顺序相同，所以在名单数据中，以版本号表示发送的先后顺序。版本号从 1 开始，每次加 1，增量名单和整体名单使用同一递增序列。生成名单数据的参与方负责版本号。

4）主动发送的版本处理

（1）处理规则

发送方保证版本号逐一递增。接收方校验版本号，并根据版本号及名单形式执行相应处理。

设接收方已处理的版本号为 OldVer，刚刚接收的名单版本号为 NewVer，处理规则如下：

①若 NewVer ≤ OldVer，说明当前使用的名单比接收到的名单版本更新，所以直接忽略接收到的名单。否则，转至下一步。

②如果新接收的名单是整体名单，则只要 NewVer > OldVer 就可直接处理接收到的名单，清除在第③步中临时保存的版本小于或等于 NewVer 的名单，完成后更新 OldVer 的值，即设置 OldVer = NewVer。

③如果新接收的名单是增量名单，则只有 NewVer = OldVer + 1 时方可立即处理，并更新 OldVer 的值后结束处理。否则，临时保存该名单直到合适的名单（NewVer = OldVer + 1 的增量名单或 NewVer > OldVer 的整体名单）到达。等待时间可设定。若等待一段时间后仍没有合适的名单，则向发送方请求重发名单（如果以前已经发送过整体名单请求重发消息且没有收到回复则不发送）；之后收到的名单分

别按第②或③步处理。

（2）示例

名单处理示例流程，如图 1.A-10 所示。

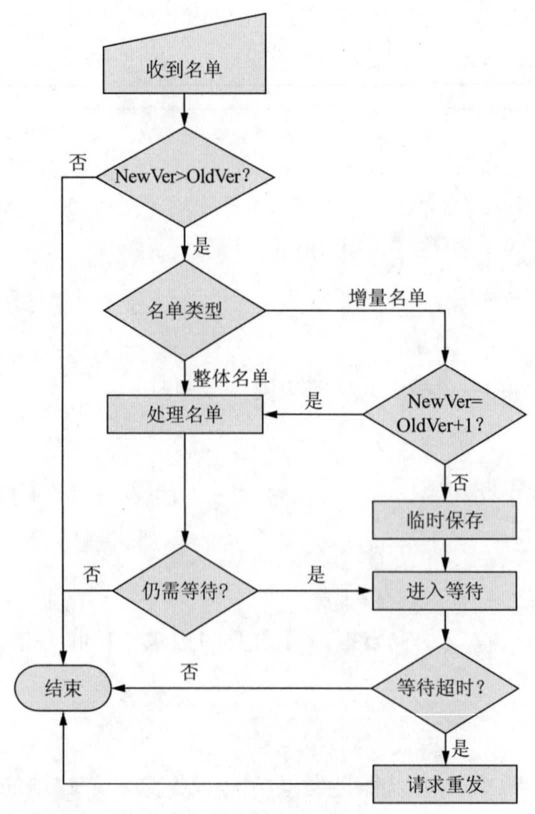

图 1.A-10　名单处理示例流程图

图 1.A-10 中未包含退出等待状态，说明见下文示例。

“处理名单”包括的操作有：

①根据名单更新本地数据库。

②删除临时保存的版本号小于 NewVer 的名单。

③如果仍有临时保存的名单中存在，版本连续且与 NewVer 相邻，则循环处理这些名单。

④更新 OldVer 值为最大已处理名单的版本号。

处理完成后临时保存的只有版本号大于 OldVer + 1 的名单。

等待状态中可以继续接收消息并处理。

举例：当前已处理的状态名单版本为 3，之后收到的版本顺序为：6（增量）、7（增量）、4（增量）、9（增量）、8（整体）、10（回复请求重发的整体名单）、5（增量）。

处理过程为：

①收到版本为 6 的名单：临时保存，进入等待状态（假设等待时间结束为收到版本为 9 的名单之后）。

②收到版本为 7 的名单：临时保存，保持原等待状态。

③收到版本为 4 的名单：处理此名单，更新 OldVer 为 4，因为临时保存的名单显示仍缺版本为 5 的名单，所以不改变等待状态。等待时钟重新计时（假设等待时间结束仍为收到版本为 9 的名单之后）。

④收到版本为 9 的名单：临时保存，保持原等待状态。

⑤等待结束，说明通信可能发生问题，为及时得到最新的名单，发送名单请求重发消息给发送方。

⑥收到版本为 8 的整体名单：处理此名单，更新 OldVer 为 8，删除临时保存的版本为 6 和 7 的名单，不对这两个名单进行处理。

⑦处理临时保存的版本为 9 的名单，更新 OldVer 为 9，退出等待状态。

⑧收到版本为 10 的回复名单：处理此名单，更新 OldVer 为 10。

⑨收到版本为 5 的名单：忽略。

5）响应请求重发的版本处理

名单接收方可以向名单发送方请求发送当前完整的名单信息。名单的发送方有两类：一类是名单的产生方，即产生用户状态名单的发行方；另一类是名单的转发方，即清分方。这两类参与方在接收到请求重发名单后，处理规则相同：

（1）被请求方接收到重发请求后，根据本地数据产生整体名单，并使用最新的版本号作为名单的版本号。

（2）接收方已处理的版本号为 OldVer，刚刚接收的重发请求回应名单版本号为 NewVer，处理规则如下：

若 NewVer < OldVer，说明当前使用的名单比接收到的名单版本更新，所以直接忽略接收到的名单。否则，因为重发请求回应是整体名单，所以直接处理接收到的名单并更新 OldVer，删除所有临时保存的名单。

A.4.7　名单数据的有效期

名单数据根据生效期应能保存多个版本。

A.4.8　参与方 ID

在消息交换中使用的发送方 ID、接收方 ID，以及消息中包含的公路收费方 ID、发行方 ID 及清分方 ID 均可以 8 字节整数存储，在整个系统内唯一。

在 XML 中，参与方 ID 表现为 16 位长的 16 进制字符串，数据类型为 HexBinary，不足 16 位左侧补 0。

前 4 字节省（区、市）内自定义，对于跨省（区、市）数据接口前 4 字节为 99999999。

第 5 个字节为国家清分结算中心或省级参与方 ID，例如：11 北京、12 天津、13 河北。对于国家级清分，使用约定代码，如国家清分结算中心的代码是 01。

第 6 个字节为参与方类型：01 为发行方、02 为清分方、03 为公路收费方、04 为收费代理方。

第 7、8 字节为机构序号，从 1 开始。

在 XML 中，参与方 ID 表现为 16 位长的 16 进制字符串，数据类型为 HexBinary，不足 16 位左侧补 0。相应 XML 报文值 16 进制显示值见表 1.A-10。

参与方 XML 报文值 16 进制显示值　　表 1.A-10

参与方	代　码	说　明
区域		
国家清分结算中心	9999 9999 01 02 0001	清分方
北京		
首发路网	9999 9999 11 03 0001	公路收费方
华北高速	9999 9999 11 03 0002	
机场高速	9999 9999 11 03 0003	
京通快速	9999 9999 11 03 0004	

续上表

参与方	代　码	说　明
快通公司	9999 9999 11 01 0001	发行方
北京清分中心	9999 9999 1102 0001	清分方
天津		
天津路网	9999 9999 12 03 0001	公路收费方
天津发行	9999 9999 12 01 0001	发行方
天津清分	9999 9999 12 02 0001	清分方
河北		
河北路网	9999 9999 13 03 0001	公路收费方
河北发行	9999 9999 13 01 0001	发行方
河北清分	9999 9999 13 02 0001	清分方

A.5 签名认证

A.5.1 文件命名规则

国家级清分与各省（区、市）级清分之间传送的消息以 ZIP 格式进行压缩。每一个 .zip 文件必须包含且仅包含一条消息。每一个 .zip 文件中包含两个文件：一个是消息内容文件，以 .xml 作为扩展名；另一个是签名信息文件，以 .sn 作为扩展名。

文件的命名规则为：

SendereId + “_” + ReceiverId + “_” + MessageId + “.” + 文件扩展名。

签名认证文件命名规则，见表 1.A-11。

签名认证文件命名规则　　表 1.A-11

名　称	文件名中字符串长度	取值或说明
SenderId	16	16 进制数，不足左补 0
ReceiverId	16	16 进制数，不足左补 0
MessageId	不定	10 进制数

以发送方 ID 为 9999999911020001，接收方 ID 为 9999999912010001，消息 ID 为 1234 为例，消息压缩包的名称为：

9999999911020001_9999999912010001_1234.zip。

该压缩文件包含两个文件：

（1）9999999911020001_9999999912010001_1234.xml。

（2）9999999911020001_9999999912010001_1234.sn。

即压缩包和其包含的两个文件的文件名部分完全相同，仅扩展名不同。

A.5.2 签名过程

清分系统之间的消息采用 XML 方式保存。在生成待发消息后，应对该消息进行签名。签名的方法很多，为保证效率，不对整个消息内容进行签名，而仅对消息内容的摘要进行签名，基本过程如下：

（1）计算扩展名为 .xml 的消息内容文件的 MD5 摘要值。MD5 值是长为 16 字节的二进制数据。

（2）将 MD5 的摘要以字节数组的形式提交给签名服务，签名服务返回计算结果。该结果与 MD5 值类似，是二进制数据。不同的算法，签名结果的字节长度不同。签名服务可由专用的服务器提供，也可能是本地模块提供。

（3）将签名结果以约定的格式保存到扩展名为 .sn 的文件中。

流程如图 1.A-11 所示。

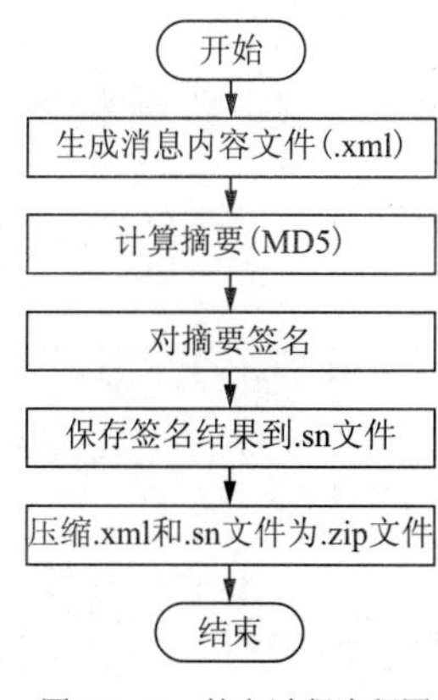

图 1.A-11　签名过程流程图

所有签名过程保持一致，仅选择的签名算法及对签名结果的转换方法有所不同（即图 1.A-11 中“对摘要签名”及“保存签名结果”部分）。目前，签名应支持以下算法，见表 1.A-12。

签 名 算 法　　表 1.A-12

签名算法	执 行 操 作	结 果 形 式
Attach	调用相关函数	以 Base64 形式保存结果
None	不对摘要值进行签名，直接使用摘要值作为签名结果；本方法用于实施签名前的过渡阶段	以二进制字符串形式保存结果，即直接显示，如 44d667c142d7cda120332623eab69f40，不区分大小写

“None”方法仅为过渡性方法，其作用是即使尚未实施签名，也可使整个算法的处理流程保持一致。

A.5.3　认证过程

认证过程也称为验签过程。

认证前需对接收到的 .zip 文件进行解压，得到消息内容 .xml 文件和签名信息 .sn 文件。对消息的认证可以采用以下两种方法之一。

A.5.3.1　核对签名

核对签名的过程与执行签名相似，即对 .xml 计算摘要并对该摘要进行签名，然后将签名结果与 .sn 文件中的结果进行比较。如果两者相同，则通过认证；否则为失败，如图 1.A-12 所示。

本方法可以应用于有签名及无签名（None）两种情况。

A.5.3.2　核对摘要

将 .sn 中的内容作为待验数据提交给认证服务，认证服务会返回被签名的内容，该过程称为验签，将验签结果与 .xml 的摘要进行比较。如果两者相同，则通过认证；否则为失败，如图 1.A-13 所示。

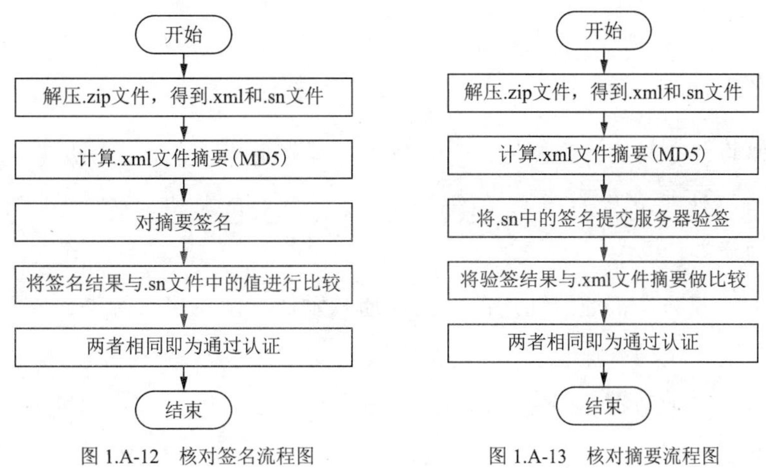

图 1.A-12　核对签名流程图　　图 1.A-13　核对摘要流程图

本方法只适用于有签名服务器的情况。若采用以上流程对无签名（None）情况验签，则系统应跳过提交服务器验签的过程，直接比较摘要和 .sn 中的内容。

A.5.4　签名结果文件格式

签名结果文件的扩展名为 .sn，实际上仍然是一个 XML 文件，格式如图 1.A-14 所示。签名结果文件属性说明，见表 1.A-13。

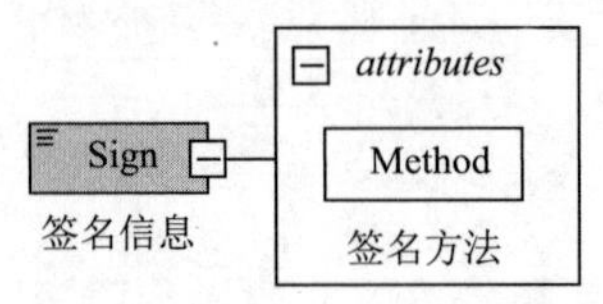

图 1.A-14　签名结果文件格式图

以下为以“None”方法签名的例子：

```
<?xml version=”1.0” encoding=”UTF-8”?>
<Sign Method=”none”>44d667c142d7cda120332623eab69f40</Sign>
```

以下为以“Attach”方法签名的例子：

```
<?xml version=”1.0” encoding=”UTF-8”?>
<Sign Method=”attach”>abe0……cefn</Sign> <!-- 结果过长，不详细显示 -->
```

签名结果文件属性说明　　表 1.A-13

名　称	数据类型	取值及说明
Sign	String	签名结果的字符串表示
Method	String	签名方法，不区分大小写，开始与结尾不能有空格。如 None 与 none、NONE 等价

根据不同的 Method 得到签名结果后，将会按对应的格式将结果转换为字符串作为 Sign 节点的内容。

需注意之处在于，由于 XML 的特性，以下文件内容将是错误的，将导致最终校验失败：

```
<?xml version=”1.0” encoding=”UTF-8”?>
<Sign Method=”none”>
44d667c142d7cda120332623eab69f40
</Sign>
```

该文件包含的签名结果在“44d667c142d7cda120332623eab69f40”之前和之后各有一个换行符“\n”。系统开发时应避免此类情况。

A.6　交易处理

A.6.1　应用范围

交易处理是公路收费交易从公路收费方到清分方（含本地清分方及国家级清分方），再到发行方的整个传输、记账、争议处理、清分统计、结算统计等各个过程的总和。本节说明在整个处理过程中使用的消息结构及处理流程。

所有交易消息的接收方均需通过通用确认消息通知发送方消息接收结果。该确认消息仅表示接收方是否正确收到交易消息包，不表示这些交易是否被正确记账。

除清分与结算外，其他数据在国家级清分方及省（区、市）清分方之间仅为转发关系。因此，为简化描述，后文中若未明确说明，均以体系结构中的简单结构对交易处理过程进行说明。

A.6.2　确认消息结构

A.6.2.1　应用范围

接收方与发送方之间对交易消息、清分消息等消息的应答均使用通用确认消息结构。确认消息返回正确时仅表示正确接收，并不包含详细的处理结果。若接收异常，通过确认消息中的 Result 和 Description，可得到错误信息。

A.6.2.2　消息头

确认消息头属性说明，见表 1.A-14。

确认消息头属性说明　　表 1.A-14

名　　称	数据类型	取值或说明
MessageClass	Int	6，Notification Response
MessageType	Int	5，Reconciliation Totals 7，Transaction

当确认交易记录、争议处理结果和异常交易退费时，MessageType 为 7；确认记账、清分、结算消息时，MessageType 为 5。具体确认的是哪一个子类的消息，由 Body 的 ContentType 说明。

A.6.3　原始交易消息

A.6.3.1　应用范围

由公路收费方经清分方发送给发行方的原始交易数据。

消息发送方向，如图 1.A-15 所示。

图 1.A-15 以公路收费方 A 发送交易信息为例说明原始交易消息在系统内的传输方向。深灰底色的节点是消息的产生方。

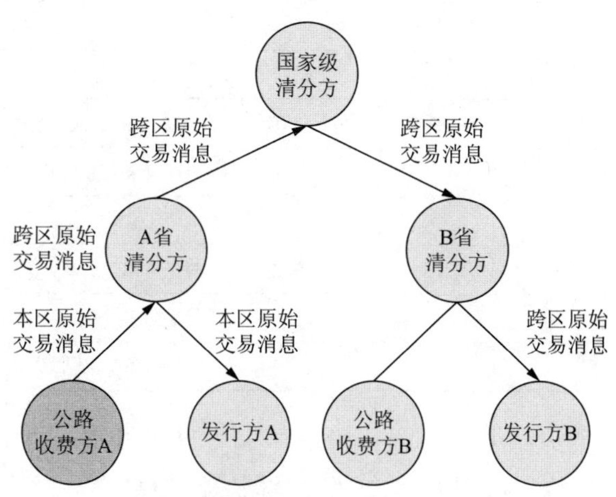

图 1.A-15　原始交易消息发送方向图

A.6.3.2　消息头

原始交易消息头属性说明，见表 1.A-15。

原始交易消息头属性说明　　表 1.A-15

名　　称	数据类型	取值或说明
MessageClass	Int	5，Notification
MessageType	Int	7，Transaction

A.6.3.3 消息内容

原始交易消息内容结构，如图 1.A-16 所示。

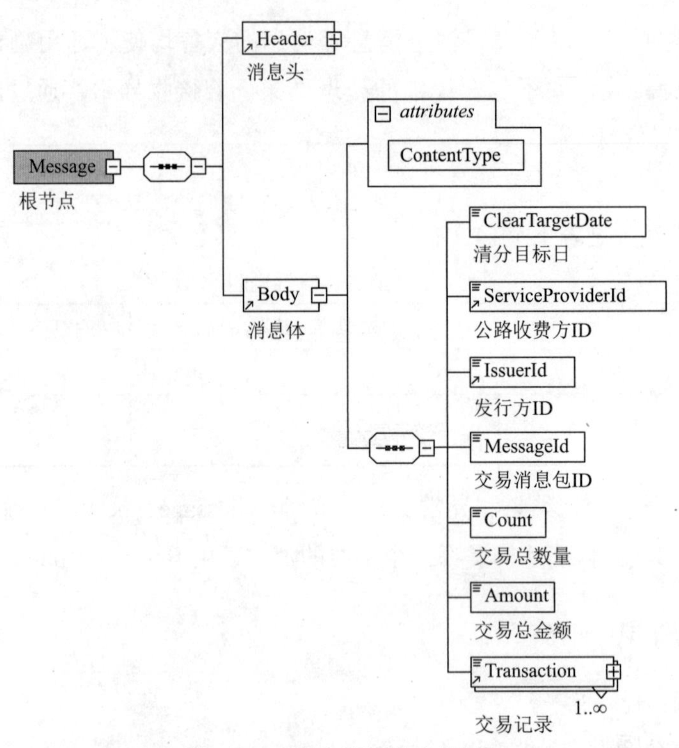

图 1.A-16 原始交易消息内容结构图

交易信息中，Body 的各个子节点说明，见表 1.A-16。

原始交易消息 body 属性说明 表 1.A-16

名　称	数据类型	取值及说明
ContentType	Int	1
ClearTargetDate	Date	清分目标日
ServiceProviderId	Hex（16）	公路收费方 ID，表示消息包中的交易是由哪个公路收费方产生的
IssuerId	Hex（16）	发行方 ID，表示产生交易记录的电子介质所属的发行方
MessageId	Long	公路收费方生成的交易消息包 ID
Count	Int	本消息包含的交易记录数量，大于 1 小于 1 万
Amount	Decimal	交易总金额，大于或等于 0
Transaction		多条交易信息

公路收费方按照电子介质所属的发行方，将原始交易分组打包，发送给清分方。清分方按交易包中指明的发行方将交易提交给对应对发行方（含经国家级清分方转发）处理。在同一个交易包中，不能包含属于不同发行方发行的 IC 卡所产生的交易。同时，同一个交易包中，仅能包含同一清分目标日的交易数据。

在整个传输过程中，消息包的 MessageId 会发变化。为保证发行方能正确对应公路收费方的原始交易包，公路收费方在生成原始交易消息时应将该消息的 MessageId 值保存在 Body 的子节点 MessageId 中。即公路收费方生成的原始交易消息中，Header 的子节点 MessageId 与 Body 的子节点 MessageId 的值相同。在其他传输阶段，这两个值可能不同。在整个传输过程中 Body 节点的 MessageId 保持不变。

交易包中包含原始交易记录。交易记录的格式，如图 1.A-17 所示。

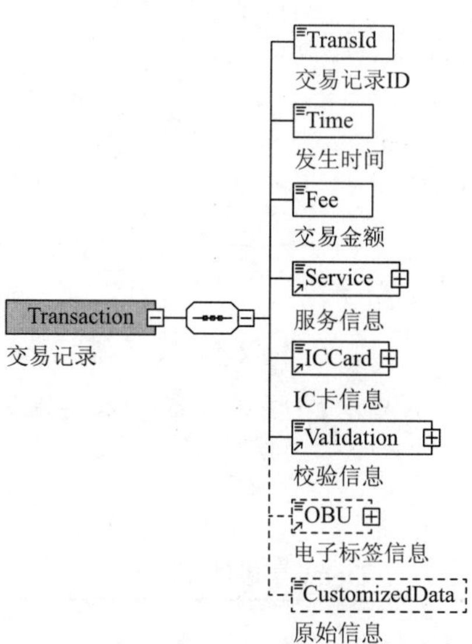

图 1.A-17 原始消息交易记录结构图

交易记录的属性说明，见表 1.A-17。

原始消息交易记录属性说明 表 1.A-17

名　称	数据类型	取值及说明
TransId	Int	是由公路收费方产生的该包内顺序 ID，从 1 开始递增。在公路收费方、清分方、发行方三方的交易通信过程中均采用此 ID 表示包内唯一的交易记录。通过 MessageId 与 TransId，可以在系统中唯一确定一条交易
Time	DateTime	交易的发生时间，需参加 TAC 计算
Fee	Decimal	交易的发生金额，以元为单位，大于或等于 0
Service		服务信息
ICCard		IC 卡信息
Validation		与校验相关的信息
OBU		参加交易的电子标签信息
CustomizedData	String（500）	特定发行方与公路收费方之间约定格式的交易信息

CustomizedDate 为特定参与方之间约定的格式，所以此处不定义长度，仅定义数据类型。

为了给用户提供完整的消费清单，即使消费金额为 0，也应将交易信息发送给发行方。

服务信息 Service 的结构，如图 1.A-18 所示。服务信息属性说明，见表 1.A-18。

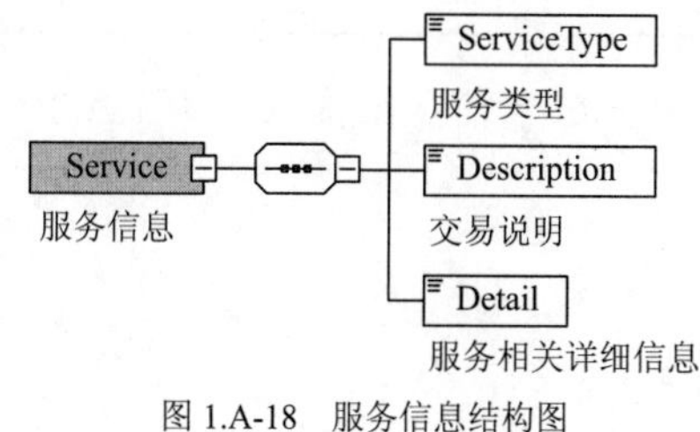

图 1.A-18 服务信息结构图

服务信息属性说明 表 1.A-18

名　称	数据类型	取值及说明
ServiceType	Short	交易的服务类型，取值见基础信息维护
Description	String（50）	对交易的文字解释。如：回龙观北入至清河主线站出
Detail	String（500）	交易详细信息

Description 可以根据实际说明用户消费的信息，但为了便于统计处理，本版本对如下几类服务规定说明信息的格式，如有多个字段，以“｜”作为分隔符，见表 1.A-19。

服务类型格式说明　　表 1.A-19

类　型	格　式
高速公路开放式收费	收费站名，如 <Description> 机场路天竺出京 </Description>
高速公路封闭式收费	入口收费站名丨出口收费站名，如：<Description> 西三旗丨八达岭 </Description>
停车场收费	停车场名丨停车时长，如 <Description> 首都机场 T3 丨 3 天 1 小时 34 分 </Description>。时间精确到分，如果不满 1 天，则“天”省略，如果不满 1 小时，则“天”和“小时”均可省略，最大单位为“天”，不必转换为“年”“月”“周”

Detail 可以包含与交易相关的多个细节字段，每个字段以“|”分隔。

不同的服务类型，Detail 的格式不同。在本版本中，仅针对公路收费交易定义 Detail 的服务类型。Detail 中各取值定义，引用自《收费公路联网收费技术要求》。表示数值类型的数据，均为十进制表示。

Detail 字段结构说明，见表 1.A-20。

Detail 字段结构说明　　表 1.A-20

<table>
<tr><th>名　称</th><th colspan="2">取值及说明</th></tr>
<tr><td>收费车型</td><td colspan="2">1：一型车；2：二型车；3：三型车；4：四型车；5：五型车；6：六型车；
7 ～ 10：自定义
11 ～ 20：用于计重收费货车车型分类。其中：
11：一型车；12：二型车；13：三型车；14：四型车；15：五型车；16：六型车；17 ～ 20：自定义计重货车车型；
21 ～ 50：自定义
50 ～ 255：保留给未来使用</td></tr>
<tr><td>出口类型</td><td colspan="2">00：保留；02：封闭 MTC 出口；04：封闭 ETC 出口；05：MTC 开放式；06：ETC 开放式；07 ～ 0F：自定义；10 ～ FF：保留给未来使用</td></tr>
<tr><td>出口路网号</td><td colspan="2"></td></tr>
<tr><td>出口站 / 广场号</td><td colspan="2"></td></tr>
<tr><td>出口车道号</td><td colspan="2"></td></tr>
<tr><td>出口时间</td><td colspan="2">YYYYMMDD HHMMSS</td></tr>
<tr><td>入口类型</td><td>00：保留；01：封闭 MTC 入口；03：封闭 ETC 入口；07 ～ 0F：自定义；10 ～ FF：保留给未来使用</td><td rowspan="5">出口类型为 MTC 开放或 ETC 开放时省略入口信息</td></tr>
<tr><td>入口路网号</td><td></td></tr>
<tr><td>入口站 / 广场号</td><td></td></tr>
<tr><td>入口车道号</td><td></td></tr>
<tr><td>入口时间</td><td></td></tr>
</table>

IC 卡信息结构，如图 1.A-19 所示。IC 卡信息结构说明，见表 1.A-21。

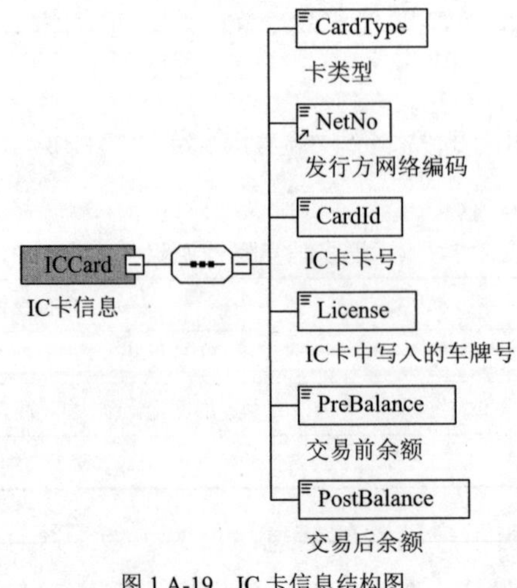

图 1.A-19　IC 卡信息结构图

IC 卡信息结构说明　表 1.A-21

名　称	数据类型	取值及说明
CardType	Short	卡类型，22 为储值卡、23 记账卡
NetNo	Hex（4）	网络编码
CardId	Hex（16）	IC 卡内部编号
License	String（25）	0015 文件中记录的车牌号
TransNo	Int	IC 卡交易序号
PreBalance	Decimal	交易前余额，以元为单位
PostBalance	Decimal	交易后余额，以元为单位

清分方原则上不处理 Validation 和 CustomizedData 中的数据。

Validation 中的数据主要用于 TAC 计算，结构如图 1.A-20 所示。Validation 字段说明，见表 1.A-22。

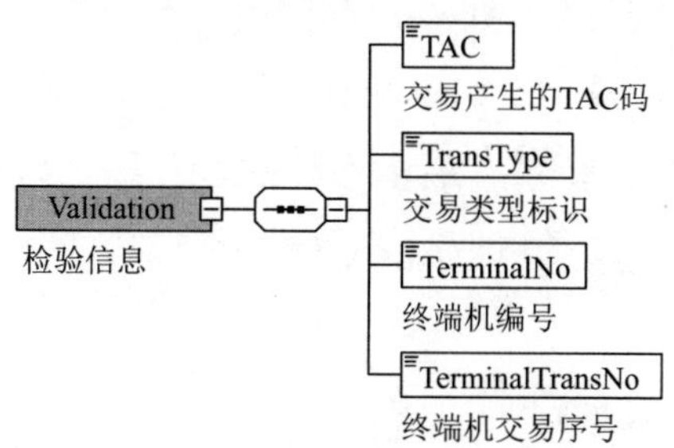

图 1.A-20　Validation 字段结构图

Validation 字段说明　表 1.A-22

名　称	数据类型	取值及说明
TAC	Hex（8）	交易时产生的 TAC 码，8 位 16 进制数
TransType	Hex（2）	交易标识，2 位 16 进制数，PBOC 定义，如 06 为传统交易、09 为复合交易
TerminalNo	Hex（12）	12 位 16 进制数，即 PSAM 号，PSAM 中 0016 文件中的终端机编号
TerminalTransNo	Hex（8）	8 位 16 进制数，PSAM 卡脱机交易序号，在 MAC1 计算过程中得到

TAC 的计算方法参见《中国金融集成电路（IC）卡规范》（JR/T 0025—2005）第 1、2 部分。TAC 计算所需字段在该规范中定义与本消息结构的关系，见表 1.A-23。

TAC 计算所需字段说明　表 1.A-23

名　称	数据类型	取值及说明
交易金额	Hex（8）	8 位 16 进制数，以分为单位，需根据 Transaction.Fee 转换
交易类型标识	Hex（2）	2 位 16 进制数，取值为 TransType
终端机编号	Hex（12）	12 位 16 进制数，取值为 TerminalNo
终端机交易序号	Hex（8）	8 位 16 进制数，取值为 TerminalTransNo，记账卡不需此字段
终端交易日期	Hex（8）	8 位 16 进制数，BCD 码，YYYYMMDD，根据 Transaction.Time 转换
终端交易时间	Hex（6）	6 位 16 进制数，BCD 码，HHMMSS，根据 Transaction.Time 转换

如果交易是通过 ETC 车道产生的，需附加电子标签信息，格式如图 1.A-21 所示。电子标签字段说明，见表 1.A-24。

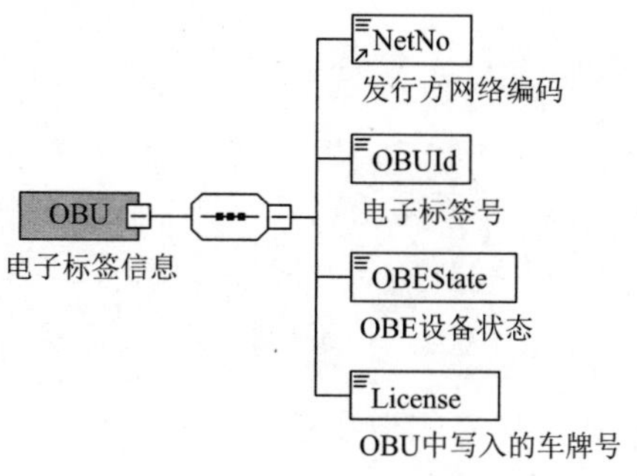

图 1.A-21　电子标签信息结构图

电子标签字段说明 表 1.A-24

名　　称	数据类型	取值及说明
NetNo	Hex（4）	网络编码
OBUId	Hex（16）	OBU 合同序列号
OBEState	Hex（4）	2 字节的 OBU 状态
License	String（25）	OBU 中记录的车牌号

无论产生 ETC 交易的 IC 卡与 OBU 是否属于同一发行方，均应传送 OBU 信息。

A.6.3.4　*处理流程*

公路收费方系统每隔一定时间就将所有未发送的交易放入一个原始交易消息中发送到清分方，而不是每一条交易使用一个原始交易消息（除非在时间段内仅有一条交易需上传）。这样可以减少原始交易消息、记账处理消息的数量，降低通信负担。同时，清分信息中包含的数据也较少，减轻处理压力。

每个交易包中包含至少一条交易记录，最多不超过 1 万条交易记录。若在规定的时间内累计超过 1 万条未发送交易，需分别打包发送。即生成原始交易消息的条件有两个，若满足其中之一就生成交易发送：

（1）时间间隔到达且有未发送的交易；

（2）时间间隔未到，但未发送交易已累计达 1 万条。

时间间隔默认为 10min。

公路收费方应按照产生交易的发行方分别打包上传，即每个交易数据包中仅能包含一个发行方用户产生的交易。

A.6.4　记账处理消息

A.6.4.1　*应用范围*

记账消息是由发行方处理公路收费方原始交易包的结果。对每一个收费方原始交易包，发行方均返回且仅返回一个记账处理结果。

消息发送方向，如图 1.A-22 所示。

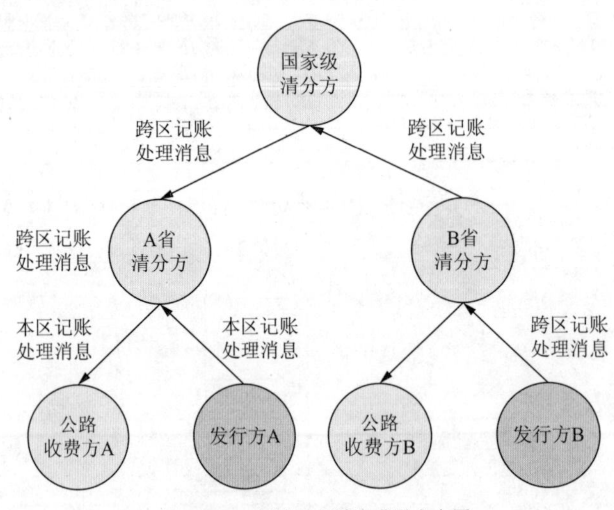

图 1.A-22　记账处理消息发送方向图

图 1.A-22 以针对公路收费方 A 的交易的记账处理消息为例说明记账处理消息在系统内的传输方向。深灰底色的节点是消息的产生方。

A.6.4.2　消息头

记账处理消息头属性说明，见表 1.A-25。

记账处理消息头属性说明　　表 1.A-25

名　称	数据类型	取值或说明
MessageClass	Int	5，Notification
MessageType	Int	5，Reconciliation Totals

A.6.4.3　消息内容

记账处理消息内容结构，如图 1.A-23 所示。

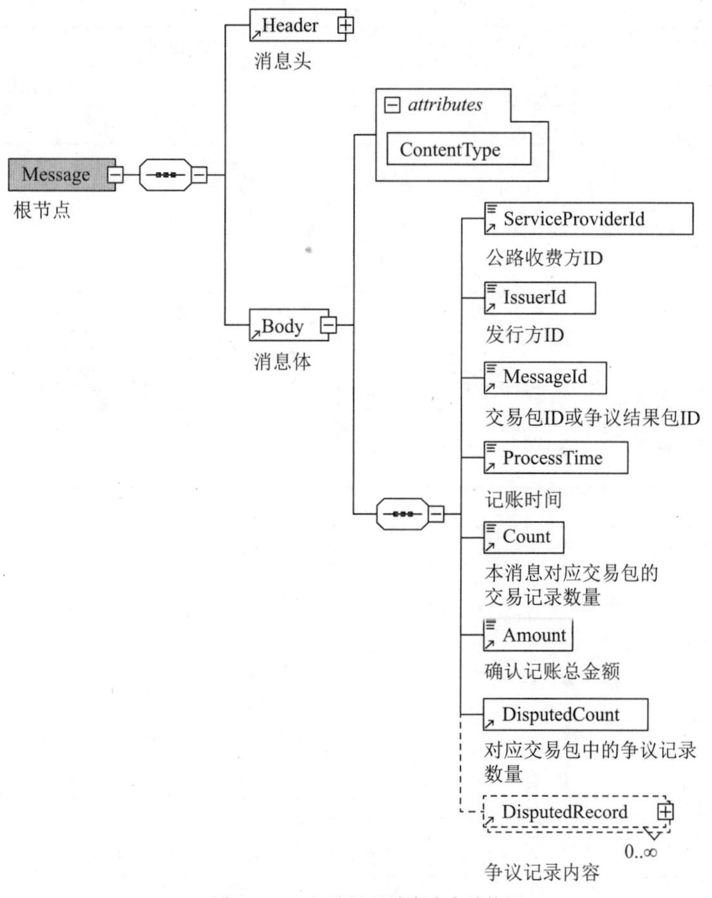

图 1.A-23　记账处理消息内容结构图

记账消息 Body 的各个子节点说明，见表 1.A-26。

记账处理消息 body 属性说明　　表 1.A-26

名　称	数据类型	取值或说明
ContentType	Int	始终为 1，与原始交易消息相对应
ServiceProviderId	Hex（16）	公路收费方 ID，指明当前记账消息针对的是哪一个公路收费方
IssuerId	Hex（16）	发行方 ID，说明记账消息是哪一个发行方产生的
MessageId	Long	表示是针对哪一个公路收费方的交易包。取值为原始交易包消息体中 MessageId 的值
ProcessTime	DateTime	记账时间
Count	Int	本消息对应的原始交易包中交易数量，大于 0
Amount	Decimal	确认记账总金额，大于或等于 0
DisputedCount	Int	本消息包含的争议交易数量，大于或等于 0
DisputedRecord		争议交易明细

记账处理结果仅返回有争议的交易记录明细。未包含在争议交易记录明细中的交易，均默认为发行方已确认可以付款。Count 与 DisputedCount 之差即为本次记账确认付款的交易记录数量。

争议记录的格式，如图 1.A-24 所示。争议记录属性说明，见表 1.A-27。

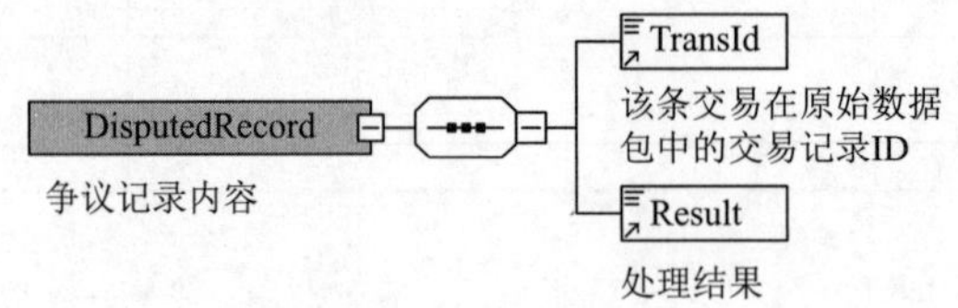

图 1.A-24 争议记录结构图

争议记录属性说明 表 1.A-27

名　称	数据类型	取值或说明
TransId	Int	表示该条交易在原始数据包中的交易记录 ID
Result	Short	处理结果

记账处理结果 Result 定义，见表 1.A-28。

记账处理结果取值说明 表 1.A-28

取　值	说　明
1	验证未通过（如 TAC 错误）
2	重复的交易信息
3	表示对此交易有疑议，由于用户状态变化拒付（如在状态名单中已经是挂失等）
4	无效交易类型
5	逾期超过设定值
6	交易数据域错
7	超过最大交易限额
8	卡号不存在
9	卡状态不匹配
10	卡超过有效期
11	不允许的交易
12	卡片 CSN 不匹配
13	测试交易
14	卡账不符（仅用于储值卡）
15	无效卡类型
16 ～ 20000	区域联网保留
20001 以上	本地自定义

A.6.4.4 处理流程

正常交易处理流程，如图 1.A-25 所示。

发送方发送交易处理的消息类别（MessageClass）的值都为 5（通知 Notification），此类消息必须在发送后一段时间内收到接收方发来的 MessageClass 的值为 6（通知应答 Notification Response）、消息内容中 MessageId 与本消息的 MessageId 相同且 Result 值为 0 的确认消息才算正确发送，否则需要重新发送相同的包或根据 Result 值做相应处理后再发送。

接收方在收到 MessageClass 值为 5 的消息后解包并做完整性和正确性校验后给发送方发送 MessageClass 值为 6 的确认消息。

（1）清分方按照交易的发行方将交易发送给相应的发行方做记账处理。

（2）发行方对交易认证。未通过认证交易的状态为待决应付，属于争议交易。

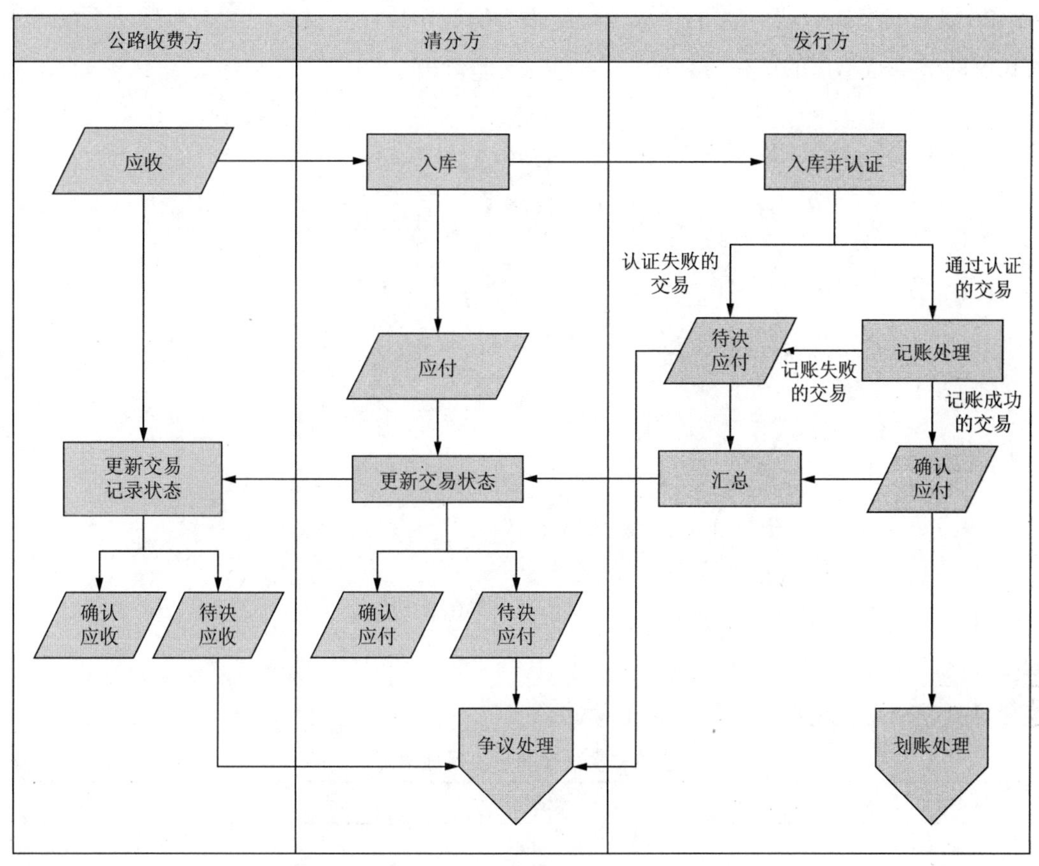

图 1.A-25 正常交易处理流程图

（3）发行方根据通过认证交易的明细及用户状态记账，把交易状态更改为待决应付或确认应付。

（4）发行方合并待决交易及确认应付交易结果，发送给清分方。处理结果中的 MessageId 是公路收费方交易包中的 MessageId。

（5）清分方根据发行方提供的记账处理结果更新交易状态。

（6）清分方根据 ServiceProviderId 确定公路收费方并将结果发送。

（7）公路收费方根据记账处理结果修改原始交易的状态为确认应收或待决应收。

（8）对于三方中状态为待决应收或待决应付的交易，由三方协商做争议处理。

公路收费方发出的交易包与发行方生成的记账信息包之间的关系如下：

（1）公路收费方的交易包与清分方分组转发给发行方的交易包是一对一的关系。清分方不对原始交易包的内容做任何修改。包与包之间的对应关系由公路收费方交易包 Body 下子节点 MessageId 的值确定。

（2）交易记录之间的关系由 MessageId 和 TransId 确定。

A.6.5 争议交易处理消息

A.6.5.1 应用范围

争议交易是发行方由于不正常对用户扣费而产生的交易。争议交易由清分方协调产生交易的公路收费方及交易所属的发行方处理。争议交易处理结果由清分方输入并下达到相关公路收费方及发行方。

消息发送方向，如图 1.A-26 所示。

图 1.A-26 以针对公路收费方 A 的争议处理结果为例说明争议交易处理结果消息在系统内的传输方向。深灰底色的节点是消息的产生方。

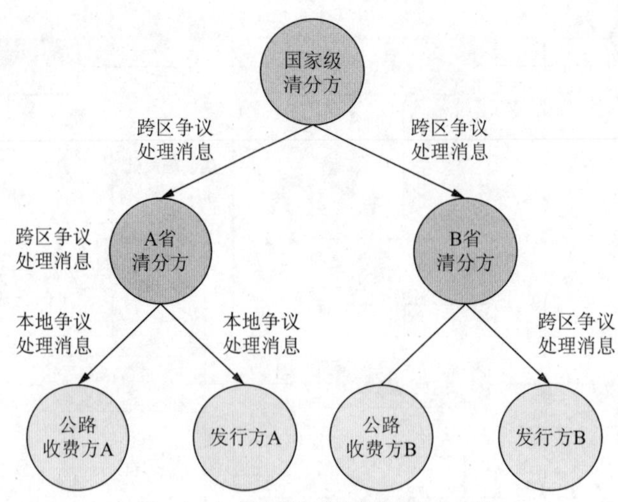

图 1.A-26　争议交易处理消息发送方向图

A.6.5.2　消息头

争议交易处理消息头属性说明，见表 1.A-29。

争议交易处理消息头属性说明　　表 1.A-29

名　　称	数据类型	取值或说明
MessageClass	Int	5，Notification
MessageType	Int	7，Transaction

A.6.5.3　消息内容

争议交易处理消息内容结构，如图 1.A-27 所示。

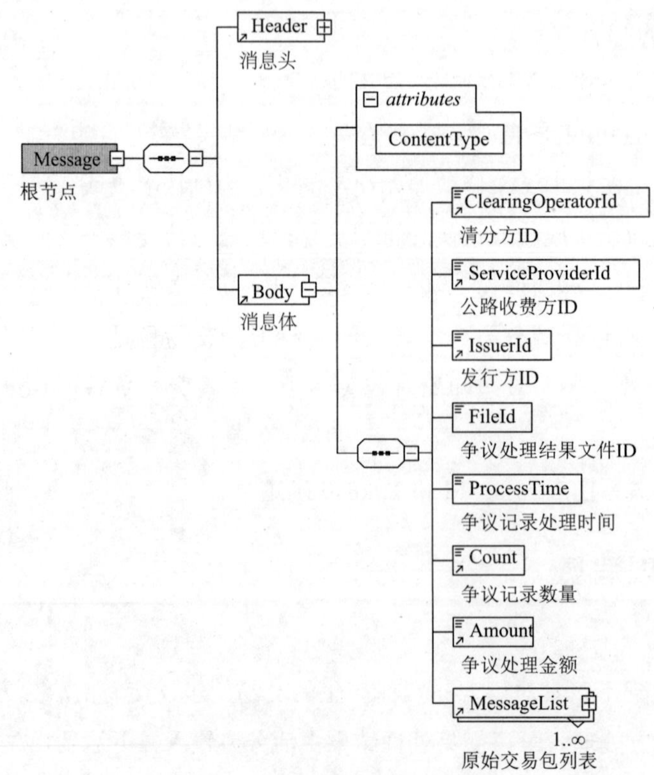

图 1.A-27　争议交易处理消息内容结构图

争议记录与交易记录的 MessageClass 和 MessageType 相同，但 ContentType 不同。Body 各个子节点说明，见表 1.A-30。

争议交易处理消息 body 属性说明　　表 1.A-30

名　称	数据类型	取值或说明
ContentType	Int	始终为 2
ClearingOperatorId	Hex（16）	清分方 ID，表示争议是由哪个清分方处理的
ServiceProviderId	Hex（16）	公路收费方 ID，表示争议交易是由哪个公路收费方产生的
IssuerId	Hex（16）	发行方 ID，表示争议交易属于哪一个发行方
FileId	Int	争议结果文件 ID，与 ClearingOperatorId 组合，在系统内唯一。文件 ID 由处理争议交易的清分方维护
ProcessTime	DateTime	争议处理时间
Count	Int	本消息包含的交易记录数量，包括经讨论确认付款的记录和坏账记录数量，大于 0
Amount	Decimal	确认需要记账的总金额，大于或等于 0
MessageList		所处理的争议交易列表

争议交易列表 MessageList 的格式，如图 1.A-28 所示。争议交易列表 MessageList 属性说明，见表 1.A-31。

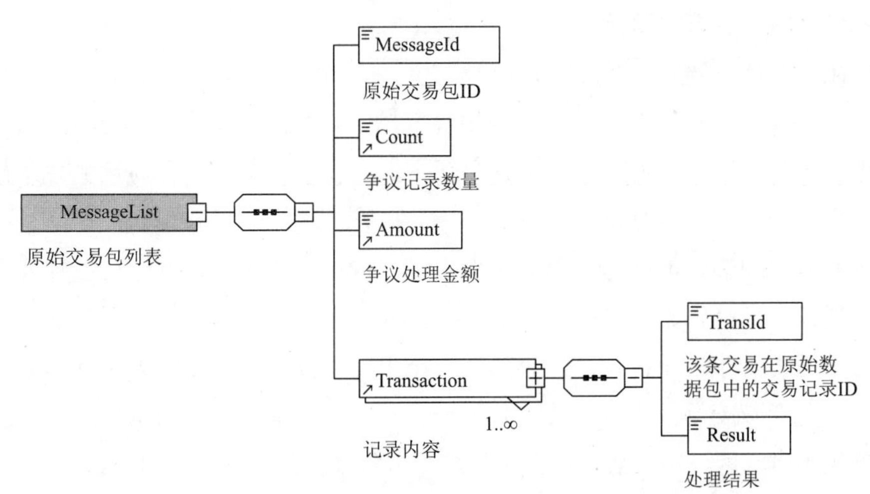

图 1.A-28　争议交易列表 MessageList 结构图

争议交易列表 MessageList 属性说明　　表 1.A-31

名　称	数据类型	取值或说明
MessageId	Long	收费方原始交易包 ID
Count	Int	属于当前交易包的争议结果记录数量，大于 0
Amount	Decimal	属于当前交易包的争议结果付款金额，大于或等于 0
Transaction		争议处理结果记录
TransId	Int	表示该条交易在原始数据包中的交易记录 ID
Result	Short	为 0 表示正常支付；为 1 表示此交易作坏账处理

对争议交易的处理结果是或者全额付款，或者按坏账处理不付款，不会发生只支付一部分的情况，所以此处不再说明应支付的金额。

A.6.5.4　处理流程

争议交易处理流程，如图 1.A-29 所示。

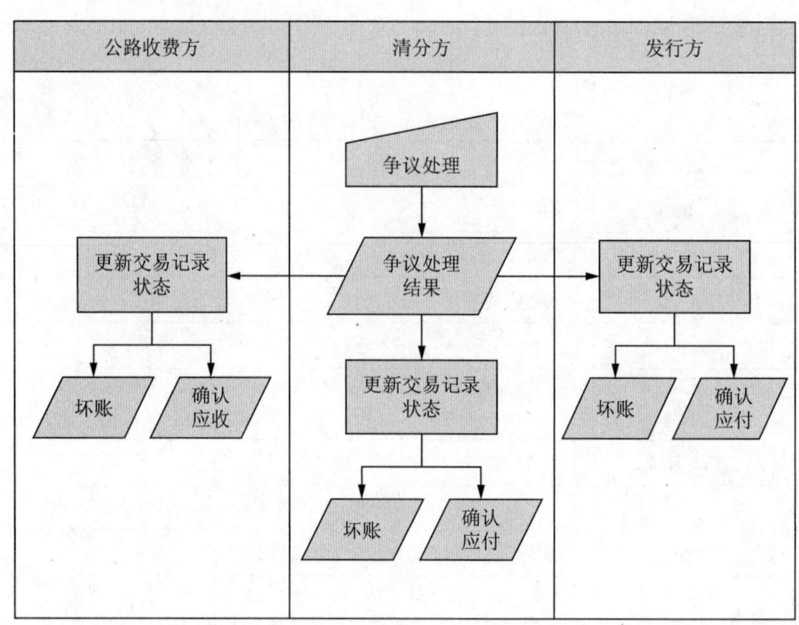

图 1.A-29　争议交易处理流程图

争议交易由清分方、发行方、公路收费方协商后得出处理结果，由清分方负责产生争议交易处理结果数据包并发送给公路收费方和发行方。

每次处理，产生一个处理结果文件，以 FileId 作为唯一标识。

每个争议处理文件中，均只能包含一个公路收费方与一个发行方间的争议交易。每个处理文件可以包含该组公路收费方与发行方之间多个交易信息包中的交易。一个原始交易包中被发行方认定有争议的交易可以在多个处理文件中分别处理。已被处理的争议交易不得被再次处理。

在清分方提交争议结果前，清分方按争议结果生成一份正式的文件，打印后由各方签字保存，作为争议处理结果的凭证。每份凭证均有唯一的文件号 FileId。该凭证是执行争议结果的依据。

通过协商后由清分方产生的争议处理结果为最终结果，各方均需按该结果执行相应操作。国家级清分方负责处理跨区的争议交易，省（区、市）清分方负责处理本地区内的争议交易。国家级清分方产生的争议交易结果由省（区、市）清分方直接转发给与争议相关的发行方和公路收费方。

争议交易消息中的记录不包含交易细节，仅提供交易记录号。公路收费方和发行方应使用交易记录号 TransId 获取交易细节以进一步处理。

发行方和公路收费方接收到争议处理结果后应按其内容将对应交易记录设置为确认应收 / 付或坏账。

A.6.6　异常交易退费消息

A.6.6.1　应用范围

异常交易退费的主要原因为公路收费方计算错误，多扣了用户的通行费或产生了重复的可通过 TAC 码验证的交易。由于多扣了用户费用，经核实无误后，应由公路收费方通过发行方退给用户多扣除的部分。

争议交易是发行方在扣费过程中产生的。通过记账处理消息，系统中各参与方能够及时确认交易的状态并处理。异常交易退费事件是由用户在核对消费记录后产生的，不在争议交易中处理。对该类事件，经各方核实后，由清分方输入处理结果。消息发送方向，如图 1.A-30 所示。

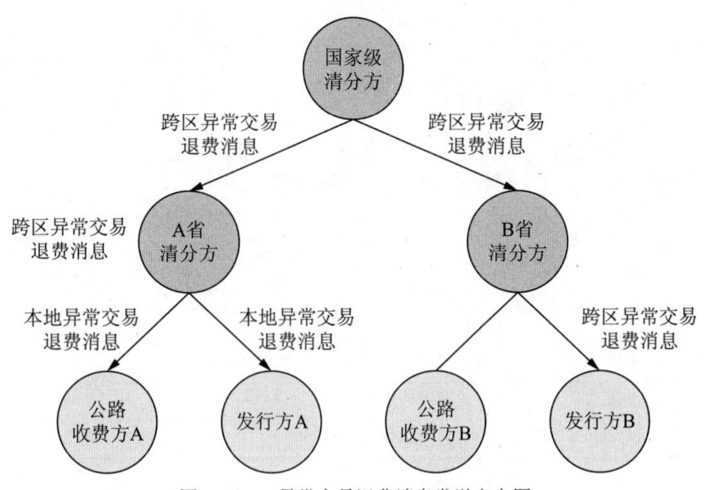

图 1.A-30　异常交易退费消息发送方向图

图 1.A-30 以针对公路收费方 A 的异常交易退费为例说明异常交易退费消息在系统内的传输方向。深灰底色的节点是消息的产生方。

A.6.6.2　消息头

异常交易退费消息头属性说明，见表 1.A-32。

异常交易退费消息头属性说明　　表 1.A-32

名　称	数据类型	取值或说明
MessageClass	Int	5，Notification
MessageType	Int	7，Transaction

A.6.6.3　消息内容

异常交易退费消息内容结构，如图 1.A-31 所示。

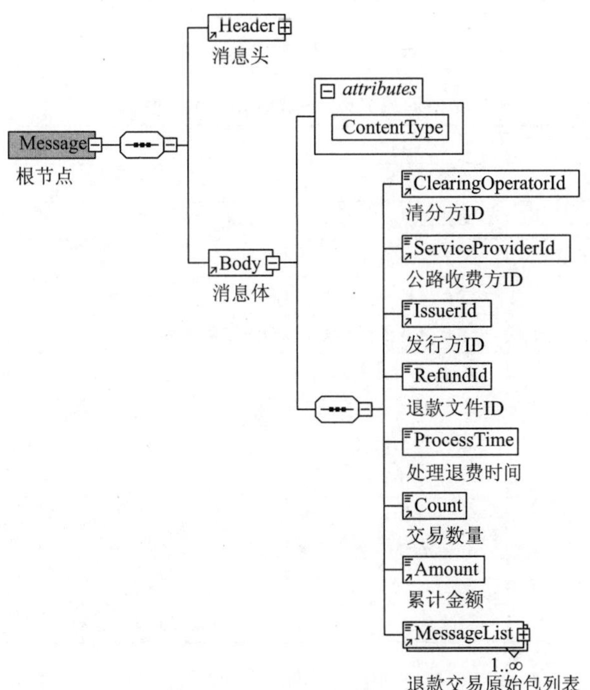

图 1.A-31　异常交易退费消息内容结构图

异常交易退费消息与交易记录的 MessageClass 和 MessageType 相同，但 ContentType 不同。Body 各个子节点说明，见表 1.A-33。

异常交易退费消息 body 属性说明 表 1.A-33

名　称	数据类型	取值或说明
ContentType	Int	始终为 3
ClearingOperatorId	Hex（16）	执行异常退费操作的清分方 ID
ServiceProviderId	Hex（16）	产生异常交易退费的公路收费方 ID
IssuerId	Hex（16）	发行方 ID，表示该退费由哪一个发行方执行
RefundId	Int	退费文件 ID，与 ServiceProviderId 和 IssuerId 组合，在系统内唯一。该 ID 由提出退费的公路收费方维护
ProcessTime	DateTime	退费处理时间
Count	Int	本消息包含的退费记录数量，大于 0
Amount	Decimal	退费总金额，大于 0
MessageList		退费交易信息列表

退费交易信息列表 MessageList 的格式，如图 1.A-32 所示。退费交易消息列表 MessageList 属性说明，见表 1.A-34。

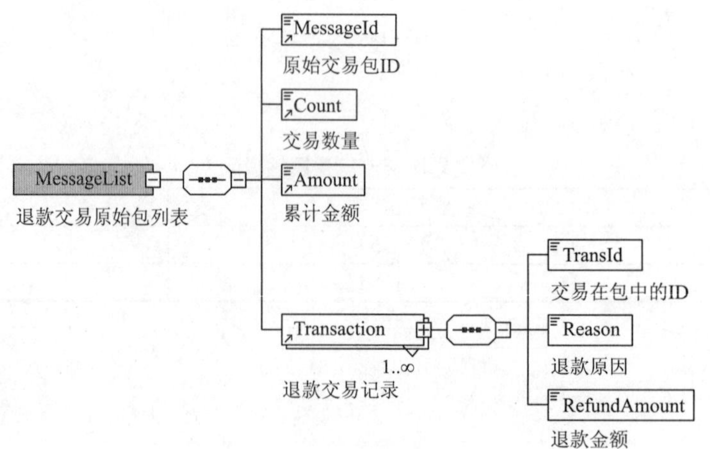

图 1.A-32　退费交易消息列表 MessageList 结构图

退费交易消息列表 MessageList 属性说明 表 1.A-34

名　称	数据类型	取值或说明
MessageId	Long	收费方原始交易包 ID
Count	Int	属于该原始交易包的退费交易数据，大于 0
Amount	Decimal	属于该原始交易包的退费金额，大于 0
Transaction		退费交易信息
TransId	Int	该条交易在原始数据包中的交易记录 ID
Reason	Short	1：重复交易 2：U 转或邻道干扰 3：车型错误 4：费率错误 5：折扣错误 6 ～ 20000：区域联网保留 20001 以上：自定义
RefundAmount	Decimal	退款金额，大于 0，可以是全部或部分交易金额

MessageList 的 Amount 是属于该原始交易包的所有退费交易记录的 RefundAmount 之和；Body 的 Amount 是所有 MessageList 的 Amount 之和。

A.6.6.4　处理流程

异常退费交易是在交易正常记账处理后发现的，所以不在正常记账及争议中处理。

在各参与方确定应为某条交易全额或部分退费后，由清分方选择需退费的交易记录，输入退费金额并提交。国家级清分方负责处理跨区退费交易，省（市）清分方负责本地退费交易的处理。

每次处理，产生一个处理结果文件，以 RefundId 作为标识。ClearingOperatorId 和 RefundId 组合可在系统内唯一确定异常退费文件。

每个异常交易退费文件，只能包含一个发行方和公路收费方间的退费交易。每个文件可以包含该组公路收费方与发行方之间多个交易信息包中需退费的交易。同一交易信息包中需要退费的多条交易可以分多次处理，被包含在多个异常交易退费文件中。已被处理的异常退费交易不得被再次处理。

该消息产生后，由清分方向下发送给相关的公路收费方和发行方。

A.6.7 交易处理过程

跨区交易的处理与本地交易处理流程相同，仅多一级区域清分转发。

异常退费是对交易的补充调整，并未包含在图 1.A-33 所示的步骤中。

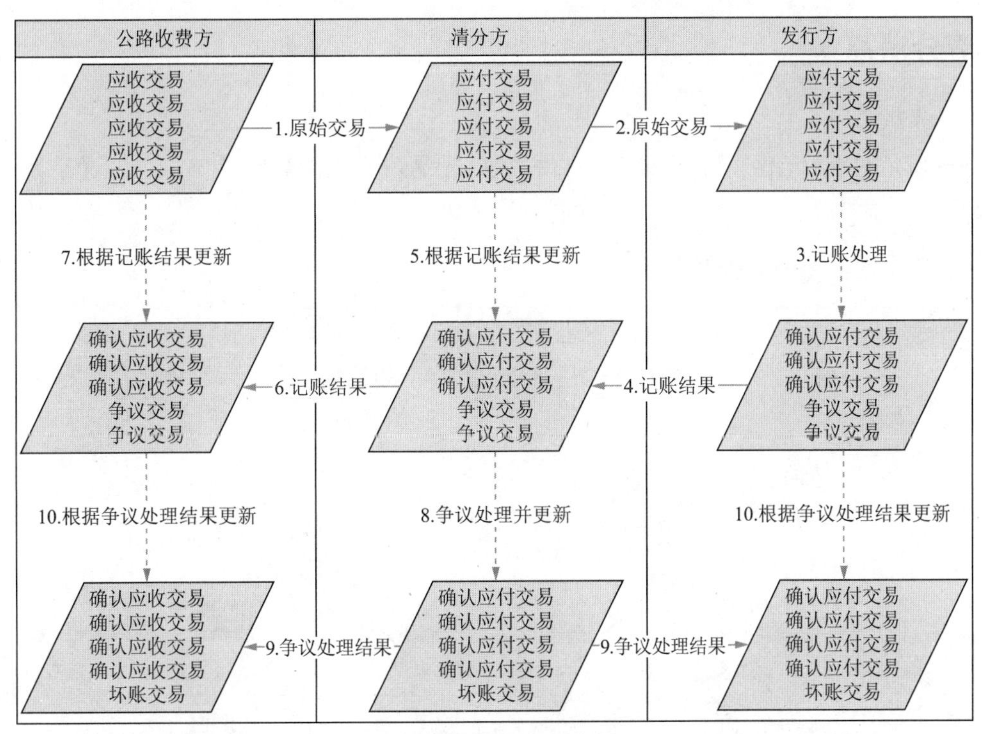

图 1.A-33 交易处理流程图

（1）公路收费方根据产生交易的 IC 卡的发行方 ID 生成原始交易包发送给清分方。不同发行方用户产生的交易包含在不同的原始交易包中。

（2）清分方转发给产生交易的 IC 卡所属的发行方。

（3）发行方对接收到的原始交易进行记账处理，包括对交易的认证及确认是否可以从用户账户中扣除通行费。原始交易包中的交易处理结果为两类：确认付款或争议交易。记账结果信息包与原始交易包一一对应。

（4）发行方将记账结果发送给清分方。

（5）清分方根据记账结果更新本地保存的数据。

（6）清分方将记账结果转发给对应的公路收费方。

（7）公路收费方根据记账结果更新本地保存的数据。

经过以上处理，在各参与方系统中，每一个交易包所含的交易必定处于两种状态之一：确认付款或争议交易。确认付款的交易状态为最终状态，不会再发生变化；争议交易由国家清分结算中心协调各参与方进行处理。

（1）争议交易由清分方负责协调处理。生成的结果由清分方输入，产生报表由涉及争议的公路收费方和发行方盖章确认。

（2）经过各方确认后的争议处理结果为最终结果，所处理的交易最终被确定为确认付款或坏账状态，不会再发生变化。清分方将处理结果发送给涉及争议的公路收费方和发行方。

（3）公路收费方和发行方根据争议处理结果更新本地数据。

一次争议处理仅可以处理一个发行方和一个公路收费方的争议交易。一次争议处理可以处理属于这一组发行方和公路收费方的多个原始交易包中的所有或部分争议交易，每个交易包中的争议交易可以分多次处理。

经过以上过程，除尚未处理的部分争议交易外，所有交易记录均处于确认付款或坏账状态。

A.6.8　清分消息

A.6.8.1　应用范围

清分方每日定时统计已经发行方确认可以付款的交易，产生清分统计信息，发送给发行方和公路收费方核对。

消息的发送方向，如图 1.A-34 所示。

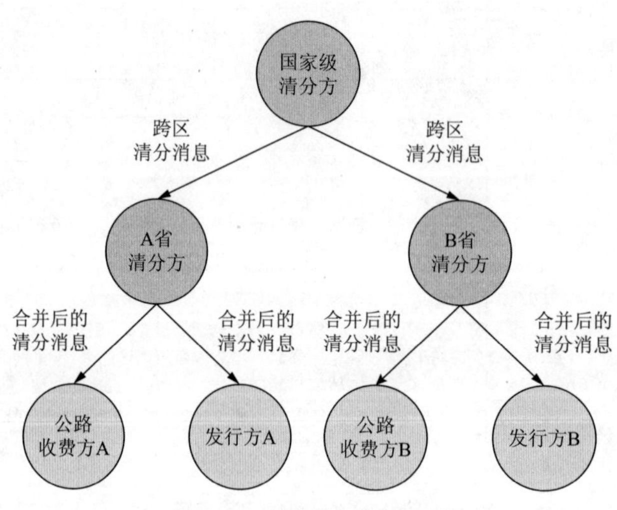

图 1.A-34　清分消息发送方向图

深灰底色的节点是消息的产生方。

A.6.8.2　消息头

清分消息头属性说明，见表 1.A-35。

清分消息头属性说明　　表 1.A-35

名　称	数据类型	取值或说明
MessageClass	Int	5，Notification
MessageType	Int	5，Reconciliation Totals

A.6.8.3　消息内容

清分消息内容结构，如图 1.A-35 所示。

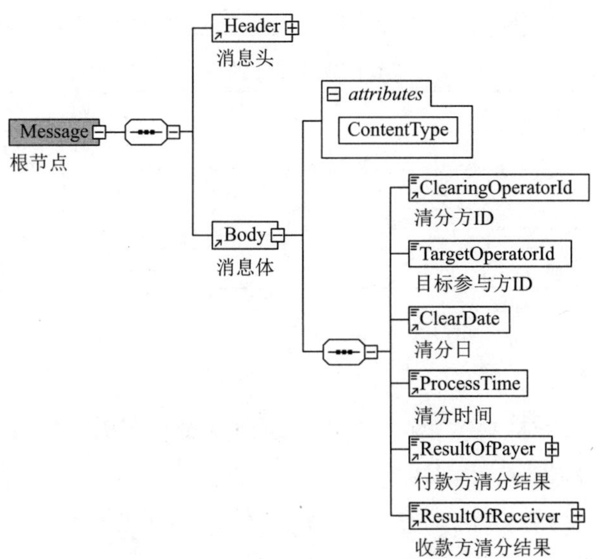

图 1.A-35 清分消息内容结构图

清分消息的 MessageClass 及 MessageType 与记账消息相同，但 ContentType 不同。Body 各个子节点说明，见表 1.A-36。

清分消息 body 属性说明 表 1.A-36

名 称	数 据 类 型	取值或说明
ContentType	Int	始终为 2
ClearingOperatorId	Hex（16）	产生当前清分消息的清分方 ID
TargetOperatorId	Hex（16）	目标参与方 ID，即清分方为哪一个参与方生成的清分消息。目标参与方可以是省（区、市）清分方、公路收费方和发行方
ClearDate	Date	清分日
ProcessTime	Datetime	清分消息生成时间
ResultOfPayer		付款方的清分结果
ResultOfReceiver		收款方的清分结果

ResultOfPayer 节点和 ResultOfReceiver 节点结构完全相同，所以仅以 ResultOfPayer 为例说明，其结构如图 1.A-36 所示。

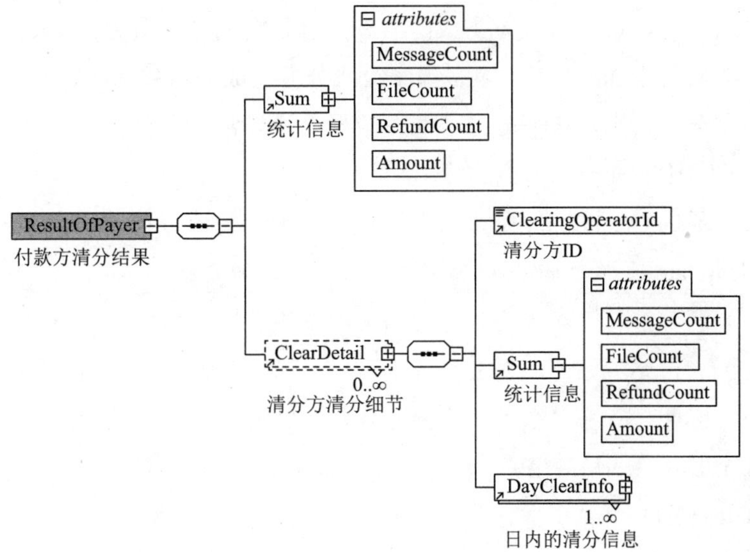

图 1.A-36 ResultOfPayer 节点结构图

Sum 节点在清分消息中多处使用，除作用范围随其上级节点变化外，其基本意义相同，说明见表 1.A-37。

Sum 节点属性说明 表 1.A-37

名　称	数据类型	取值或说明
MessageCount	Int	上级节点包含的交易包数量
FileCount	Int	上级节点包含的争议处理结果文件数量
RefundCount	Int	上级节点包含的异常交易退费文件数量
Amount	Decimal	上级节点信息清分总金额

ResultOfPayer 中可以不包含 ClearDetail 节点，说明清分时没有需处理的任何付款方记录。对于 ResultOfReceiver，意义相近。

ResultOfPayer.Sum.Amount 大于 0，说明付款方为净支付。在极端情况下，例如清分时没有交易需清分，只有异常交易退费需清分，则该值为负，说明付款方为净收入。同理，若 ResultOfReceiver.Sum.Amount 大于 0，说明收款方为净收入，小于 0 则表示收款方为净支出。

清分每天进行，即使清分当天没有任何交易需清分，也要生成清分额为 0 的消息，即 ResultOfPayer 和 ResultOfReceiver 下均无 ClearDetail 节点，而且这两节点下的 Sum 节点属性值均为 0。

清分细节 ClearDetail 说明，见表 1.A-38。

ClearDetail 节点属性说明 表 1.A-38

名　称	数据类型	取值或说明
ClearingOperatorId	Hex（16）	生成当前清分细节节点的清分方 ID
Sum		统计信息，见前面说明
DayClearInfo		按清分日分别列出的清分信息

清分结果 ResultOfPayer 和 ResultOfReceiver 中可包含多个清分方的 ClearDetail 节点。如果 ResultOfPayer 下没有 ClearDetail 节点，说明清分时没有付款方的清分内容，ResultOfPayer.Sum 的值都为 0；如果 ResultOfReceiver 下没有 ClearDetail 节点，说明清分时没有收款方的清分内容，ResultOfPayer.Sum 的值都为 0。

ClearDetail 中包含清分方产生的至少一个清分日的 DayClearInfo 节点。

区域清分结果 ResultOfPayer 和 ResultOfReceiver 中仅包含国家级清分方的 ClearDetail 节点。该节点中仅有以清分当天作为清分日的一个 DayClearInfo 节点。

一般情况下，由省（区、市）清分方生成的清分消息包含两个清分方的 ClearDetail 节点：一个是该省（区、市）内部的 ClearDetail，另一个是国家级清分方生成的跨省（区、市）交易的 ClearDetail。但如果省（区、市）清分方与国家级清分方之间有数据交换异常，也存在某清分日的清分消息中仅有本省（区、市）内的 ClearDetail 一个节点的情况。

省（区、市）内交易的 ClearDetail 中，仅有以清分当天作为清分日的一个 DayClearInfo 节点。该 ClearDetail 节点的 ClearDate 值等于 Body.ClearDate。

由于省（区、市）清分方与国家级清分方之间可能发生数据交换延时，所以可能导致区域清分消息未能及时到达省（区、市）清分方，而在系统正常后一次性有多个清分日的区域清分消息被发送到省（区、市）清分方。因此，省（区、市）清分方合并区域清分信息后的由国家级清分方产生的清分细节节点中可能有多个 DayClearInfo 节点。这些 DayClearInfo 节点所属的 ClearDetail 节点的 ClearDate 值不一定等于 Body.ClearDate。

DayClearInfo 格式，如图 1.A-37 所示。DayClearInfo 节点属性说明，见表 1.A-39。

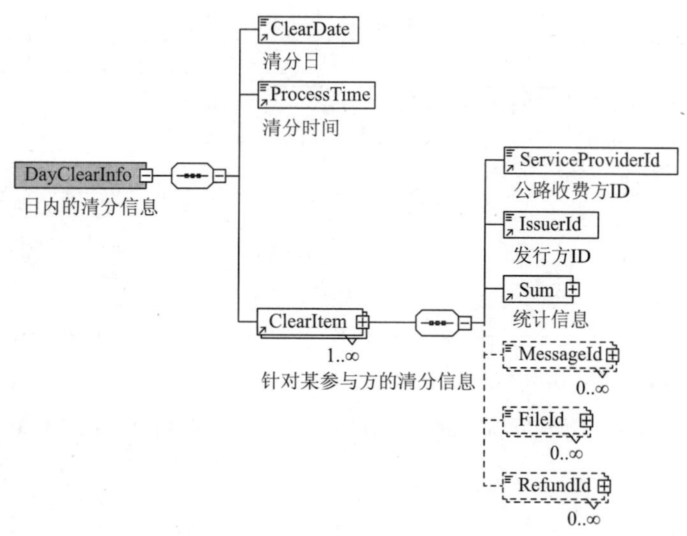

图 1.A-37　DayClearInfo 节点结构图

DayClearInfo 节点属性说明　　表 1.A-39

名　称	数据类型	取值或说明
ClearDate	Date	清分日
ProcessTime	DateTime	处理时间
ServiceProviderId	Hex（16）	公路收费方 ID
IssuerId	Hex（16）	发行方 ID
Sum		统计信息，见前文说明
MessageId	Long	交易包 ID 及统计信息
FileId	Int	争议交易处理结果文件 ID 及统计信息
RefundId	Int	异常交易退费结果文件 ID 及统计信息

通过 ServiceProviderId、IssuerId 和 MessageId 可以在系统中确定唯一的交易包。通过 ClearingOperatorId 和 FileId，可以在系统中确定唯一的争议交易处理结果包。通过 ClearingOperatorId 和 RefundId，可以在系统中确定唯一的异常交易退费结果包。

ClearItem 下的交易包信息、争议交易处理结果文件信息及异常交易退费文件信息结构相同，如图 1.A-38 所示。

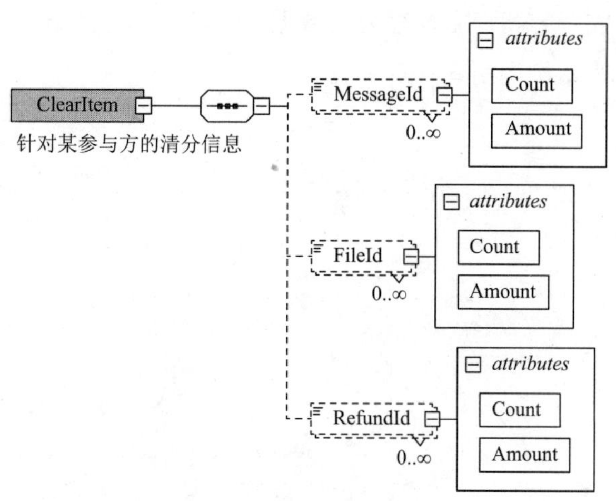

图 1.A-38　ClearItem 节点结构图

交易包信息、争议交易处理结果文件信息及异常交易退费文件信息均包含两个属性：Count 和 Amount，它们的意义见表 1.A-40。

交易类型属性说明　　表 1.A- 40

包类型	Count（Int）	Amount（Decimal）
交易包	交易包中在记账消息中直接确认付款的记录数量，不包含争议交易（无论是否已处理），小于或等于交易包的 Count 值，等于记账包的 Count 送去 DisputedCount	记账付款金额，与记账包中的 Amount 相同
争议交易处理结果	争议处理结果中确认付款的交易数量，小于或等于该结果文件中 Count 的值	当前文件所确认付款的金额，与结果文件中的 Amount 相同
异常交易退费	异常交易退费文件中记录的数量，与该文件中的 Count 值相同	当前文件退费总金额，与该文件的 Amount 相同

以上三组信息的 Amount 与 Sum 的关系如下：

ClearItem.Sum.Amount = SUM（MessageId.Amount）+ SUM（FileId.Amount）– SUM（RefundId.Amount）

A.6.8.4　处理流程

在区域联网中，存在着两级清分，即国家级清分方和本省（区、市）清分方。这两级清分分别负责对跨省（区、市）交易和本地区内交易进行清分，各自产生清分结果。省（区、市）清分方在清分时合并国家级清分方的清分结果，形成一份包含所有清分交易的清分消息发送给本地区内的公路收费方和发行方。

为保证在省（区、市）清分时可以及时合并区域清分信息，国家级清分方的清分时间应早于省（区、市）清分时间，并留有足够的时间间隔用于数据处理及传输。

若省（区、市）清分方清分时尚未收到区域清分消息，则省（区、市）清分方仅需将本地清分消息下发，无需等待。当延迟传送的区域清分消息到达后，合并到下一清分日的清分消息中一同下发。

清分信息是最终结算的依据，该结果生成后不能更改。清分每天进行，即使清分当天没有任何交易需清分，也要生成清分额为 0 的消息。即使系统出现异常而出现停机数天的情况，在系统恢复后，也要为所有停机的日期生成清分额为 0 的消息；系统重启日的清分消息则包含所有未清分的交易（见下文清分范围说明）。

在下面的小节中，以图 1.A-39 所示的简单结构说明一级清分和二级清分的处理过程。在本图中，联网电子收费系统包含三个清分方：国家级清分方、A 省清分方和 B 省清分方。两个省（区、市）级清分方又各自处理一个公路收费方和一个发行方的数据。

结算说明也将用此图作为示例说明其处理流程。

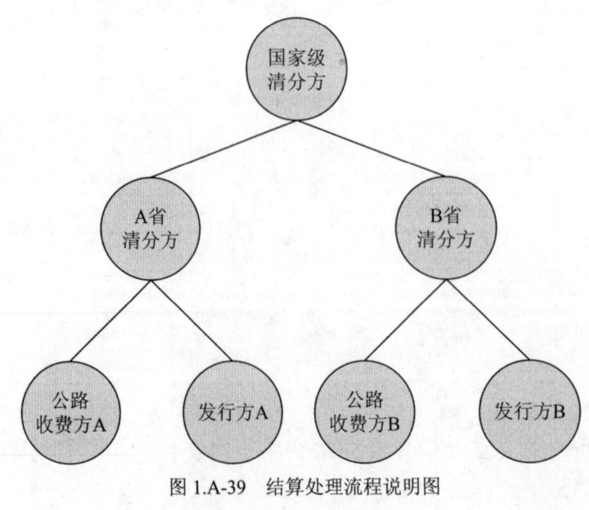

图 1.A-39　结算处理流程说明图

1）清分范围

清分方根据各自的清分范围（本地或跨区），每天在符合清分目标日交易的范围内统计如下三组交易：

（1）在执行清分时，清分方系统中所有已由发行方记账确认的，未参与过清分的交易记录，清分时仍未收到的交易，或交易已收到但尚未得到发行方记账确认的交易将推迟后到下一日清分。因为交易记录及针对交易的记账处理结果均以包为单位，所以清分的是记账结果包所对应的交易记录。

（2）在执行清分时，清分方系统中所有未参与过清分的，已经处理的争议交易。

（3）在执行清分时，清分方系统中所有未参与过清分的，已经处理异常退费交易。

清分结果不能更改。清分结果所包含的交易与该交易的发生时间、上传时间，记账时间等没有直接逻辑关系。

清分目标日范围是：每天只清分清分目标日早于清分日的交易。例如：5 月 5 日只对清分目标日早于 5 月 5 日的交易进行清分。

清分范围说明，如图 1.A-40 所示。

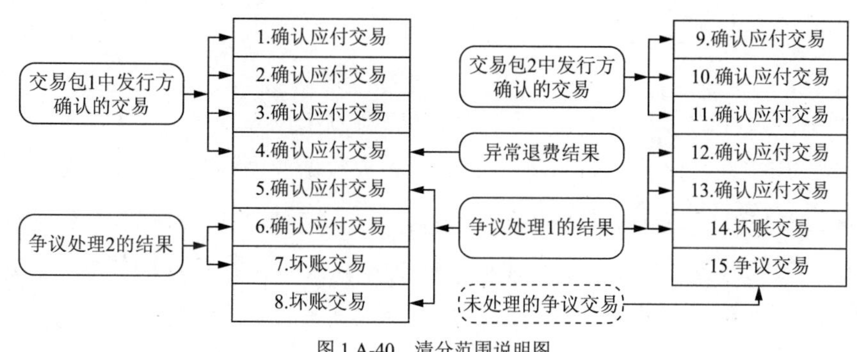

图 1.A-40 清分范围说明图

假设交易包 1、2，争议处理结果 1、2 及异常退费结果均未进行过清分，则清分结果包含交易 1 ～ 14。交易 15 尚未进行过处理，所以直到争议处理后再进行清分。

2）一级清分

国家级清分方首先根据跨区交易发生的参与方对所有交易、争议处理结果及异常交易退费记录分组：

（1）A 省用户在 B 省的消费，此处为发行方 A 的用户在公路收费方 B 产生的交易相关数据（原始交易、争议处理结果和异常交易退费，均以消息包为单位），此处称为数据集 a。

（2）B 省用户在 A 省的消费，此处为发行方 B 的用户在公路收费方 A 产生的交易相关数据，此处称为数据集 b。

（3）对每个数据集，计算其所有 ClearItem 的汇总信息 Sum，包括：

①数据集所包含的原始交易包数量 Sum.MessageCount，以及原始交易记账处理确认付款的金额；

②争议处理结果文件数量 Sum.FileCount，以及确认支付的金额；

③异常交易退费文件数量 Sum.RefundCount，以及退款金额。

（4）数据集总金额 Sum.Amount 等于原始交易记账处理确认付款的金额与争议交易确认付款的金额之和减去退款金额。如果退款金额超过原始交易和争议交易的付款金额，Sum.Amount 可能为负数（理论上有可能，但实际运营中发生此种情况的可能性极小）。

因为在本例中，每个省（区、市）清分方只有一个公路收费方和一个发行方，所以仅有一个ClearItem。若有多个公路收费方和发行方，则需组合多个ClearItem并分别计算。计算完所有ClearItem的数据后，逐层累加，可得到ClearDetail.Sum，并最终得到ResultOfPayer.Sum和ResultOfReceiver.Sum。

ResultOfPayer中各节点的Sum.Amount是作为支付者应该支付的金额；ResultOfReceiver中各节点的Sum.Amount是作为接收者应接收的金额。

对清分信息的接收方而言，ResultOfReceiver.Sum.Amount减去ResultOfPayer.Sum.Amount的结果就是该接收方在本次清分中应收入的金额。该金额大于0，表示净收入；小于0表示净支出。

区域清分为省（区、市）清分生成的清分信息中数据集对应关系，见表1.A-41。

一级清分信息数据集对应关系 表1.A-41

接收方	ResultOfPayer	ResultOfReceiver
A省清分方	数据集 *a*	数据集 *b*
B省清分方	数据集 *b*	数据集 *a*

清分时，如果没有任何需清分的数据，则数据集*a*、*b*为空。此时生成的清分消息中ResultOfPayer和ResultOfReceiver节点的Sum节点属性值均为0，表示未清分任何数据，接收方无任何支出与收入。

3）二级清分

省（区、市）清分方首先为本地的发行方和公路收费方生成本地清分信息。以A省清分方为例，首先选取发行方A的用户在公路收费方A产生的交易相关数据（原始交易、争议处理结果和异常交易退费，均以消息包为单位），此处称为数据集*c*。

然后合并接收到的区域清分数据，生成针对发行方A和公路收费方A的清分信息，数据集对应关系，见表1.A-42。

二级清分信息数据集对应关系 表1.A-42

接收方	ResultOfPayer	ResultOfReceiver
发行方A	数据集 *a*、*c*	无，Sum值为0
公路收费方A	无，Sum值为0	数据集 *b*、*c*

对各节点Sum值的计算与一级清分相同。

如果各省（区、市）中发行方和公路收费方多于一家，则给发行方A的ResultOfPayer信息使用的是数据集*a*中ClearItem.IssuerId给发行方A的数据；给公路收费方A的ResultOfReceiver信息使用的是数据集*b*中ClearItem.ServiceProviderId给公路收费方A的数据。

对于可能延迟到达的区域清分信息，省（区、市）清分方需进行合并，即国家级清分方的ClearDetail下有多个DayClearInfo节点对应国家级清分方多个清分日的清分信息。

清分消息的发送方向是从上向下的，因此，省（区、市）清分消息不必向国家级清分方发送。

A.6.9 结算消息

A.6.9.1 应用范围

每隔一定周期，国家级清分方和本省（区、市）清分方根据每日清分结果，统计各参与方应收/付金额，协调发行方付款。

跨区交易结算周期与本地交易结算周期原则上可以不同。

消息的发送方向，如图 1.A-41 所示。

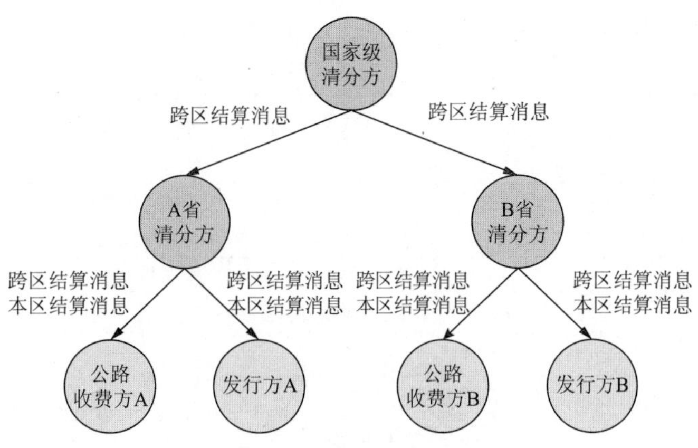

图 1.A-41　结算消息发送方向图

深灰底色的节点是消息的产生方。

A.6.9.2　消息头

结算消息头属性说明，见表 1.A-43。

结算消息头属性说明　　表 1.A- 43

名　　称	数 据 类 型	取值或说明
MessageClass	Int	5，Notification
MessageType	Int	5，Reconciliation Totals

A.6.9.3　消息内容

结算消息内容结构，如图 1.A-42 所示。

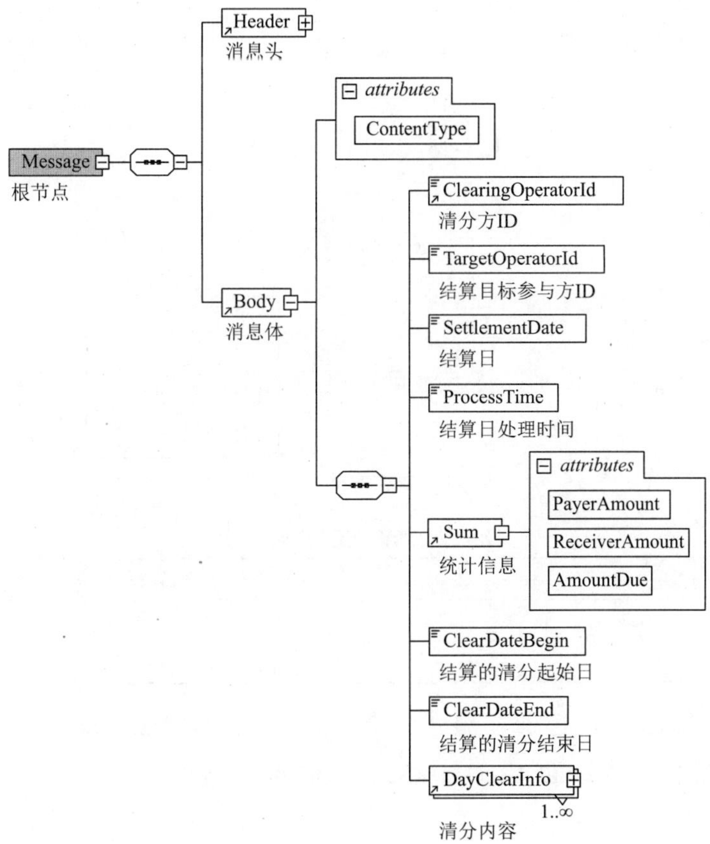

图 1.A-42　结算消息内容结构图

结算消息的 MessageClass 及 MessageType 与记账消息相同，但 ContentType 不同。Body 各个子节点说明，见表 1.A-44。

结算消息 Body 属性说明 表 1.A- 44

名　称	数据类型	取值或说明
ContentType	Int	始终为 3
ClearingOperatorId	Hex（16）	执行结算的清分方 ID。通过该 ID，接收方可以进一步分析出所结算的是区域内交易还是区域外交易
TargetOperatorId	Hex（16）	目标参与方 ID，即清分方为哪一个参与方生成的结算消息。目标参与方可以是省（区、市）清分方、公路收费方和发行方
SettlementDate	Date	结算日
ProcessTime	DateTime	结算处理时间
Sum		统计信息，见下文说明
ClearDateBegin	Date	结算的起始清分日
ClearDateEnd	Date	结算的结束清分日
DayClearInfo		本次结算包含的一个或多个清分信息

Sum 节点在结算消息中多处使用，除作用范围随其上级节点变化外，其基本意义相同，说明见表 1.A-45。

Sum 节点属性说明 表 1.A- 45

名　称	数据类型	取值或说明
PayerAmount	Decimal	上级节点作为支付方结算总金额
ReceiverAmount	Decimal	上级节点作为收款方结算总金额
AmountDue	Decimal	上级节点结算总金额结余，AmountDue = ReceiverAmount – PayerAmount。该值大于 0 表示净收款、小于 0 表示净付款、0 表示无需收 / 付款

每次结算，至少包含一个清分日的清分结果。如果结算包含多个清分日，则所有清分日必须连续，并符合 ClearDateBegin 和 ClearDateEnd 定义的范围。清分信息 DayClearInfo 的结构，如图 1.A-43 所示。DayClearInfo 节点属性说明，见表 1.A-46。

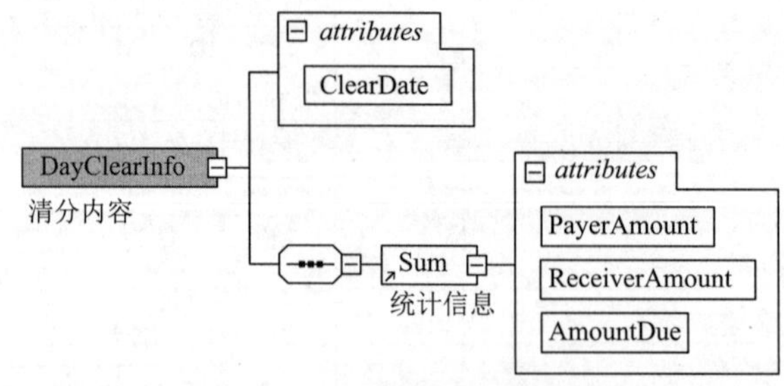

图 1.A-43 DayClearInfo 节点结构图

DayClearInfo 节点属性说明 表 1.A- 46

名　称	数据类型	取值或说明
ClearDate	Date	清分日
Sum		统计信息，见前文说明，表示该清分日的结果

每一清分日的 PayerAmount 等于该清分日清分消息 ResultOfPayer.Sum.Amount；每一清分日的 ReceiveAmount 等于该清分日 ResultOfReceiver.Sum.Amount。

A.6.9.4 处理流程

在区域联网中，存在着两级结算分，即国家级清分方和省（区、市）清分方。这两级清分方分别负责对跨省（区、市）交易和本地区内进行结算。原则上，两级清分方的结算周期可以不同。

1）结算范围

执行结算时，所有已清分但仍未曾结算的交易。

2）一级结算

省（区、市）清分方对于国家级清分方而言即是发行方又是公路收费方，所以国家级清分方为省（区、市）清分方生成的结算消息中需要对收款及付款信息一并统计。

国家级清分方累加所有本清分方产生的待结算清分日的 ResultOfPayer.Sum.Amount 为 Body.Sum.PayerAmount，累加所有待结算清分日的 ResultOfReceiver.Sum.Amount 为 Body.Sum.ReceiverAmount，最后计算 Body.Sum.AmountDue。

3）二级结算

省（区、市）清分方在生成本省（区、市）结算消息时需按发行方及公路收费方生成不同的结算消息。为发行方生成的消息中，仅累计本省（区、市）清分信息中的 ResultOfPayer 的信息。而为公路收费方生成的消息中，仅统计清分信息中的 ResultOfReceiver 的信息。对清分信息的处理规则与一级结算相同。

省（区、市）清分方在接收到国家级清分方的结算信息后，需要按发行方和公路收费方对区域结算消息进行分解重组：

（1）根据区域结算信息中给出的清分日，选取对应的区域清分结果。

（2）在这些清分结果中，按各自省（区、市）内的发行方和公路收费方选择清分信息。

（3）为每个发行方和公路收费方重新计算 Sum 信息，最终生成针对各个发行方及公路收费方的结算消息。

结算统计生成后不能更改。

结算消息的发送方向是从上向下，因此，省（区、市）结算消息不必向国家级清分方发送。

A.6.10　交易数据逻辑检查

接收方在收到有关交易的消息后，除根据对应的 Schema 对消息进行合法性检验外，还需对该消息包含的数据逻辑进行检查。逻辑检查包含两部分：

（1）通常性检查，例如：消息是否重复、发送方 ID 和接收方 ID 等参与方 ID 是否已定义、记账处理消息中指明的原始消息 MessageId 是否存在等；

（2）内在关系检查，例如：清分消息内容是否正确等。

本协议仅对交易处理中的内在关系检查进行说明。

A.6.10.1　与交易相关消息间的关系

在各参与方之间，所有的数据均通过消息传输。因此，消息之间的关系可以在一定程序上代表这些数据的业务逻辑关系。图 1.A-44 为原始交易消息、争议处理消息、异常退消息、清分消息和结算消息之间关系的说明。

（1）一个原始交易消息包含多条交易。

（2）经发行方发回的与原始交易消息一一对应的记账处理消息确认后，原始交易的状态为确认记账和待决争议状态。

（3）争议处理后，待决的争议交易变为确认记账或确认拒付状态。一个争议交易消息，可以包含多个原始交易消息包中的交易；一个原始交易消息包中的争议交易可以分多次处理，即可以包含在多个争议处理消息中。一条争议交易仅能解决一次。

（4）确认记账或争议处理后，确认记账的交易可能发生退费。一个退费消息，可以包含多个原始交易包中的交易；一个原始交易包中需退费的交易，可以分多次处理，即可包含在多个异常交易退费消息中。

（5）清分消息通过引用多条原始交易消息、争议处理消息和异常退费消息包含其所清分的交易。

（6）结算消息通过引用其结算的连续多个清分时的清分消息包含其所结算的交易。

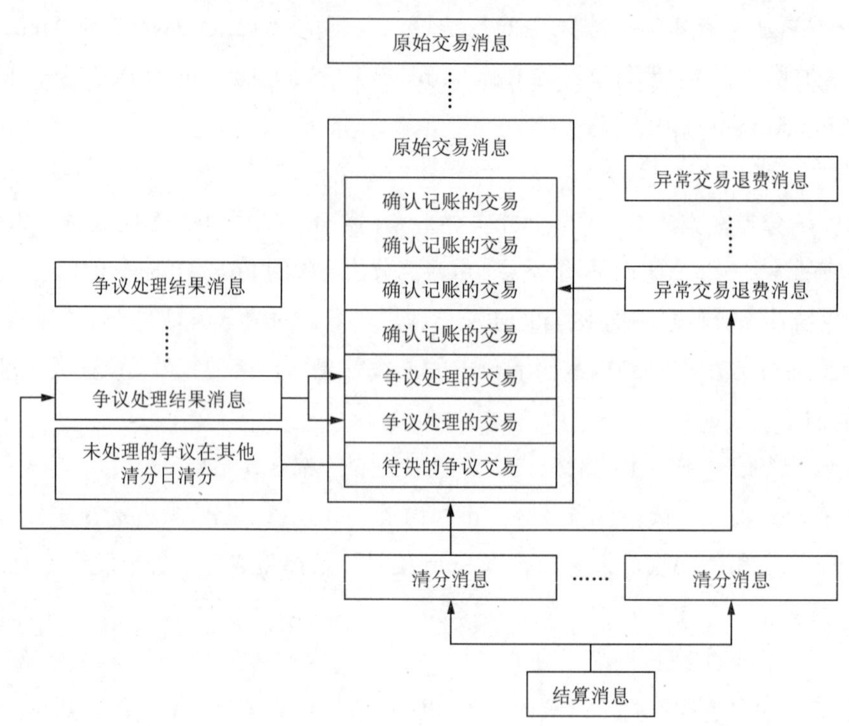

图1.A-44　交易信息关系图

A.6.10.2　检查原始交易和记账处理

记账处理消息接收方的正确性校验主要针对Amount值进行。即Amount值应等于原始消息包中所有交易的总金额减去该包中争议交易的金额。若这两个值不相等，应在确认消息中返回错误信息（Result为4：消息格式正确但内容错误，同时在Description中加入相应说明）给发送方。

A.6.10.3　检查清分结果

清分消息的接收方应根据清分消息中MessageId、FileId和RefundId确定对应的原始交易包、争议处理结果和异常交易退费结果，逐层核对Sum节点的值，确认自己计算的结果与清分消息中给出的结果相同。若有异常，返回错误消息（Result为4：消息格式正确但内容错误，同时在Description中加入相应说明）给发送方。

A.6.10.4　检查结算结果

结算消息的接收方应根据结算消息包含的所有清分日，统计执行结算的清分方的这些清分日的清分结果。该结果必须与结算消息给出的结果相同。否则，返回错误消息（Result为4：消息格式正确但内容错误，同时在Description中加入相应说明）给发送方。

由于省（区、市）清分方合并转发国家级清分方的清分信息，公路收费方和发行方在校验区域结算结果时，应根据区域结算消息中的清分方ID，在清分消息中选择具有相同清分方ID的DayClearInfo进行统计。

A.7 用户状态及用户信息处理

用户状态名单在接收方处理时不会有延迟，采用建议（Advice）的形式传送。

A.7.1 用户状态名单消息

A.7.1.1 发送消息结构

1）应用范围

随着用户在系统中使用各种服务，其账户状态不可避免地会发生改变。例如，从正常状态变为低值，又从低值变为透支，最后经付费后又恢复为正常等。

为给用户提供更好的服务，也为了避免公路收费分系统因用户状态异常而产生不必要的损失，及时地更新用户状态是必要的。

清分方只对各个发行方提交的用户状态信息进行转发，不自行修改用户状态信息。

在收到发行方或其他清分方发送过来的用户状态列表后，清分方更新本地数据并立即转发给公路收费方，整个转发过程有详细的日志，并且支持手动指定下发功能。在特殊情况下，可以支持人工使用移动介质传输数据。

消息发送方向，如图 1.A-45 所示。

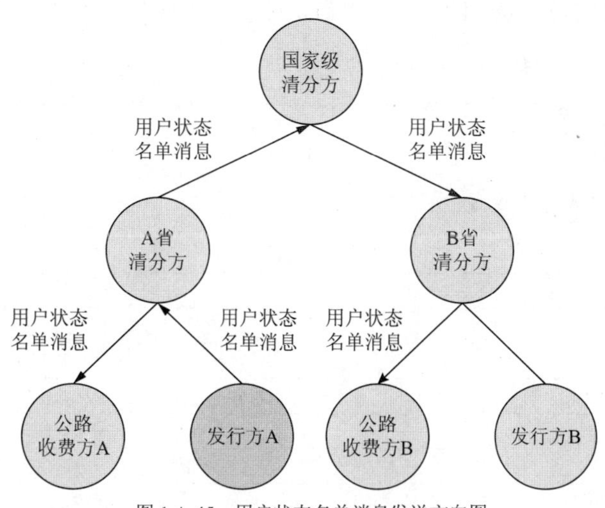

图 1.A-45 用户状态名单消息发送方向图

图 1.A-45 以发行方 A 发送用户状态名单为例说明用户状态名单消息在系统内的传输方向。深灰底色的节点是消息的产生方。

2）消息头

用户状态名单发送消息头属性说明，见表 1.A-47。

用户状态名单发送消息头属性说明 表 1.A- 47

名 称	数据类型	取值或说明
MessageClass	Int	3，Advice 或 2，Request Response
MessageType	Int	10，Status List

主动发送时 MessageClass 使用 Advice，响应请求重发时使用 Request Response。

3）消息内容

用户状态名单消息内容结构，如图 1.A-46 所示。

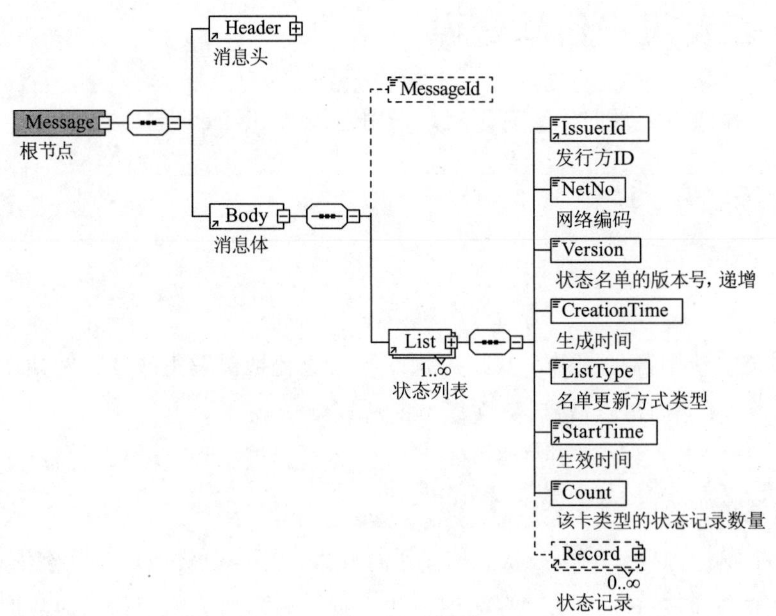

图 1.A-46　用户状态名单消息内容结构图

MessageId 是可选节点，用于消息接收方回应消息发送方对状态名单的重发请求，表示发送的状态名单回应的是哪一条重发请求消息。参与方主动发送状态名单时不使用该节点。

状态名单消息包含多个状态列表 List。每个 List 对应一个发行方产生的状态名单。通过一个消息，清分方可以将所有发行方产生的状态发送给公路收费方。

发行方生成并发送的状态名单仅包含一个 List 节点；清分方为响应下级参与方请求重发而生成的状态名单可以包含多个 List 节点。

List 的各个属性说明，见表 1.A-48。

List 节点属性说明　　表 1.A- 48

名　称	数据类型	取值或说明
IssuerId	Hex（16）	发行方唯一标识
NetNo	Hex（4）	网络编号，BCD 码
Version	Int	状态名单的版本号，递增，由发行方维护
CreationTime	DateTime	发行方生成状态名单的时间
ListType	Short	0 表示整体更新，1 表示增量更新
Count	Int	状态记录数量
List		状态记录列表，其记录数量与 Count 值一致

状态名单中仅有生效时间。用户卡状态从异常变为正常必须由发行方通过新的状态名单更新，接收方不自动处理。

状态记录结构，如图 1.A-47 所示。

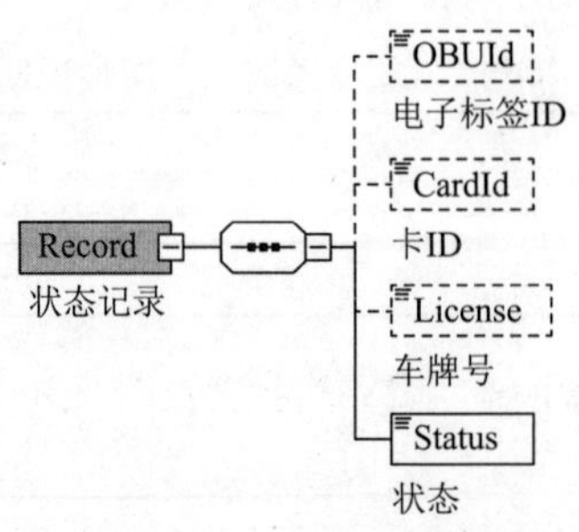

图 1.A-47　用户状态记录结构图

状态记录的格式，见表 1.A-49。

用户状态记录属性说明　表 1.A-49

名　称	数据类型	取值或说明
OBUId	Hex（16）	OBU 合同序列号
CardId	Hex（16）	IC 卡内部编号
License	String（25）	车牌号。各省（区、市）生成状态名单时不得使用该字段，该字段仅由军方发行系统生成的状态名单使用
StartTime	DateTime	状态名单记录的生成时间。该时间不是状态记录写入用户状态名单消息的时间，而是实际生成时间。例如，用户提出挂失申请并由服务人员在服务台完成输入，信息完整进入系统的时间即为记录的生成时间
Status	Short	状态类型： 1：正常 2：挂失 3：低值（为兼容仍保留，但不再使用） 4：透支 5：禁用 6：拆卸电子标签 10：无卡注销 11 ～ 20000：区域联网保留 20001 以上：本地自定义

每条记录的 OBUId、CardId 及 License 必须出现至少一个。出现在同一个 Record 节点下的 OBUId、CardId 和 License 表示出这几个信息的关联关系。

A.7.1.2　确认消息结构

使用通用确认消息结构。

1）应用范围

接收方使用通用确认消息结构建立回应消息告知发送方接收结果。

2）消息头

用户状态名单确认消息头属性说明，见表 1.A-50。

用户状态名单确认消息头属性说明　表 1.A-50

名　称	数据类型	取值或说明
MessageClass	Int	4，AdviceResponse
MessageType	Int	10，Status List

如果收到的状态名单版本号跳号，且本地系统需临时保存名单但暂不处理，则确认消息 Result 应使用 6（接收正确）；正常接收并更新本地名单，则 Result 值为 1。

A.7.1.3　消息处理流程

状态的产生包含人工输入和交易处理自动更新两种。前者是客服系统根据用户的续费、挂失等活动产生的；后者是系统处理交易从用户账户中记账导致账户状态变化产生的。

用户状态一旦变化，系统可以立即下发，也可以间隔一定的时间汇总后下发。

发送方式分为整体发送和增量发送两种。

清分方只对各个发行方提交的用户状态信息进行转发，不自行修改用户状态信息。

在收到发行方或其他清分方发送过来的用户状态信息后，系统对状态消息进行消息合法性校验。如果消息非法，则给发行方返回一条异常确认消息。如果合法，则更新本地系统的用户状态名单并返回一条正常确认消息。更新成功后，立即将此消息包自动转发给所有公路收费方。

公路收费方在收到清分方转发过来的用户状态名单时，也要进行消息合法性校验。如果消息非法就给清分方返回一条异常确认消息，合法则更新本地系统的用户状态信息并返回一条正常确认消息。

公路收费方在正确更新本地用户状态信息后需立即将更新信息发布到所有的收费车道。

整个转发过程有详细的日志，并且支持手动指定下发功能。在特殊情况下，可以支持人工使用移动介质传输数据。

状态名单的版本管理见前文说明。

A.7.2 请求重发状态名单消息

A.7.2.1 发送消息结构

1）应用范围

发送方请求接收方提供完整的状态名单。

2）消息头

请求重发状态名单发送消息头属性说明，见表 1.A-51。

请求重发状态名单发送消息头属性说明 表 1.A-51

名　称	数据类型	取值或说明
MessageClass	Int	1，Request
MessageType	Int	10，Status List

3）消息内容

请求重发状态名单消息内容结构，如图 1.A-48 所示。

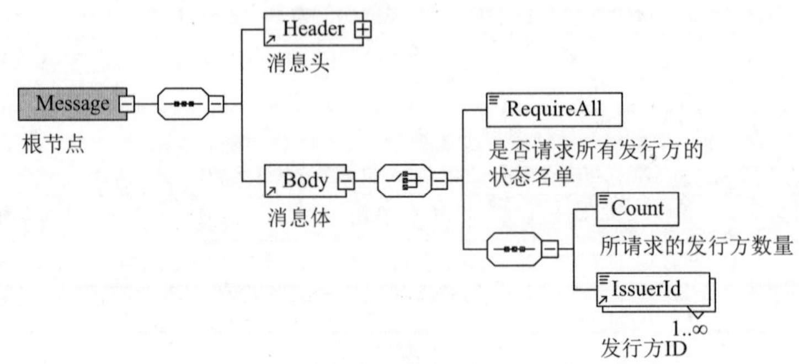

图 1.A-48 请求重发状态名单消息内容结构图

消息体要么包含 RequireAll，表示向上一级参与方索取全部发行方产生的状态名单；要么包含一组发行方 ID，表示只需要该发行方的状态名单，见表 1.A-52。

请求重发状态名单消息体属性说明 表 1.A-52

名　称	数据类型	取值或说明
RequireAll	Booleam	始终为 true
Count	Int	发行方数量，大于 0
IssuerId	Hex（16）	发行方 ID

A.7.2.2 确认消息结构

接收方生成状态名单后，通过状态名单消息对重发状态名单消息进行回应。生成的状态名单必须是全体名单，不能采用增量更新。生成的消息中需使用 MessageId 节点。

A.7.3 用户信息列表消息

A.7.3.1 发送消息结构

1）应用范围

本着“一车、一卡、一签”的原则，同一辆车只能在一个省（区、市）开户，所以在开户时需检查待开户用户的车辆是否已开户。国家清分结算中心系统收集各省（区、市）的用户信息，并将适当的信息转发给各个省（区、市）。

消息发送方向，如图 1.A-49 所示。

图 1.A-49 以发行方 A 发送在本地开户的用户信息名单为例说明用户信息消息在系统内的传输方向。深灰底色的节点是消息的产生方。

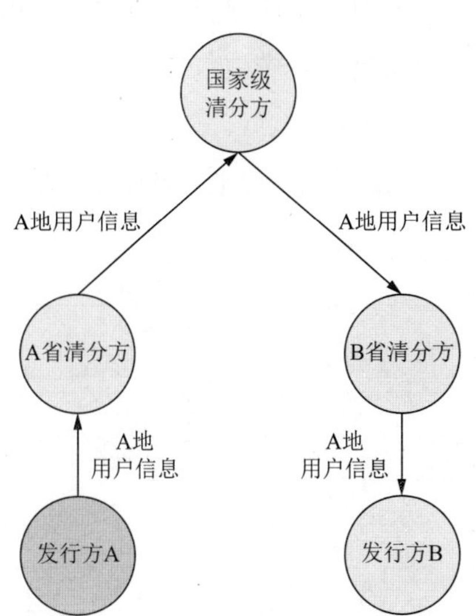

图 1.A-49 用户信息列表消息发送方向图

2）消息头

用户信息列表发送消息头属性说明，见表 1.A-53。

用户信息列表发送消息头属性说明 表 1.A-53

名 称	数据类型	取值或说明
MessageClass	Int	3，Advice 或 2，Request Response
MessageType	Int	3，Customer Details

主动发送时 MessageClass 使用 Advice，响应请求重发时使用 Request Response。

3）消息内容

用户信息列表消息内容结构，如图 1.A-50 所示。

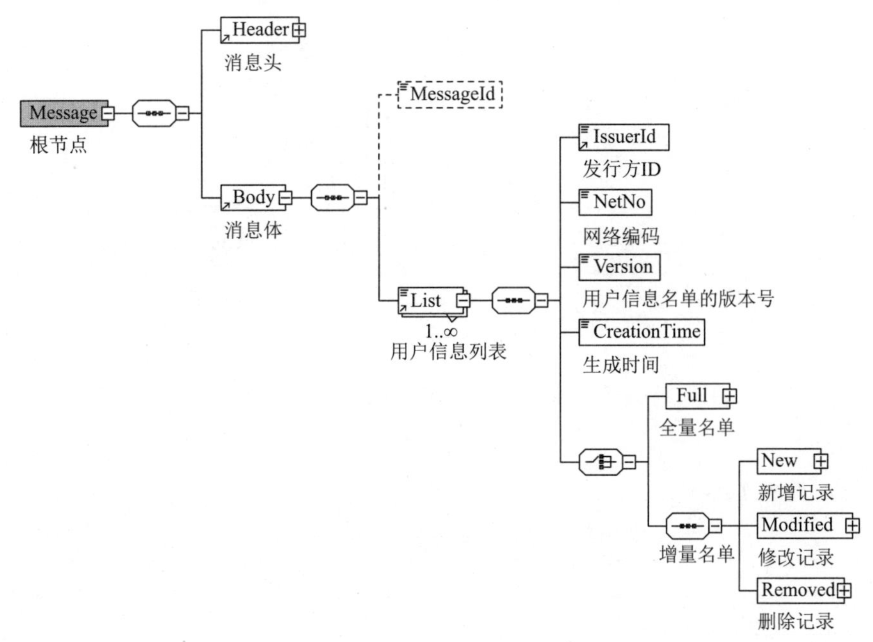

图 1.A-50 用户信息列表消息内容结构图

MessageId 是可选节点，用于消息接收方回应消息发送方对用户信息列表的重发请求，表示发送的用户信息列表回应的是哪一条重发请求消息。参与方主动发送用户信息列表时不使用该节点。

用户信息列表消息包含多个列表节点 List。每个 List 对应一个发行方产生的用户信息。通过一个消息，清分方可以将所有发行方产生的用户信息发送给其他发行方。

发行方生成并发送的用户信息仅包含一个 List 节点；清分方向其他相关发行方转发某一发行方的用户信息列表中也仅包含一个 List 节点；清分方为响应下级参与方请求重发而生成的用户信息可以包含多个 List 节点。

List 的各个属性说明，见表 1.A-54。

List 节点属性说明 表 1.A-54

名　　称	数据类型	取值或说明
IssuerId	Hex（16）	发行方唯一标识
NetNo	Hex（4）	网络编号
Version	Int	用户信息的版本号，递增，由发行方维护
CreationTime	DateTime	发行方生成用户信息列表消息的时间
Full		全量列表
New		增量列表：新增加的用户信息
Removed		增量列表：需删除的用户信息

发送全量列表时只使用 Full 节点，发送增量列表中使用 New 和 Removed 两个节点。修改用户信息需先删除再新增，即可以在同一消息的 Removed 节点和 New 节点中体现这一变化。各级清分应先处理 Removed 节点，再处理 New 节点。

Full 节点和 New 节点具有相同的结构，现以 Full 节点示例说明，如图 1.A-51 所示。

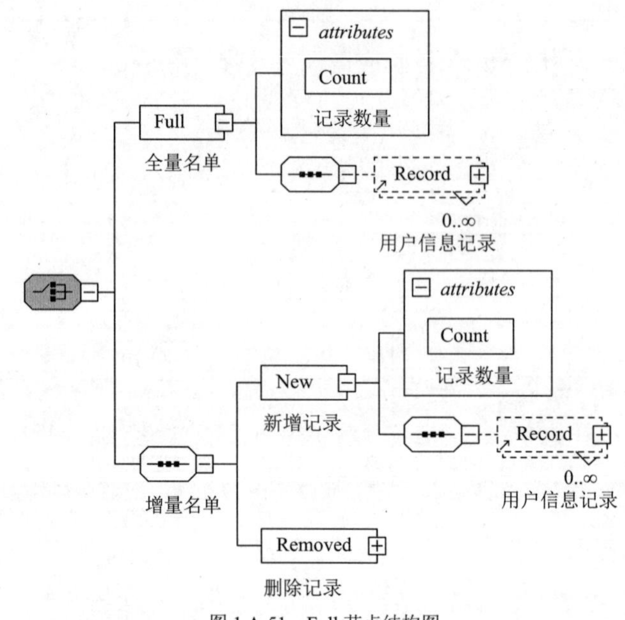

图 1.A-51 Full 节点结构图

Full 节点信息，见表 1.A-55。

Full 节点属性说明 表 1.A-55

名　　称	数据类型	取值或说明
Count	Int	当前节点下用户信息记录的数量
Record		用户信息记录，后面说明

用户信息记录 Record 分为上传信息和下发信息两部分。上传信息是各省（区、市）清分向国家级清分发送的用户信息格式；下发信息是国家级清分向各省（区、市）传送的其他省（区、市）的用户信息格式。

以下是上传信息的格式，如图 1.A-52 所示。

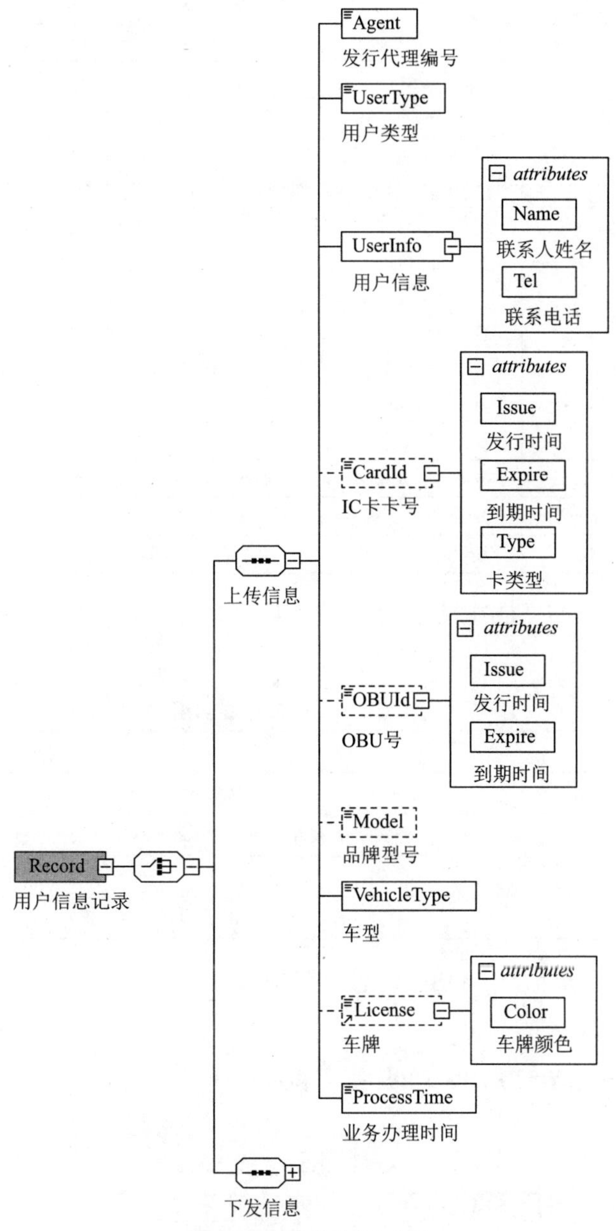

图 1.A-52　上传信息结构图

上传信息各节点说明，见表 1.A-56。

上传信息属性说明　　表 1.A-56

名　称	数据类型	取值或说明
Agent	Short	发行代理单位编码，0 表示自主发行，其他值表示合作单位发行，编码见后面列表。如果合作单位不在列表中，需提前报备并分配编码后方可使用
UserType	Short	0：个人；1：单位
UserInfo		用户信息
UserInfo.Name	String（50）	联系人姓名
UserInfo.Tel	String（20）	联系人电话
CardId	Hex（16）	IC 卡内部编号
CardId.Issue	DateTime	IC 卡启用时间
CardId.Expire	DateTime	IC 卡到期时间
CardId.Type	Short	1：预付费记账卡；2：后付费记账卡；3 储值卡

续上表

名　　称	数据类型	取值或说明
OBUId	Hex（16）	OBU 合同序列号，如果未向当前用户发行电子标签，则不使用该节点
OBUId.Issue	DateTime	OBU 启用时间
OBUId.Expire	DateTime	OBU 到期时间
Model	String（30）	用户车辆行驶证上“品牌型号”栏的内容，如“长城牌 CC6460KM09”。若已开户用户信息中没有该项，可以不必填写。新开户用户需采集并传送该项信息
VehicleType	Short	车型：1：一型车；2：二型车；3：三型车；4：四型车；5：五型车；6：六型车； 7 ～ 10：自定义； 11 ～ 20：用于计重收费货车车型分类。其中： 11：一型车；12：二型车；13：三型车；14：四型车；15：五型车；16：六型车；17 ～ 20：自定义计重货车车型； 21 ～ 50：自定义； 其他：保留给未来使用
License	String（25）	车牌号，如果未登记车牌号则使用空字符串
License.Color	Short	0：蓝色；1：黄色；2：黑色；3：白
ProcessTime	DateTime	处理时间，即开户、修改用户信息的时间

在 Schema 层面，IC 卡信息、OBU 信息和车牌信息均是可选的，但在逻辑层面，只能是如下 4 种组合之一，见表 1.A-57。

IC 卡、OBU、车牌信息逻辑组合　　表 1.A-57

序　　号	说　　明
1	只有 IC 卡信息（可省略 OBUId 和 License 节点）
2	有 IC 卡信息和车牌信息（可省略 OBUId 节点）
3	有 OBU 信息和车牌信息（可省略 CardId 节点）
4	有 IC 卡、OBU 信息和车牌信息

如果上传信息记录中 IC 卡信息、OBU 信息及车牌信息的组合不在以上列表中，系统将认为用户信息不合法。

下传信息的格式，如图 1.A-53 所示。下传信息属性说明，见表 1.A-58。

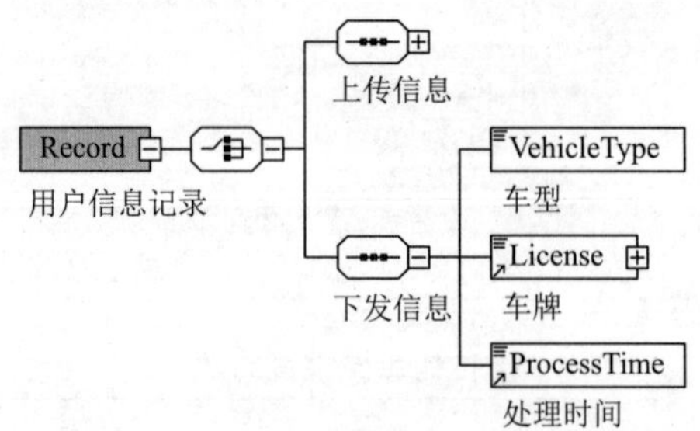

图 1.A-53　下传信息结构图

下传信息属性说明　　表 1.A-58

名　　称	数据类型	取值或说明
VehicleType	Short	车型：1：一型车；2：二型车；3：三型车；4：四型车；5：五型车；6：六型车； 7 ～ 10：自定义； 11 ～ 20：用于计重收费货车车型分类。其中： 11：一型车；12：二型车；13：三型车；14：四型车；15：五型车；16：六型车；17 ～ 20：自定义计重货车车型； 21 ～ 50：自定义； 其他：保留给未来使用

续上表

名　　称	数据类型	取值或说明
License	String（25）	车牌号，如果未登记车牌号则使用空字符串
License.Color	Short	0：蓝色，1：黄色，2：黑色，3：白
ProcessTime	DateTime	处理时间，即开户、修改用户信息的时间

国家级清分向各省（区、市）转发的用户信息中只包含车牌的相关信息。各省（区、市）的发行方应能根据这些信息避免一辆车在多个省（区、市）开户的情况。上传信息中未包含车牌信息的记录将不被转发到各省（区、市）。

Removed 节点结构，如图 1.A-54 所示。

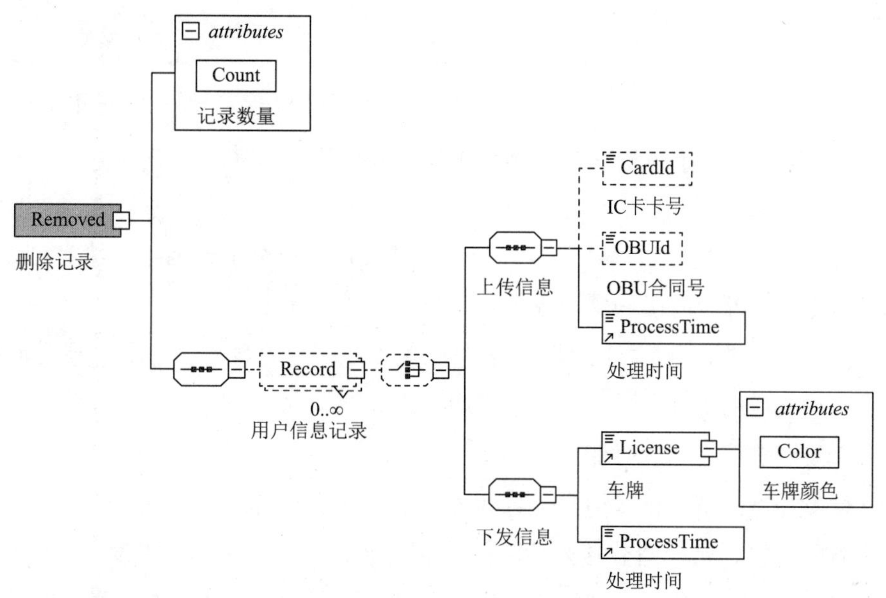

图 1.A-54　Removed 节点结构图

删除信息与 Full 类似，也分为上传信息及下发信息两组。上传信息是各省（区、市）向国家级清分发送删除信息时使用的格式；下发信息是国家级清分向各省（区、市）发送的删除信息格式。

如果记录数量为 0，则 Removed 需省略所有下级节点 Record。

如果上传信息中的某条记录对应的用户信息不包含车牌号，则该条删除记录将不被转发到各省（区、市）。

Removed 节点属性说明，见表 1.A-59。

Removed 节点属性说明　　表 1.A-59

名　　称	数据类型	取值或说明
Count	Int	当前节点下用户信息记录的数量，若为 0，则 Removed 下不包含任何上传信息和下发信息节点
Record		用户信息记录
CardId	Hex（16）	IC 卡内部编号
OBUId	Hex（16）	OBU 合同序列号
ProcessTime	DateTime	处理时间，即用户销户（删除）的时间
License	String（25）	车牌号，如果未登记车牌号则使用空字符串
License.Color	Short	0：蓝色，1：黄色，2：黑色，3：白

上传信息中，CardId 和 OBUId 必须出现至少一个。

A.7.3.2 确认消息结构

使用通用确认消息结构。

1）应用范围

接收方使用通用确认消息结构建立回应消息告知发送方接收结果。

2）消息头

用户信息列表确认消息头属性说明，见表 1.A-60。

用户信息列表确认消息头属性说明 表 1.A-60

名　称	数据类型	取值或说明
MessageClass	Int	4，AdviceResponse
MessageType	Int	3，Customer Details

如果收到的用户信息列表版本号跳号，且本地系统需临时保存列表但暂不处理，则确认消息 Result 应使用 6（接收正确）；正常接收并更新本地名单，则 Result 值为 1。

A.7.3.3 消息处理流程

发行方应将用户信息变更（新增、更改、销户）情况及时逐级上传至部级清分，再由部级清分逐级转发给其他发行方，供开户时确认用户未重复开户。

发送方式分为整体发送和增量发送两种。各参与方发送用户信息列表采用的方式如下：

（1）发行方主动发送用户信息列表时均采用增量方式。

（2）清分方转发用户信息列表时保持方式不变。

（3）响应其他参与方的请求重发用户信息列表时采用全量方式。

部级清分在各省（区、市）清分接入后将向各省（区、市）发送请求重发用户信息列表消息。各省（区、市）返回全量的用户信息。部级清分将各省（区、市）的全量名单转发到其他省（区、市）。

在此之后，各省（区、市）按固定周期向部级清分发送增量用户信息列表，部级清分将其转发给其他省（区、市）。发送周期定为每日一次。

清分方只对各个发行方提交的用户信息列表进行分组转发，不自行修改用户信息记录。

用户信息列表的版本管理见前文用户状态名单版本的相关说明。

A.7.3.4 发行代理列表

发行代理列表，见表 1.A-61。

发行代理 表 1.A-61

名　称	取　值	名　称	取　值
自主发行	0	中国光大银行	19
中国邮政储蓄银行	11	中国民生银行	20
中国银行	12	中信银行	21
中国工商银行	13	招商银行	22
中国农业银行	14	上海浦东发展银行	23
中国建设银行	15	深圳发展银行	24
华夏银行	16	兴业银行	25
平安银行	17	广东发展银行	26
中国交通银行	18		

A.7.4　请求重发用户信息列表消息

A.7.4.1　*发送消息结构*

1）应用范围

发行方向清分方请求将其他发行方的用户信息列表重新下发。

2）消息头

请求重发用户信息列表发送消息头属性说明，见表 1.A-62。

请求重发用户信息列表发送消息头属性说明　表 1.A-62

名　称	数据类型	取值或说明
MessageClass	Int	1，Request
MessageType	Int	3，Customer Details

3）消息内容

请求重发用户信息列表消息内容结构，如图 1.A-55 所示。

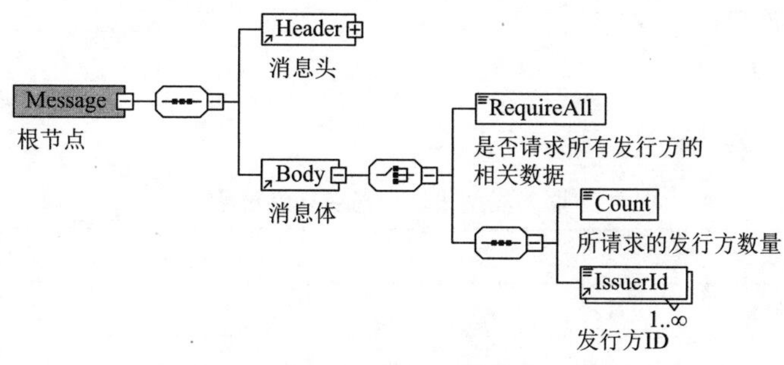

图 1.A-55　请求重发用户信息列表消息内容结构图

消息体要么包含 RequireAll，表示向上一级参与方索取全部发行方产生的用户信息列表；要么包含一组发行方 ID，表示只需要该发行方的用户信息列表，见表 1.A-63。

请求重发用户信息列表发送消息体属性说明　表 1.A-63

名　称	数据类型	取值或说明
RequireAll	Booleam	始终为 true
Count	Int	发行方数量，大于 0
IssuerId	Hex（16）	发行方 ID

A.7.4.2　*确认消息结构*

接收到重发请求后，清分方将把异地开户的属于发出请求发行方的用户信息打包返回。生成的消息中需使用 MessageId 节点。

A.8　基础信息维护

基础信息处理相对简单，时间上不会有延迟，所以采用建议（Advice）的形式传送。

A.8.1　服务类型消息

A.8.1.1　*发送消息结构*

应用范围：

各个参与方均需使用此类信息。该信息由最上层的清分方生成，并逐级下发给各参与方，其发送方向，如图 1.A-56 所示。

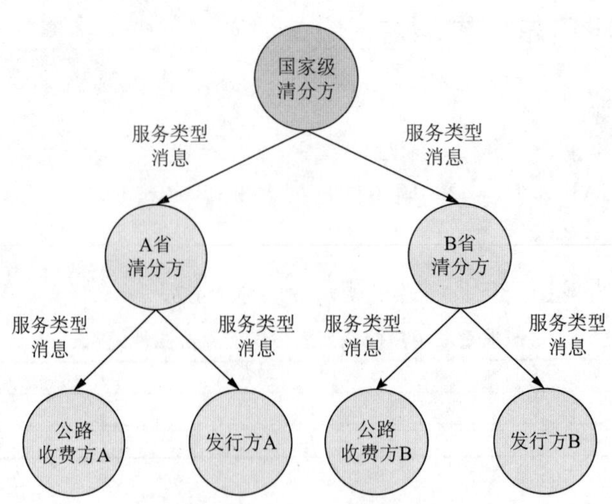

图 1.A-56　服务类型信息发送方向图

深灰底色的节点是消息的产生方。

1）消息头

服务类型发送消息头属性说明，见表 1.A-64。

服务类型发送消息头属性说明　　表 1.A-64

名　称	数据类型	取值或说明
MessageClass	Int	3，Advice 或 2，Request Response
MessageType	Int	1，Service List

2）消息内容

服务类型信息内容结构，如图 1.A-57 所示。

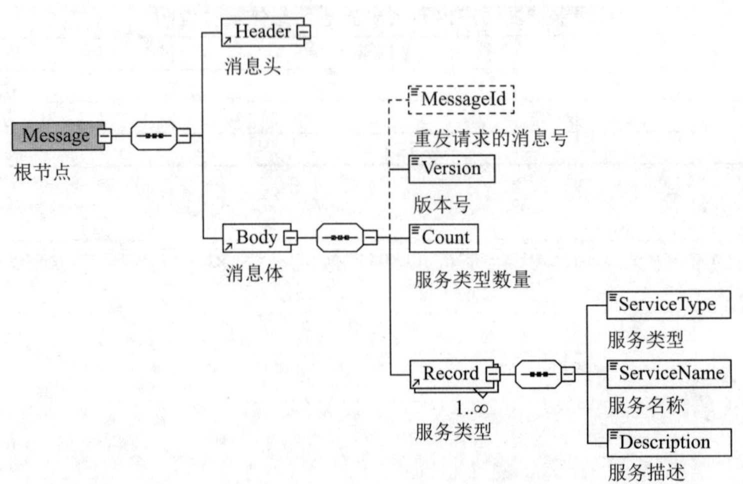

图 1.A-57　服务类型信息内容结构图

各个子节点说明，见表 1.A-65。

服务类型发送消息体属性说明　　表 1.A-65

名　称	数据类型	取值或说明
MessageId	Long	当发行方或公路收费方请求重发服务类型时，清分方的回应使用此属性，说明是针对哪一个重发请求的回应；直接发送时不使用该属性
Version	Int	版本号，由产生服务类型的清分方维护

续上表

名　称	数据类型	取值或说明
Count	Int	本操作包含的记录数量，大于 0
ServiceType	Short	服务类型： 1：公路电子收费 2：停车场 3：加油 4 ~ 20000：区域联网保留 20001 以上：本地自定义
ServiceName	String（30）	服务名称
Description	String（500）	服务说明

服务类型每次均以整体形式下发。

由于服务类型由最上层清分方生成，所以本地自定义的服务类型不包含在由最上层清分方维护的消息中。自定义的服务类型由定义方自行维护。

A.8.1.2　确认消息结构

使用通用确认消息结构。

服务类型确认消息头属性说明，见表 1.A-66。

服务类型确认消息头属性说明　　表 1.A-66

名　称	数据类型	取值或说明
MessageClass	Int	4，AdviceResponse
MessageType	Int	1，ServiceList

A.8.2　请求重发服务类型消息

A.8.2.1　发送消息结构

1）应用范围

发行方和公路收费方向清分方请求将服务类型重新下发。

2）消息头

请求重发服务类型发送消息头属性说明，见表 1.A-67。

请求重发服务类型发送消息头属性说明　　表 1.A-67

名　称	数据类型	取值或说明
MessageClass	Int	1，Request
MessageType	Int	1，Service List

3）消息内容

使用通用重发请求消息。

A.8.2.2　确认消息结构

接收到重发请求后，清分方将把所有服务类型一次性返回。生成的消息中需使用 MessageId 节点。

A.8.3　参与方信息消息

A.8.3.1　发送消息结构

1）应用范围

参与方信息由清分方维护。各清分方仅维护其直接下级参与方的信息，不维护跨级的参与方信息。

消息的发送方向，如图 1.A-58 所示。

图 1.A-58 为国家级清分方维护的参与方消息的传输方向。深灰底色的节点是消息的产生方。

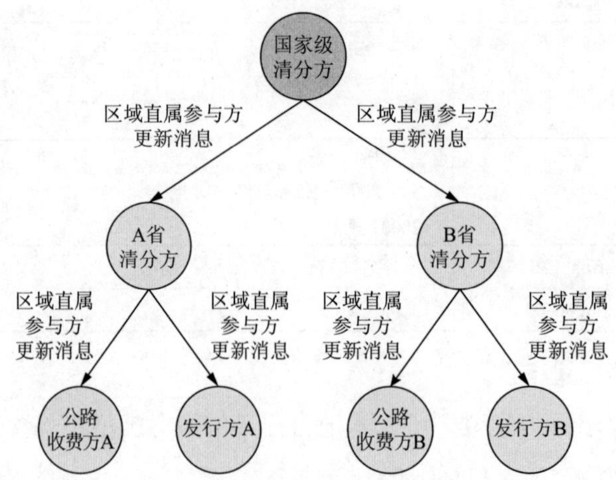

图 1.A-58 区域直属参与方更新消息传输方向图

图 1.A-59 以 A 省参与方信息变更为例说明参与方消息的传输方向。

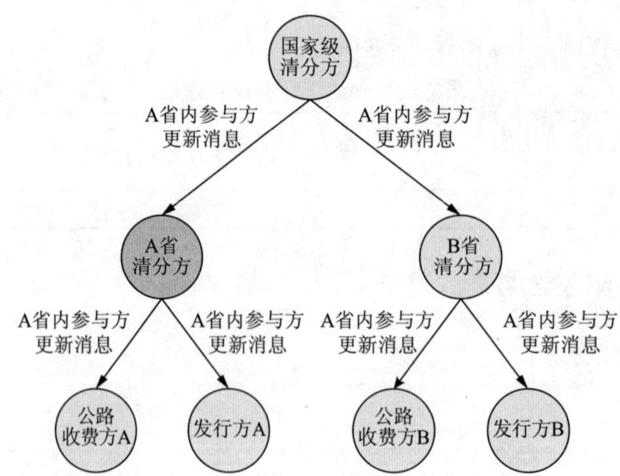

图 1.A-59 A 省内参与方更新消息传输方向图

2）消息头

参与方信息发送消息头属性说明，见表 1.A-68。

参与方信息发送消息头属性说明 表 1.A-68

名　称	数据类型	取值或说明
MessageClass	Int	3，Advice 或 2，Request Response
MessageType	Int	14，OperatorList

3）消息内容

参与方信息消息内容结构，如图 1.A-60 所示。

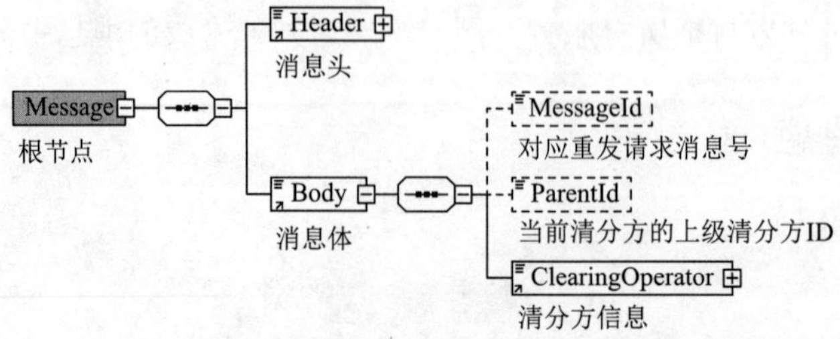

图 1.A-60 参与方信息消息内容结构图

消息结构的各个子节点说明，见表 1.A-69。

参与方信息发送消息体属性说明　　表 1.A-69

名　　称	数据类型	取值或说明
MessageId	Long	用于返回重发请求的消息 ID，主动发送时不使用
ParentId	Hex（16）	生成参与方信息的清分方的上级清分方 ID，如果是最顶层的清分方则省略该项，否则必须包含该项
ClearingOperator		生成参与方信息的清分方信息，结构后面详述

通过是否包含 ParentId，可以确定消息体中的清分方信息是以顶层清分方为根节点表示的整个电子收费框架中的参与方信息，还是以系统中某一个清分方为根节点的该清分方以下的参与方信息。

清分方信息结构，如图 1.A-61 所示。

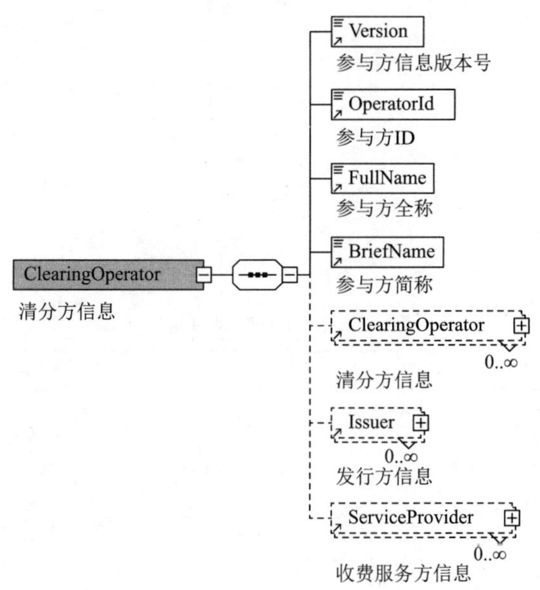

图 1.A-61　清分方信息结构图

清分方信息结构说明，见表 1.A-70。

清分方信息体属性说明　　表 1.A-70

名　　称	数据类型	取值或说明
Version	Int	由 ClearingOperator 节点所表示的清分方维护的该清分方信息的版本号，从 1 开始，每次版本变化加 1。每个清分方维护自己的版本号
OperatorId	Hex（16）	清分方 ID
FullName	String（50）	清分方全称
BriefName	String（16）	清分方简称
ClearingOperator		与当前清分方具有直接业务关系的下级清分方信息
Issuer		与当前清分方具有直接业务关系的发行方信息
ServiceProvider		与当前清分方具有直接业务关系的收费服务方信息

一个清分方信息，可以包含多个下级清分方信息。通过这种递归结构，可表示以当前清分方为根节点的电子收费框架结构中的所有参与方信息。

每个清分方维护自己的 Version，只要本节点下的子节点本身没有变化，其版本号也不变化。例如，北京清分方增减了公路收费方，其参与方结构版本号加 1，但上级国家级清分方的参与方结构版本不变。只有在国家级清分方修改了省（区、市）清分方信息后，其版本号才发生变化。

发行方信息结构，如图 1.A-62 所示。

发行方信息结构说明，见表 1.A-71。

公路收费方信息结构，如图 1.A-63 所示。

收费服务方信息结构说明，见表 1.A-72。

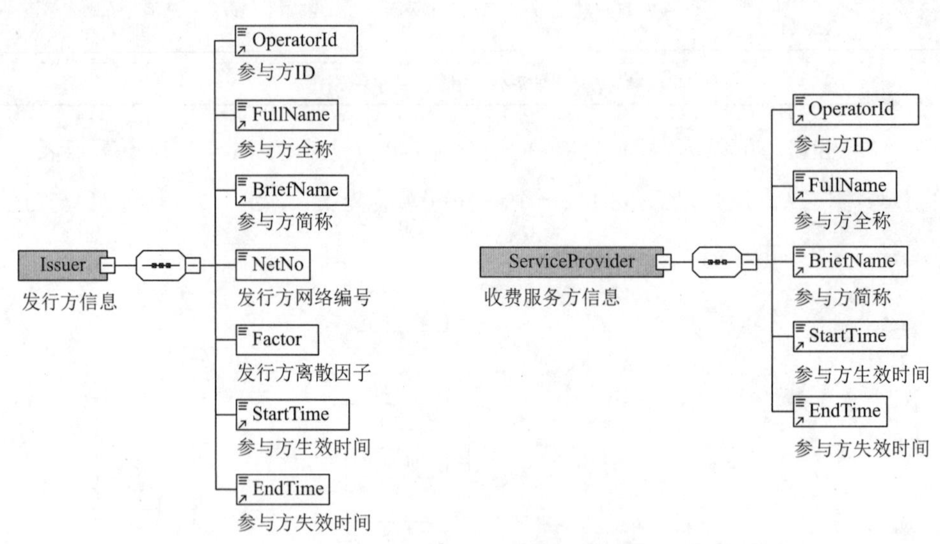

图 1.A-62　发行方信息结构图　　　图 1.A-63　公路收费方信息结构图

发行方信息体属性说明　　表 1.A-71

名　称	数据类型	取值或说明
OperatorId	Hex（16）	发行方 ID
FullName	String（50）	发行方全称
BriefName	String（16）	发行方简称
NetNo	Hex（4）	发行方网络编号
Factor	Hex（16）	发行方离散因子
StartTime	DateTime	生效时间说明新加入系统运营的发行方发行的 IC 卡何时可以在公路收费方使用
EndTime	DateTime	生效时间说明新加入系统运营的发行方发行的 IC 卡何时不能在公路收费方使用

收费服务方信息体属性说明　　表 1.A-72

名　称	数据类型	取值或说明
OperatorId	Hex（16）	公路收费方 ID
FullName	String（50）	公路收费方全称
BriefName	String（16）	公路收费方简称
StartTime	DateTime	生效时间说明新加入系统运营的公路收费方何时可支持本系统电子交易
EndTime	DateTime	生效时间说明新加入系统运营的公路收费方何时停止支持本系统电子交易

A.8.3.2　确认消息结构

使用通用确认消息结构。

参与方信息确认消息头属性说明，见表 1.A-73。

参与方信息确认消息头属性说明　　表 1.A-73

名　称	数据类型	取值或说明
MessageClass	Int	4，AdviceResponse
MessageType	Int	14，OperatorList

A.8.3.3　处理规则

参与方信息每次均以整体形式发送，不支持增量发送。

参与方的变更仅由该参与方的直接上级清分方处理。该上级清分方修改其下属参与方信息后，将其下属的所有参与方信息发送给更上一级的清分方，再由该清分方转发给其他参与方。

新增参与方的ID由其直接上级清分方按参与方ID的编码规则分配，保证在整个系统内唯一。

处理规则示例，如图1.A-64所示。

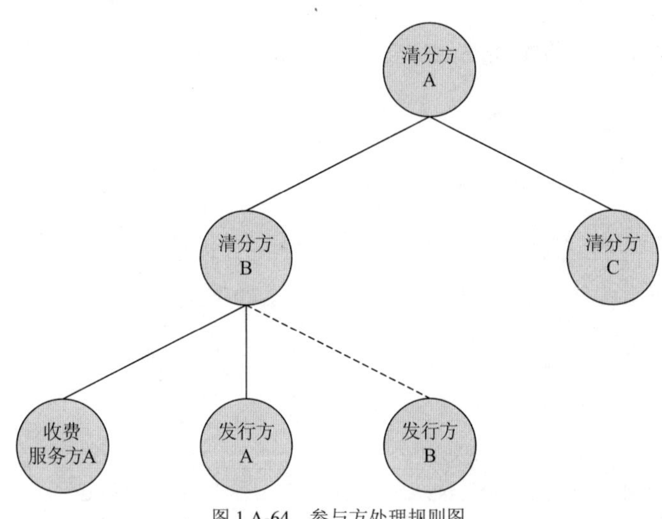

图1.A-64　参与方处理规则图

（1）在清分方B的区域内，新增加发行方B，如虚线所示。

（2）发行方B的信息由清分方B生成。

（3）清分方B将收费服务方A、发行方A及发行方B的信息放在以本清分方为根的消息中，发送给清分方A。

（4）清分方A根据该消息更新本地数据后将其转发给清分方C以及其他清分方，以保证清分方B的信息变更传送到整个系统。

对于下级节点的请求重发参与方信息的请求，接收方以顶层清分方为根生成参与方信息消息。如果接受请求的清分方是顶层清分方，则不使用ParentId节点，否则使用其上级清分方ID作为ParentId的值。

A.8.4　请求重发参与方信息消息

A.8.4.1　发送消息结构

1）应用范围

发行方和公路收费方向清分方请求将参与方信息重新下发。

2）消息头

请求重发参与方信息发送消息头属性说明，见表1.A-74。

请求重发参与方信息发送消息头属性说明　　表1.A-74

名　称	数据类型	取值或说明
MessageClass	Int	1，Request
MessageType	Int	14，Operator List

3）消息内容

使用通用重发请求消息。

A.8.4.2　确认消息结构

接收到重发请求后，清分方将把所有参与方信息一次性返回。生成的消息中需使用MessageId节点。

A.8.5 消息处理流程

（1）经人工输入并确认后，清分分系统生成服务类型消息并发送给所有发行方和公路收费方。

（2）接收方首先校验消息的合法性，包括数据格式及内容逻辑关系，如消息内容中的实际记录数量与声明数量是否相等。

（3）经校验后的消息按记录顺序逐条处理，保存在数据库中。

A.9 消息总结

前面定义的所有消息，均只定义了基本的数据结构，并未使用 XML 的内在功能全面定义数据约束。这些数据约束应由应用程序自行处理。很多确认消息的结果现阶段是相同的，但为保证后续可能的变动不影响开发，每种确认消息均使用独立的 Schema。

A.9.1 消息列表

表 1.A-75 为各个消息使用 MessageClass、MessageType、ContentType 和 Schema 文件总结。

消息总结　　表 1.A-75

消息应用	MessageClass	MessageType	Content-Type	Schema 文件
交易消息	5, Notification	7, Transaction	1	TransactionOriginal.xsd
争议交易消息	5, Notification	7, Transaction	2	TransactionDisputed.xsd
异常交易退费	5, Notification	7, Transaction	3	TransactionRefund.xsd
记账消息	5, Notification	5, Reconciliation Totals	1	TransactionCharge.xsd
清分消息	5, Notification	5, Reconciliation Totals	2	TransactionClear..xsd
结算消息	5, Notification	5, Reconciliation Totals	3	TransactionSettlement.xsd
交易通信确认	6, Notification Response	5, Reconciliation Totals 7, Transaction	—	CommonResponse.xsd
状态名单	3, Advice	10, Status List	—	StatusList.xsd
状态名单确认	4, Advice Response	10, Status List	—	CommonResponse.xsd
状态名单重发	1, Request	10, Status List	—	StatusListResend.xsd
状态名单回复	2, Request Response	10, Status List	—	StatusList.xsd
用户信息列表	3, Advice	3, Customer List	—	CustomerList.xsd
用户信息列表确认	4, Advice Response	3, Customer List	—	CommonResponse.xsd
用户信息列表重发	1, Request	3, Customer List	—	StatusListResend.xsd
用户信息列表回复	2, Request Response	3, Customer List	—	CustomerList.xsd
服务列表	3, Advice	1, Servcie List	—	ServcieList.xsd
服务列表确认	4, Advice Response	1, Servcie List	—	CommonResponse.xsd
服务列表重发	1, Request	1, Servcie List	—	CommonResendRequest.xsd
服务列表回复	2, Request Response	1, Servcie List	—	ServiceList.xsd
参与方列表	3, Advice	14, Operator List	—	OperatorList.xsd
参与方确认	4, Advice Response	14, Operator List	—	CommonResponse.xsd
参与方重发	1, Request	14, Operator List	—	CommonResendRequest.xsd
参与方回复	2, Request Response	14, Operator List	—	OperatorList.xsd

Header.xsd、OperatorId 和 Response.xsd 是其他 Schema 文件所引用的基本信息定义。

另外，签名信息的 Schema 文件是 Signature.xsd。

A.9.2　消息确认对应关系

消息确认对应关系，见表 1.A-76。

消息确认对应关系　　表 1.A-76

发送的消息	确 认 消 息	发送的消息	确 认 消 息
交易消息	交易通信确认	状态名单重发	状态名单
争议交易消息	交易通信确认	用户信息列表	用户信息列表确认
记账消息	交易通信确认	用户信息列表重发	用户信息列表
异常交易退费	交易通信确认	服务列表	服务列表确认
清分消息	交易通信确认	服务列表重发	服务列表
结算消息	交易通信确认	参与方列表	参与方确认
状态名单	状态名单确认	参与方重发	参与方列表

附录B　全国高速公路电子不停车收费联网省（区、市）际共建站通信协议

B.1　省（区、市）际共建收费站配置要求

采用单天线方案，即一条车道布设一套RSU、本方一台出口车道机、对方一台入口车道机，如图1.B-1所示。

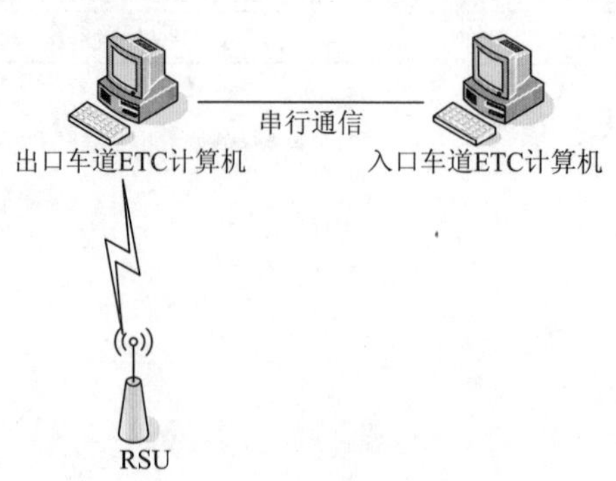

图1.B-1　省（区、市）际共建站方案

B.2　通信方式

通信双方采用串口连接：

（1）波特率：115200。

（2）校验位：无。

（3）数据位：8。

（4）停止位：1。

B.3　通信参数表

通信双方互相提供如下参数信息：

（1）入口路网编号。

（2）入口站编号。

（3）入口广场编号。

B.4　交易过程

（1）出口车道完成出口交易并代入口车道成功写入入口信息后，将入口信息发送给入口车道，入口车道给予回包确认；

（2）当出口车道与入口车道通信发生故障时，不能影响出口车道的正常通行，出口车道先抬杆放

行车辆，待通信恢复后重新补传入口数据。

B.5　通信数据帧格式

出口 PC 和入口 PC 通信的数据帧格式，见表 1.B-1、表 1.B-2。

出入口 PC 通信数据帧格式　　表 1.B-1

STD	LEN	CMD	DATA	LRC

出入口 PC 通信数据帧格式说明　　表 1.B-2

字　段	描　述
STD	帧开始标志，1 字节，取值为 FFH ①
LEN	DATA 域的长度，2 字节
CMD	命令头，1 字节
DATA	发送的数据
LRC	异或校验值，从 LEN 到 DATA 所有字节的异或值，1 字节

注：①按照上述数据帧格式通信时，数据帧开始标志为 FFH，如果其他字段中出现 FFH，则需要进行特殊字节转义处理。

发送数据时，如果在其他字段中出现 FFH 字节时，将 FFH 分解为 FEH 和 01H 这两个字节来发送；如果在其他字段出现 FEH 字节时，需将 FEH 分解为 FEH 和 00H 这两个字节来发送。

接收数据时，如果出现“FE 01”这样连续两个字节时将之合为一个字节 FFH；如果出现“FE 00”这样连续两个字节时将之合为一个字节 FEH。

B.6　出口 PC 发往入口 PC 指令集

通信流程见表 1.B-3。

出口至入口通信流程　　表 1.B-3

通信阶段	出口 PC		入口 PC
连接	连接指令 A0	→	
		←	确认连接指令 B0
信息传输	ETC 完成交易并成功写入入口信息后，传写入信息指令 A1	→	
		←	确认信息返回指令 B1

指令见表 1.B-4。

出口至入口通信指令　　表 1.B- 4

指令名称	代码	功能说明
连接指令	A0	出口 PC 发出连接入口 PC 的指令，测试入口 PC 是否正常连接
连接指令	B0	确认信息返回
发送信息指令	A1	发送相关交易信息
发送信息返回指令	B1	确认信息返回

B.7　指令 Data 域结构

B.7.1　连接指令（A0）

无 Data 域。

B.7.2 连接返回指令（B0）

连接返回指令，见表 1.B-5。

连 接 返 回 指 令 表 1.B-5

位　置	字节数	数　据　元	数 据 内 容
0	1	Status	Status 为 0 时，成功；为 1 时，失败。超时时间为 1s

B.7.3 发送交易信息指令（A1）

采用网络字节顺序，低地址高字节，见表 1.B-6。

发送交易信息指令 表 1.B-6

位　置	字节数	数　据　元	数 据 内 容
0	4	OBUID	OBU 编号
4	8	ConstractProvider	服务提供商编码
12	1	ConstractType	协约类型
13	1	ConstractVersion	合同版本
14	8	ConstractSerialNumber	合同序列号
22	12	VehiclePlate	车牌号码
34	1	VehicleClass	车型（对方的车型）
35	2	VehicleColor	车牌颜色
37	1	VehicleVehUserType	车辆用户类型
38	8	ICCardProviderID	发卡方标识
46	1	ICCardType	卡片类型
47	1	ICCardVer	卡片版本号
48	2	ICCNetID	卡片路网编号
50	8	CPUCardID	CPU 卡内部编号
58	4	UNIXTime	交易日期及时间（UNIX 时间）
62	6	TerminalNumber	终端编号
68	4	TerminalTranNo	终端交易序号
72	2	TranNo	用户卡交易序号
74	1	TranType	交易类型标识
75	4	TAC	TAC

B.7.4 确认交易信息返回指令（B1）

确认交易信息返回指令，见表 1.B-7。

确认交易信息返回指令 表 1.B-7

位　置	字节数	数　据　元	数 据 内 容
0	1	Status	Status 为 0 时，信息接收成功；为 1 时，信息接收失败。超时时间为 1s

B.8 异常交易

车辆通过 ETC 车道，如不能在有效的 DSRC 通信区域内完成正常交易，车道计算机应能自动产生报警信号、电动栏杆处于关闭状态及保存抓拍图像，提示出错原因。进行人工干预处理，解决该笔异常交易后，方可进入下一辆车的 ETC 交易，同时车道计算机保存该笔异常交易的记录，以备后查。

附录C　全国高速公路电子不停车收费联网省（区、市）界站ETC车道监测评价系统参与方接口设计

C.1　传输规则

C.1.1　方式

通过 SFTP，各省（区、市）清分方将文件发送给部联网中心。

每天各省（区、市）发送且仅发送一个文件。

C.1.2　命名

文件应以 ZIP 格式进行压缩。未压缩的文件扩展名为“.xml”，压缩后的扩展名为“.zip”。

文件名本身的命名规则为：

发送方 ID +“_”+ 文件类型 + YYYYMMDD。

其中，YYYYMMDD 是报告日期，对于省（区、市）界站监测信息，文件类型为 1。

如北京清分 2014 年 9 月 1 日向部清分发送文件为：

9999999911020001_1_20140901.zip。

C.1.3　内容

每天向部联网中心发送的消息文件中包含每条车道的工作状态，包括如下内容：

（1）交易统计信息：包含交易次数、成功交易次数、无标签车数量等。

（2）黑名单更新信息：各个发行方发布的黑名单的版本和车道接收的时间。

（3）车道工作时间信息：开放时长、开放 / 关闭时间。

C.2　消息说明

C.2.1　应用范围

由公路收费方经各省（区、市）清分方向部清分发送车道状态数据，包含成功的与不成功的交易统计、名单更新历史和车道开、关道历史。

消息发送方向，如图 1.C-1 所示。

图 1.C-1 中深灰底色的节点是消息的产生方。

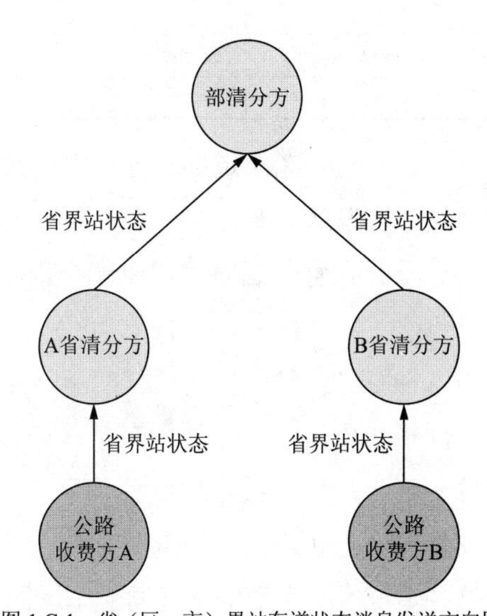

图 1.C-1　省（区、市）界站车道状态消息发送方向图

C.2.2　消息头

省（区、市）界站车道状态消息头属性说明，见

表 1.C-1。

省（区、市）界站车道状态消息头属性说明 表 1.C-1

名　称	数据类型	取值或说明
MessageClass	Int	5，Notification
MessageType	Int	31，Lane State

C.2.3 消息内容

1）Header

Header 的结构同国家中心与各省中心之间消息中的 Header 结构相同，不再说明。

2）Body

省（区、市）界站车道状态消息内容结构，如图 1.C-2 所示。

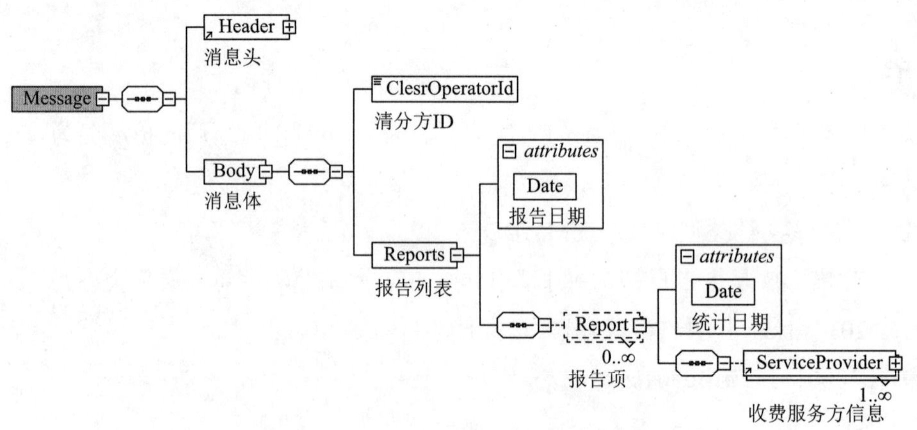

图 1.C-2 省（区、市）界站车道状态消息内容结构图

车道状态信息中，Body 的各个子节点说明，见表 1.C-2。

省界站车道状态消息 body 属性说明 表 1.C-2

名　称	数据类型	取值或说明
ClearOperatorId	Hex（16）	省中心编码
Reports		当前消息文件中包含的一组统计报告的节点。每个统计报告项包含一天的统计数据
Reports.Date	Date	报告日期，即报告的发送日期。如 1 月 10 日发送的消息，则报告日期为 1 月 10 日。其包含的统计报告项的日期均早于 1 月 10 日
Report		统计报告项，一个统计报告项包含一天的统计信息
Report.Date	Date	统计日期
ServiceProvider		收费服务方信息，后文详述

每日针对每条车道的统计信息必须是完整的，不能一部分在第一天发送，而剩下部分在后续的某一（几）天发送。即针对单条车道的日统计信息必须完整、一次性发送。

由于存在意外延时，所以一个消息文件中可能包含多个统计报告项。例如，1 月 10 日的消息中，可以包含 1 月 9 日、1 月 8 日、1 月 6 日的统计信息（日期不必连续）。在通信等外部因素均正常时，1 月 10 日的报告消息中，应只有 1 月 9 日的统计信息，因为其他信息均已按日传送。

同样，由于延时等原因，某些车道的统计信息可能迟于其他车道上传到路段中心及省（区、市）清分中心，所以，某日的统计信息可能出现在多个消息中。例如，1 月 8 日的统计信息大多数通过 1 月 9 日的消息传送，而小部分分别在 1 月 11 日和 12 日发送（假设 10 日时仍未收到未传的数据）。出现这种情况时，系统需保证同一车道同一日的统计信息必须保持完整，不能出现在多个消息中。

只有在当日没有省（区、市）内任何路方信息时 Reports 下才可以没有任何 Report 节点。例如，由于通信等原因，在 1 月 10 日生成并发送省界站信息时，没有任何路方的记录，则 Reports 下没有 Report 节点。

示例见 ServiceProvider。

3）ServiceProvider

收费服务方信息结构，如图 1.C-3 所示。收费服务方信息属性说明，见表 1.C-3。

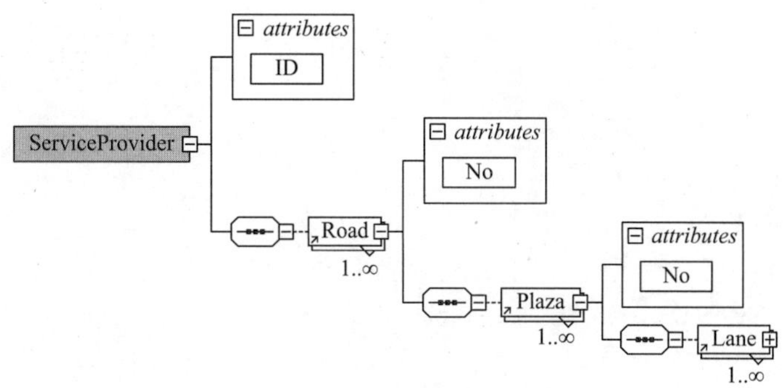

图 1.C-3　收费服务方消息结构图

收费服务方信息属性说明　　表 1.C-3

名　称	数据类型	取值及说明
ServiceProvider.ID	Hex（16）	公路收费方 ID，表示消息包中的交易是由哪个公路收费方产生的
Road		路网信息
Road.No	Long	路网编号
Plaza		收费站 / 广场信息
Plaza.No	Long	收费站 / 广场编号
Lane		车道信息，后文详述

如果由于通信延迟等原因，在生成消息时未收到某公路收费方（或某路网、收费站 / 广场、车道）的信息时，可以不包含对应的信息。这些信息在传送到省（区、市）清分中心后随后续的消息发送。

例如，某省有两个公路收费方，每个公路收费方各有一个路网，每个路网有一个收费站，每个收费站有两条车道。1 月 10 日生成消息时，省清分中心只收到 1 月 9 日一个公路收费方的统计信息，且统计信息中缺少一条车道的统计信息；1 月 11 日生成消息时，除收到 1 月 10 日全部统计信息外，还收到了 1 月 9 日未收到的统计信息，则该省 1 月 10 日的消息如下（消息中的注释仅是对细节的说明，在生成消息时不必生成）：

```
<Message>
    <Header>……</Header>
    <Body>
        <ClearOperatorId>9999999912345678</ClearOperatorId>
        <!-- 标记为1月10日上传的消息 -->
        <Reports Date="2014-01-10">
            <!-- 包含1月9日的统计 -->
            <Report Date="2014-01-09">
                <!-- 只有一个公路收费方一条车道的数据 -->
            <ServiceProvider ID="9999999912340001">
                <Road No="12">
```

```
                        <Plaza No=”1201”>
                            <Lane No=”120101” Type=”2”>……</Lane>
                        </Plaza>
                    </Road>
                </ServiceProvider>
            </Report>
        </Reports>
    </Body>
</Message>
```

1 月 11 日的消息如下：

```
<Message>
    <Header>……</Header>
    <Body>
    <ClearOperatorId>9999999912345678</ClearOperatorId>
    <!-- 标记为1月11日上传的消息 -->
    <Reports Date=”2014-01-11”>
        <!-- 包含1月9日在10日未上传的统计 -->
        <Report Date=”2014-01-09”>
            <ServiceProvider ID=”9999999912340001”>
                <Road No=”12”>
                    <Plaza No=”1201”>
                        <!-- 未上传车道的统计 -->
                        <Lane No=”120102” Type=”2”>……</Lane>
                    </Plaza>
                </Road>
            </ServiceProvider>
    <!-- 未上传公路收费方的统计 -->
 <ServiceProvider ID=”9999999956780001”>
                <Road No=”56”>
                    <Plaza No=”5601”>
                        <Lane No=”560101” Type=”2”>……</Lane>
                        <Lane No=”560102” Type=”2”>……</Lane>
                    </Plaza>
                </Road>
            </ServiceProvider>
    </Report>
    <!-- 包含1月10日的完整统计 -->
 <Report Date=”2014-01-10”>
    <ServiceProvider ID=”9999999912340001”>
        <Road No=”12”>
            <Plaza No=”1201”>
                <Lane No=”120101” Type=”2”>……</Lane>
                <Lane No=”120102” Type=”2”>……</Lane>
```

```
                </Plaza>
            </Road>
        </ServiceProvider>
<ServiceProvider ID="9999999956780001">
            <Road No="56">
                <Plaza No="5601">
                        <Lane No="560101" Type="2">……</Lane>
                        <Lane No="560102" Type="2">……</Lane>
                </Plaza>
            </Road>
        </ServiceProvider>
      </Report>
   </Reports>
 </Body>
</Message>
```

4）Lane

车道统计信息结构，如图 1.C-4 所示。车道统计信息属性说明，见表 1.C-4。

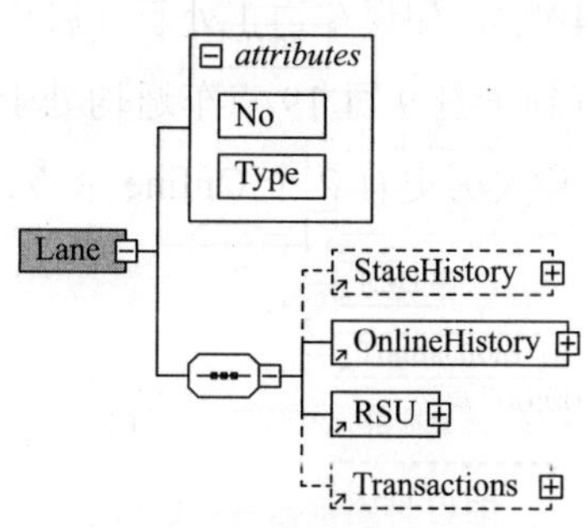

图 1.C-4　车道统计信息结构图

车道统计信息属性说明　　表 1.C-4

名　称	数据类型	取值及说明
Lane.No	Int	车道号
Lane.Type	Short	1：合建站入口；2：合建站出口；3：自建站入口；4：自建站出口
StateHistory		状态名单更新历史，后文详述
OnlineHistory		车道开关历史信息，后文详述
RSU		RSU 信息，后文详述
Transactions		交易信息，后文详述

只有当天未收到任何黑名单时才可省略 StateHistory 节点。

当某车道在统计周期内完全关闭，或没有任何 OBU 交易（无论成功或失败）时，才可省略 Transactions 节点。

5）StateHistory

状态名单历史信息的结构，如图 1.C-5 所示。状态名单历史信息属性说明，见表 1.C-5。

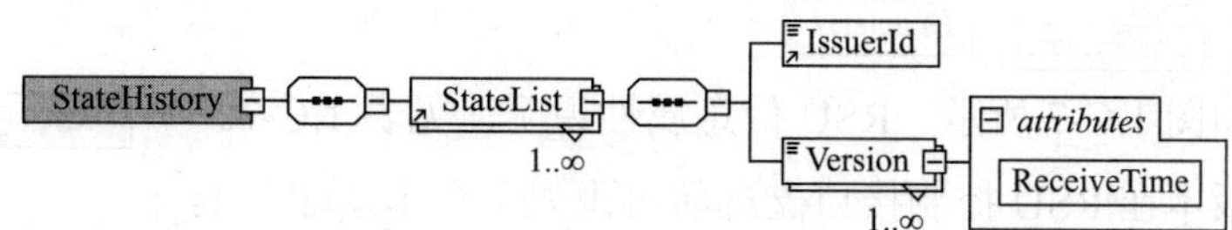

图 1.C-5　状态名单历史信息结构图

状态名单历史信息属性说明　　表 1.C-5

名　称	数据类型	取值及说明
StateList		黑名单项，车道接收的黑名单应按发行方分组，同组的归入同一黑名单项
IssuerId	Hex（16）	黑名单项的发行方编码
Version	Int	版本号，即各发行方向国家中心发送的黑名单的版本号 在一天内，可能接收到同一发行方的多个黑名单，因此，版本号可能出现多次。Version 节点应按接收时间排序
ReceiveTime	DateTime	对应版本的接收时间

6）OnlineHistory

车道开关历史信息结构，如图 1.C-6 所示。车道开关历史信息属性说明，见表 1.C-6。

车道开关时间主要有两个来源：日期切换和上 / 下班。

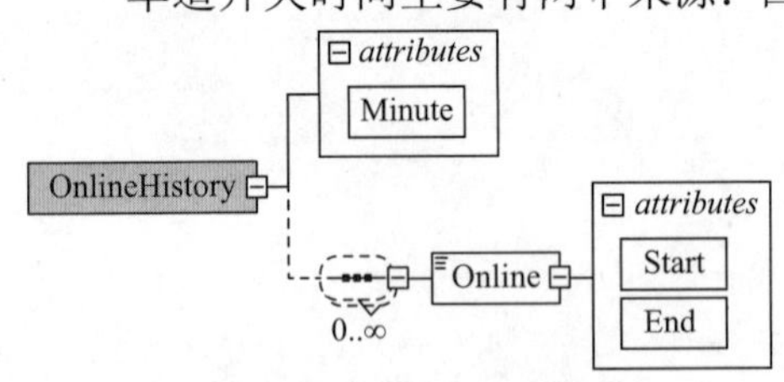

图 1.C-6　车道开关历史信息结构图

当收费员上 / 下班或系统自动上 / 下班时，就可能产生车道开启及关闭信息，形成一个 Online 节点。如果上 / 下班操作的时间间隔小于 1min，则忽略该组事件，认为通行服务没有中断，不生成 Online 节点。否则，必须生成对应的 Online 节点。

当每天开始（0 点）及结束时（24 点），如果车道正处于开启状态，则应该生成相应的 Online 节点。

例如，从 1 月 8 日 18 点开始一直到 1 月 9 日 19 点车道均处于开启状态，关闭 1h 后再次开启直到 1 月 11 日 3 点，则 1 月 9 日该车道的开关历史有 2 个 Online 节点：

```
<OnlineHistory Minute=”1380”>
    <Online Start=”00:00:00” End=”19:00:00” />
<Online Start=”20:00:00” End=”24:00:00” />
</OnlineHistory>
```

车道开关历史信息属性说明　　表 1.C-6

名　称	数据类型	取值及说明
Minute	Short	车道开启分钟数，大于或等于 0，小于或等于 1440，统计周期为自然日，即从 0 点到 24 点
Online		开 / 关道时间信息： 当车道全天关闭或全天开启，即 Minute 为 0 或 1440 时，OnlineHistory 下省略 Online 节点； Minute 为其他值时，Online 节点需根据实际情况出现至少 1 次
Start	Time	车道开启时间，精确到秒，如 12：34：56 表示从该时间（含）开始，即开启时间大于或等于 12：34：56
End	Time	车道关闭时间，精确到秒，如 12：34：56 表示在该时间（不含）结束，即关闭时间早于 12：23：56

第一个 Online 节点的 Start 和第二个 Online 节点的 End 是系统根据日期切换自动生成的。

因为 1 月 10 日该车道整日开启，所以其开关历史中没有 Online 节点：

```
<OnlineHistory Minute=”1440” />
```

7）RSU

RSU 信息结构，如图 1.C-7 所示。RSU 信息属性说明，见表 1.C-7。

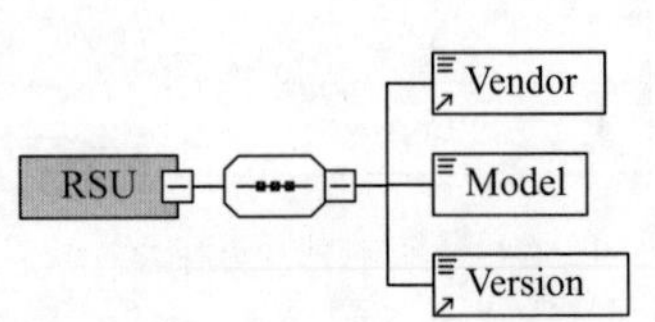

图 1.C-7　RSU 信息结构图

RSU 型号及软件版本在 RSU 控制接口支持前可由人工在车道配置或暂时直接设为空字符串。

厂商代码从 RSU 返回的 BeaconID 中可以取得。

RSU 信息属性说明　　表 1.C-7

名　称	数据类型	取值及说明
Vendor	Short	RSU 厂商代码，见 ITSC 定义
Model	String	RSU 型号
Version	String	RSU 软件版本

8）Sum

Sum 节点将在 Transactions 中多次引用，因此在此处说明。Sum 节点结构，如图 1.C-8 所示。

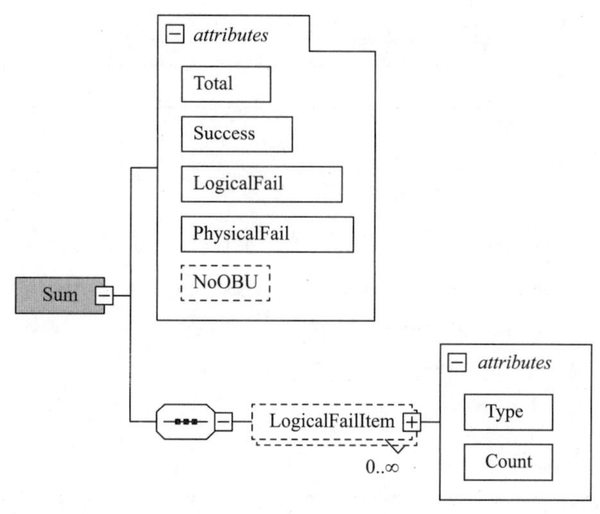

图 1.C-8　Sum 节点结构图

Sum 节点包含 5 个属性和一组下级节点。5 个属性的定义，见表 1.C-8。

Sum 节点属性说明　　表 1.C-8

名　称	数据类型	取值及说明
Total	Int	总交易数量 = Success + LogicalFail + PhysicalFail + NoOBU
Success	Int	成功的交易数量
LogicalFail	Int	逻辑失败数量，如无 CPU 卡、挂失、透支等逻辑原因导致交易失败
PhysicalFail	Int	正常执行写卡等操作但最终交易失败的数量
NoOBU	Int	无标签（或漏读）车数量，如果为 0 则省略该节点

如果 LogicalFail 大于 0，则在 Sum 节点下应有一组 LogicalFailItem 节点，说明不同原因造成的逻辑失败数量。

LogicalFailItem 各字段说明，见表 1.C-9。

LogicalFailItem 节点属性说明　　表 1.C-9

名　称	数据类型	取值及说明
LogicalFailItem		根据不同逻辑失败原因分类的统计项，如果某类逻辑失败数量为 0，则不必出现。因此，如果 LogicalFail 为 0，则没有任何 LogicalFailItem 节点
Type	Short	逻辑失败类型
Count	Int	当前逻辑失败类型的数量。所有 LogicalFailItem.Count 之和等于 LogicalFail

以上所有数量相关的字段值均大于或等于 0。

逻辑失败类型定义，见表 1.C-10。

逻辑失败类型定义　　表 1.C-10

取　值	说　明	取　值	说　明
1	余额不足	12	无入口信息
2	防拆失效	13	标签无卡
4	OBU 禁用	14	IC 卡发行方无效
5	IC 卡禁用	15	OBU 发行方无效
6	OBU 有效期过期	16	查询不到费率
7	IC 卡有效期过期	18	IC 卡挂失
8	OBU 尚未启用	19	OBU 挂失
9	IC 卡尚未启用	20	邻道干扰
10	从进入路网到离开路网超时	99	其他
11	闯关		

示例如下：

<Sum Total="20" Success="17" LogicalFail="0" PhysicalFail="3" />

上面的例子是没有无标签车辆和逻辑失败的情况。下面的例子是有无标签车辆和逻辑失败的情况。

<Sum Total="20" Success="10" LogicalFail="3" PhysicalFail="3" NoOBU="4">

　　<LogicalFailItem Type="1" Count="2" /><!-- 余额不足 -->

　　<LogicalFailItem Type="16" Count="1" /><!--查询不到费率 -->

</Sum>

9）Transactions

交易统计信息结构，如图 1.C-9 所示。交易统计信息属性说明，见表 1.C-11。

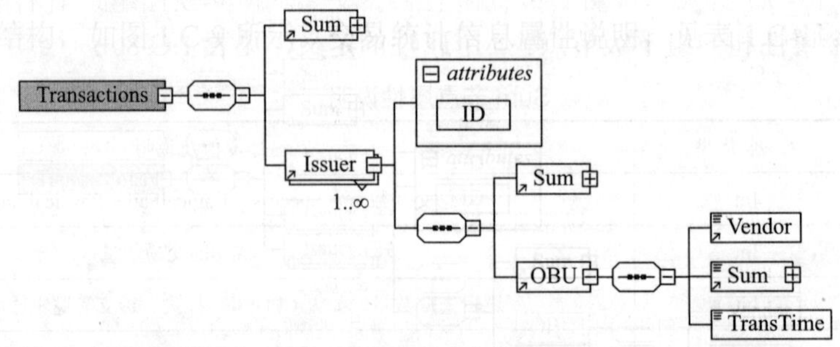

图 1.C-9　交易统计信息结构图

交易统计信息属性说明　　表 1.C-11

名　称	数 据 类 型	取值及说明
Transactions.Sum		当前车道的交易统计信息
Issuer		按 OBU 发行方分组的交易信息
Issuer.ID	Hex（16）	发行方编码
Issuer.Sum		该发行方发行的 OBU 的交易统计信息，NoOBU 节点一直被省略
Issuer.OBU		当前发行方发行的不同厂商的 OBU 统计信息
OBU.Vender	Short	OBU 厂商信息应与 OBU 的 MAC 地址编码中的制造商代码一致
OBU.Sum		该厂商 OBU 在当前车道的交易统计信息，NoOBU 节点一直被省略
OBU.TransTime	Int	成功交易的平均交易时间，单位为 ms

所有按 OBU 发行方分组统计的 Sum 之和应等于当前发行方（Issuer）的 Sum；所有发行方的 Sum 之和应等于车道的 Sum（除 NoOBU 外）。

附录D　全国高速公路电子不停车收费联网用户卡、ESAM文件结构和数据定义

D.1　用户卡文件结构和数据定义

D.1.1　用户卡文件结构

D.1.1.1　文件结构图

所有用户卡必须建立以下文件，结构见图 1.D-1。

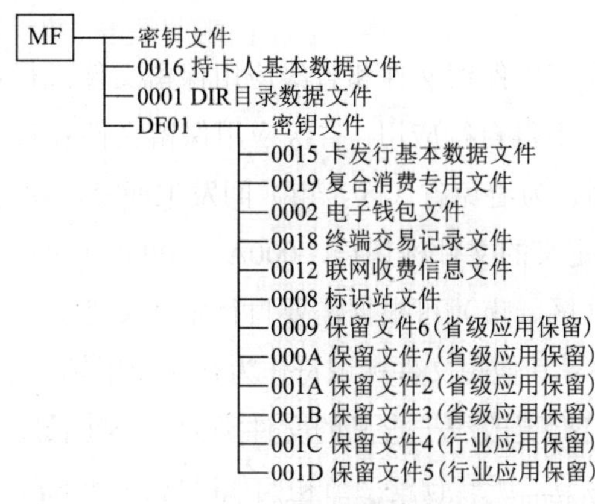

图 1.D-1　用户卡文件结构图

D.1.1.2　文件结构说明

用户卡详细文件结构说明，见表 1.D-1。

用户卡详细文件结构　　表 1.D-1

文件名称	文件类型	文件标识符	读权	写权	备注
MF	主文件	3F00	建立权：MK$_{_MF}$		厂商交货时已经建立
密钥文件	密钥文件	—	禁止	增加密钥权：MK$_{_MF}$	禁止读，通过卡片主控密钥 MK$_{_MF}$ 采用密文 +MAC 方式写入密钥
持卡人基本数据文件	二进制文件	0016	自由	DAMK$_{_MF}$	自由读，写时使用卡片维护密钥 DAMK$_{_MF}$ 进行线路保护（明文 + MAC）
DIR 目录数据文件	变长记录	0001	自由	DAMK$_{_MF}$	自由读，写时使用卡片维护密钥 DAMK$_{_MF}$ 进行线路保护（明文 + MAC）
DF01 联网收费应用目录	目录文件	1001	建立权 MK$_{_MF}$	擦除权 MK$_{_MF}$	卡片主控密钥 MK$_{_MF}$ 认证通过后可以建立和擦除文件
密钥文件	密钥文件	—	禁止	增加密钥权 MK$_{_DF01}$	禁止读，通过应用主控密钥 MK$_{DF01}$ 采用密文 +MAC 方式写入密钥
卡片发行基本数据文件	二进制文件	0015	自由	DAMK$_{_DF01}$	自由读，写时使用应用维护密钥 DAMK$_{DF01}$ 进行线路保护（明文 + MAC）
联网收费复合消费过程文件	变长记录文件	0019	自由	DAMK$_{_DF01}$	自由读，写时使用应用维护子密钥 DAMK$_{DF01}$ 线路保护（明文 + MAC）或 UPDATE CAPP DATA CACHE 方式写
电子钱包文件	专用钱包	0002	自由	COS 维护	读写权限与状态寄存器无关；自由读；消费子密钥 DPK 认证后可进行扣款；圈存子密钥 DLK 认证后可充值

续上表

文件名称	文件类型	文件标识符	读权	写权	备注
终端交易记录文件	循环文件	0018	PIN	不可写 COS 维护	PIN 验证通过后可读
联网收费信息文件	二进制文件	0012	自由	$UK_{\_DF01}$	自由读，外部认证 $UK_{\_DF01}$ 通过后可以写，无线路保护
标识站文件	二进制文件	0008	自由	$UK_{\_DF01}$	外部认证 $UK_{\_DF01}$ 通过后可以写，无线路保护
保留文件 6	二进制文件	0009	自由	自由	自由读，自由写
保留文件 2	变长记录文件	001A	自由	$DAMK_{\_DF01}$	自由读，写时使用应用维护子密钥 $DAMK_{\_DF01}$ 线路保护（明文＋MAC）或 UPDATE CAPP DATA CACHE 方式写
保留文件 3	变长记录文件	001B	自由	$UK_{\_DF01}$	外部认证 $UK_{\_DF01}$ 通过后可以写，无线路保护
保留文件 4	二进制文件	001C	自由	$UK_{\_DF01}$	外部认证 $UK_{\_DF01}$ 通过后可以写，无线路保护
保留文件 5	二进制文件	001D	自由	$UK_{\_DF01}$	外部认证 $UK_{\_DF01}$ 通过后可以写，无线路保护

D.1.1.3 应用要求

（1）所有保留文件分为行业应用保留文件和省级应用保留文件，行业应用保留文件作为将来行业统一定义使用，各省（区、市）不得自行应用；省级应用保留文件各省（区、市）应严格按照要求建立，并可根据需要自行选择使用，为避免省（区、市）间发生冲突，使用前应向部路网中心报备。

（2）DF01 应用目录下尚未定义的文件标识符，000A ～ 000F（对应短文件标识符为 0A ～ 0F）作为省级自定义应用保留，各省（区、市）可根据需要自行定义文件类型、空间长度和操作权限等并使用，并应提前向部路网中心报备；其他短文件标识符作为行业应用保留，各省（区、市）不得应用。

（3）各省（区、市）不得自行更改统一定义的文件类型、空间长度和操作权限等，同时不得自行定义和使用文件中的行业预留字节，所有预留字节初始化时应写为 0xFF。

（4）MF 文件下的应用目录文件标识符，1002 ～ 100F（DF02 ～ DF0F）作为省级应用保留，各省（区、市）可根据需要建立和使用。其他应用目录文件标识符作为行业应用保留，各省（区、市）不得自行使用。对于有需要拓展使用应用目录文件的省（区、市），应提前向部路网中心报备。

（5）考虑到各省（区、市）不同的应用扩展，将保留文件 2（001A）作为省级应用保留文件。用于实现各省（区、市）对所有的卡片（包含外省（区、市））进行读写操作，通过复合消费指令完成，以变长记录的形式保存。其中复合应用类型标识符指定为各省（区、市）行政区划代码，以区分各省（区、市）的不同应用。各省（区、市）在卡片初始化时应提前为全国 34 个省（区、市）建立标识记录。

（6）考虑到各省（区、市）不同的应用扩展，将保留文件 3（001B）作为省级保留文件。用于实现各省（区、市）对所有的卡片（包含外省（区、市））进行读写操作，通过外部认证完成，以变长记录的形式保存。其中应用类型标识符指定为各省（区、市）行政区划代码，以区分各省（区、市）的不同应用。各省（区、市）在卡片初始化时应提前为全国 34 个省（区、市）建立标识记录。

（7）考虑到部分省（区、市）对路径精确标识的需求，启用全国统一预留文件中的 0008 文件作为标识站应用文件，供实施路径精确标识的省（区、市）使用。

（8）保留文件 4（001C）、保留文件 5（001D）为行业应用保留文件，可通过外部认证完成写入，各省（区、市）不得自行使用。

（9）针对本次全国联网，增加保留文件 6（0009），作为省级应用保留文件。

（10）用户卡文件结构的技术解释由交通运输部公路科学研究院负责。

D.1.2　数据文件说明

D.1.2.1　MF 文件下密钥文件

MF 文件下密钥文件结构，见表 1.D-2。

MF 下密钥文件结构　表 1.D-2

密钥名称	密钥标识	密钥大小	错误计数器
卡片主控密钥 $MK_{\_MF}$	00	10H	3
卡片维护密钥 $DAMK_{\_MF}$	01	10H	3

密钥用途与用法：

（1）制造主密钥外部认证通过后，使用密钥更新命令将其替换成卡片主控密钥。

（2）卡片主控密钥在自身的控制下更新（密文 +MAC）。

（3）卡片主控密钥外部认证通过后，可在卡片 MF 下进行文件创建（创建持卡人基本数据文件、DIR 目录数据文件等），并可以对 MF 下密钥文件进行更新。

（4）卡片维护子密钥在卡片主控密钥线路保护控制下装载、更新。

（5）卡片维护子密钥用于 MF 区域的应用数据（持卡人数据文件）维护，持卡人数据文件在卡片维护密钥的安全报文方式下（线路保护）写。

（6）卡片 DF01 下密钥文件的应用主控密钥在卡片主控密钥的线路保护控制下装载（密文 +MAC）。

D.1.2.2　DF01 联网收费应用目录下密钥文件

DF01 联网收费应用目录下密钥文件，见表 1.D-3。

DF01 联网收费应用目录下密钥文件　表 1.D-3

密钥名称	密钥标识	密钥大小	算法标识	错误计数器
应用主控密钥 $MK_{\_DF01}$	00	10H	00	3
应用维护子密钥 $AMK_{\_DF01}$	01	10H	00	3
内部认证子密钥 $IK_{\_DF01}$	00	10H	00	—
外部认证子密钥 $UK_{\_DF01}$	01	10H	00	3
消费子密钥 1 DPK1	01	10H	00	—
消费子密钥 2 DPK2	02	10H	00	—
圈存子密钥 1 DLK1	01	10H	00	—
圈存子密钥 2 DLK2	02	10H	00	—
TAC 子密钥 DTK	00	10H	00	—
应用 PIN	00	06H	—	3
应用 PIN 解锁子密钥 $DPUK_{\_DF01}$	00	10H	00	3
应用 PIN 重装子密钥 $DRPK_{\_DF01}$	01	10H	00	3

说明：

（1）应用主控密钥在卡片主控密钥的线路保护控制下装载（密文 +MAC）。

（2）应用主控密钥在自身的控制下更新（密文 +MAC）。

（3）本密钥文件下其他密钥在应用主控密钥的线路保护控制下装载、更新（密文 +MAC）。

（4）应用主控密钥外部认证通过后，可以在 DF01 目录下进行文件创建（密钥文件、卡片发行基本数据文件、联网收费信息文件、钱包文件、终端交易记录文件、保留文件等）。

（5）应用维护子密钥用于 DF01 区域的应用数据维护。

（6）内部认证子密钥用于终端设备验证卡片的合法性。

（7）外部认证子密钥认证通过后可对 DF01 下的联网收费信息文件、保留文件等进行更新。

（8）消费子密钥用于扣款认证操作，圈存子密钥用于充值认证操作，TAC 子密钥用于交易成功后产生 TAC 交易认证码。

（9）应用 PIN 为个人口令密钥，用于钱包充值及读取终端交易记录，PIN 码统一设为 ASC II码“123456”。

D.1.2.3　持卡人基本数据文件

持卡人基本数据文件结构，见表 1.D-4。

持卡人基本数据文件结构　表 1.D-4

文件标识符	0016		
文件类型	二进制文件		
文件主体空间	55 字节		
操作权限	自由读，DAMK_MF 线路保护写（明文 +MAC）		
字节	数据元	长度（字节）	说明
1	持卡人身份标识	1	自定义
2	本系统职工标识	1	自定义
3～22	持卡人姓名	20	持卡人姓名，编码见 GB 2312
23～54	持卡人证件号码	32	持卡人证件号码
55	持卡人证件类型	1	见《收费公路联网收费技术要求》

D.1.2.4　卡片发行基本数据文件

卡片发行基本数据文件结构，见表 1.D-5。

卡片发行基本数据文件结构　表 1.D-5

文件标识符	0015		
文件类型	二进制文件		
文件主体空间	50 字节		
操作权限	自由读，DAMK_DF01 线路保护写（明文 +MAC）		
字节	数据元	长度（字节）	说明
1～8	发卡方标识	8	发卡方唯一标识，编码方式见《收费公路联网电子不停车收费技术要求》第二部分“1 关键信息编码”
9	卡片类型	1	编码方式见《收费公路联网收费技术要求》表 4.3
10	卡片版本号	1	高 4 位：行业统一定义； 低 4 位：由各省根据需要自定义
11～12	卡片网络编号	2	编码方式见《收费公路联网电子不停车收费技术要求》第二部分“1 关键信息编码”，如上海：3101
13～20	用户卡内部编号	8	编码方式见《收费公路联网电子不停车收费技术要求》第二部分“1 关键信息编码”
21～24	启用时间	4	格式：CCYYMMDD
25～28	到期时间	4	格式：CCYYMMDD
29～40	车牌号码	12	全牌照（汉字＋字母＋数字）信息，采用字符型存储，汉字采用 GB2312 码，如：“京”编码为“BEA9”； 牌照信息不足 12 字节，后补 0x00
41	用户类型	1	见 GB/T 20851.4 P20
42	车牌颜色	1	0x00：蓝色；0x01：黄色；0x02：黑色；0x03：白色；0x04～0xFF 保留
43	车型	1	车型，编码方式见《收费公路联网收费技术要求》表 4.3
44～46	预留	3	行业应用保留
47～50	预留	4	省（区、市）内自定义应用

说明：

（1）依照本文件发行的卡片，版本高 4 位统一定义为“4”。

（2）省（区、市）内不得自行扩展该文件长度。

D.1.2.5　联网收费复合消费过程文件

联网收费复合消费过程文件结构，见表 1.D-6。

联网收费复合消费过程文件结构　表 1.D-6

文件标识符	0019		
文件类型	变长记录文件		
文件大小	576 字节		
操作权限	自由读，写时使用应用维护子密钥 DAMK_DF01 线路保护（明文 + MAC）或 UPDATE CAPP DATA CACHE 方式写		
字节	数据元	长度（字节）	说明
记录一：收费公路 ETC 专用记录（43 字节）			
1	复合应用类型标识符	1	为了使卡片在全国范围内通用，需要统一该标识，指定为固定值 0xAA
2	记录长度	1	0x29
3	应用锁定标志	1	0x00: 未锁定；0x01: 已锁定；其他值：保留
4 ～ 5	入 / 出口收费路网号	2	见《收费公路联网收费技术要求》表 4.3
6 ～ 7	入 / 出口收费站号	2	见《收费公路联网收费技术要求》表 4.3
8	入 / 出口收费车道号	1	见《收费公路联网收费技术要求》表 4.3
9 ～ 12	入 / 出口时间	4	UNIX 时间①
13	车型	1	见《收费公路联网收费技术要求》表 4.3
14	入出口状态	1	见《收费公路联网收费技术要求》表 4.3
15 ～ 23	预留	9	由省（区、市）内自定义应用
24 ～ 26	收费员工号	3	二进制方式存放入口员工号后六位
27	入 / 出口班次	1	MTC 车道收费班次
28 ～ 39	车牌号码	12	见《收费公路联网收费技术要求》
40 ～ 43	预留	4	收费公路 ETC 预留
预留字节			
预留应用记录 1（43 字节）			
1	复合应用类型标识符	1	为了使卡片在全国范围内通用，需要统一该标识，指定为固定值 0xB1
2	记录长度	1	0x29
3	应用锁定标志	1	0x00: 未锁定；0x01: 已锁定；其他值：保留
4 ～ 43	记录内容	40	
预留应用记录 2（43 字节）			
1	复合应用类型标识符	1	为了使卡片在全国范围内通用，需要统一该标识，指定为固定值 0xB2
2	记录长度	1	0x29
3	应用锁定标志	1	0x00: 未锁定；0x01: 已锁定；其他值：保留
4 ～ 43	记录内容	40	
预留应用记录 3（43 字节）			
1	复合应用类型标识符	1	为了使卡片在全国范围内通用，需要统一该标识，指定为固定值 0xB3
2	记录长度	1	0x29
3	应用锁定标志	1	0x00: 未锁定；0x01: 已锁定；其他值：保留
4 ～ 43	记录内容	40	

续上表

字节	数据元	长度（字节）	说明
预留应用记录 4（43 字节）			
1	复合应用类型标识符	1	为了使卡片在全国范围内通用，需要统一该标识，指定为固定值 0xB4
2	记录长度	1	0x29
3	应用锁定标志	1	0x00: 未锁定；0x01: 已锁定；其他值：保留
预留应用记录 5（43 字节）			
1	复合应用类型标识符	1	为了使卡片在全国范围内通用，需要统一该标识，指定为固定值 0xB5
2	记录长度	1	0x29
3	应用锁定标志	1	0x00: 未锁定；0x01: 已锁定；其他值：保留
4～43	记录内容	40	
预留应用记录 6（63 字节）			
1	复合应用类型标识符	1	为了使卡片在全国范围内通用，需要统一该标识，指定为固定值 0xC1
2	记录长度	1	0x3D
3	应用锁定标志	1	0x00: 未锁定；0x01: 已锁定；其他值：保留
4～63	记录内容	60	
预留应用记录 7（63 字节）			
1	复合应用类型标识符	1	为了使卡片在全国范围内通用，需要统一该标识，指定为固定值 0xC2
2	记录长度	1	0x3D
3	应用锁定标志	1	0x00: 未锁定；0x01: 已锁定；其他值：保留
4～63	记录内容	60	
预留应用记录 8（96 字节）			
1	复合应用类型标识符	1	为了使卡片在全国范围内通用，需要统一该标识，指定为固定值 0xD1
2	记录长度	1	0x5E
3	应用锁定标志	1	0x00: 未锁定；0x01: 已锁定；其他值：保留
4～96	记录内容	93	
预留应用记录 9（96 字节）			
1	复合应用类型标识符	1	为了使卡片在全国范围内通用，需要统一该标识，指定为固定值 0XD2
2	记录长度	1	0x5E
3	应用锁定标志	1	0x00: 未锁定；0x01: 已锁定；其他值：保留
4～96	记录内容	93	

注：① UNIX 时间是 UNIX 或类 UNIX 系统使用的时间表示方式，从格林威治标准时间 1970 年 1 月 1 日 0 时 0 分 0 秒起至现在的总秒数，不包括闰秒。

D.1.2.6 电子钱包文件

电子钱包文件结构，见表 1.D-7。

电子钱包文件结构 表 1.D-7

文件标识符	0002		
文件类型	钱包文件，循环记录		
文件主体空间	COS 自定义		
操作权限	自由读，写权 COS 维护		
字节	数据元	长度（字节）	说明
COS 自定义	金额	COS 自定义	电子钱包当前金额

D.1.2.7　终端交易记录文件

终端交易记录文件结构，见表 1.D-8。

终端交易记录文件结构　　表 1.D-8

文件标识符	0018		
文件类型	循环记录文件		
文件主体空间	记录长度为 23 字节，50 条交易记录		
操作权限	COS 管理，外部不可写，读取需要 PIN 验证		
字节	数据元	长度（字节）	说明
1～2	联机交易序号	2	用户卡内产生的交易流水号
3～5	透支限额	3	透支限额
6～9	交易金额	4	交易金额
10	交易类型标识	1	圈存；消费
11～16	终端机编号	6	通过网络标识的终端机唯一编码
17～20	交易日期	4	格式：CCYYMMDD
21～23	交易时间	3	格式：HHMMSS

D.1.2.8　联网收费信息文件

该文件为传统消费模式下的收费信息文件，在复合消费模式下无效，详细文件结构，见表 1.D-9。

联网收费信息文件结构　　表 1.D-9

文件标识符	0012		
文件类型	二进制文件		
文件主体空间	40 字节		
操作权限	自由读，外部认证 UK_DF01 通过后可写		
字节	数据元	长度（字节）	说明
1～2	入口收费路网号	2	
3～4	入口收费站号	2	
5	入口收费车道号	1	
6～9	入口时间	4	UNIX 时间
10	车型	1	
11	入出口状态	1	
12～20	标识站	9	
21～23	收费员工号	3	
24	入口班次	1	
25～36	车牌号码	12	
37～40	预留	4	

D.1.2.9　标识站应用文件

标识站文件的文件结构，见表 1.D-10。

标识站应用文件的文件结构　　表 1.D-10

文件标识符	0008		
文件类型	二进制文件		
文件主体空间	128 字节		
操作权限	自由读，外部认证通过后明文写		
字节	数据元	长度（字节）	说明
1～128	保留	128	保留的应用扩展数据单元

注：实施路径精确标识的省（区、市）收费车道入 / 出口应清除本文件内容。

D.1.2.10 保留文件 1

保留文件 1 的文件结构，见表 1.D-11。

保留文件 1 的文件结构　表 1.D-11

文件标识符	0009		
文件类型	二进制文件		
文件主体空间	512 字节		
操作权限	自由读，自由写		
字节	数据元	长度（字节）	说明
1 ～ 512	保留	512	保留的应用扩展数据单元

D.1.2.11 保留文件 2

保留文件 2 的文件结构，见表 1.D-12。

保留文件 2 的文件结构　表 1.D-12

文件标识符	001A		
文件类型	变长记录文件		
文件大小	1024 字节		
操作权限	自由读，写时使用应用维护子密钥 DAMK$_{_DF01}$ 线路保护（明文 + MAC）或 UPDATE CAPP DATA CACHE 方式写		
字节	数据元	长度（字节）	说明
1	复合应用类型标识符	1	为了使卡片在全国范围内进行辨识，该标识指定为各省（区、市）行政区划代码，以区分各省（区、市）自定义应用，按照 GB/T 2260 编码，如北京市，编码为“11”
2	记录长度	1	
3	应用锁定标志	1	
4 ～ 30	记录内容	27	
31	复合应用类型标识符	1	天津市，编码为“12”
32	记录长度	1	
33	应用锁定标志	1	
34 ～ 60	记录内容	27	
……			依次建立各省（区、市）记录①
991	复合应用类型标识符	1	澳门特别行政区，编码为“82”
992	记录长度	1	
993	应用锁定标志	1	
994 ～ 1020	记录内容	27	
1021 ～ 1024	预留	4	

注：① 本文件应按以下顺序建立记录（省（区、市）名称，代码）：

（1）北京市，“11”；（2）天津市，“12”；（3）河北省，“13”；（4）山西省，“14”；（5）内蒙古自治区，“15”；（6）辽宁省，“21”；（7）吉林省，“22”；（8）黑龙江省，“23”；（9）上海市，“31”；（10）江苏省，“32”；（11）浙江省，“33”；（12）安徽省，“34”；（13）福建省，“35”；（14）江西省，“36”；（15）山东省，“37”；（16）河南省，“41”；（17）湖北省，“42”；（18）湖南省，“43”；（19）广东省，“44”；（20）广西壮族自治区，“45”；（21）海南省，“46”；（22）重庆市，“50”；（23）四川省，“51”；（24）贵州省，“52”；（25）云南省，“53”；（26）西藏自治区，“54”；（27）陕西省，“61”；（28）甘肃省，“62”；（29）青海省，“63”；（30）宁夏回族自治区，“64”；（31）新疆维吾尔自治区，“65”；（32）台湾省，“71”；（33）香港特别行政区，“81”；（34）澳门特别行政区，“82”。

D.1.2.12　保留文件 3

保留文件 3 的文件结构，见表 1.D-13。

保留文件 3 的文件结构　　表 1.D-13

文件标识符	001B		
文件类型	变长记录文件		
文件大小	1024 字节		
操作权限	自由读，外部认证 UK_DF01 通过后可以写，无线路保护		
字节	数据元	长度（字节）	说明
1	应用类型标识符	1	为了使卡片在全国范围内进行辨识，该标识指定为各省（区、市）行政区划代码，以区分各省（区、市）自定义应用，按照 GB/T 2260 编码，如北京市，编码为“11”
2	记录长度	1	
3	应用锁定标志	1	
4 ～ 30	记录内容	27	
31	复合应用类型标识符	1	天津市，编码为“12”
32	记录长度	1	
33	应用锁定标志	1	
34 ～ 60	记录内容	27	
……			依次建立各省（区、市）记录①
991	复合应用类型标识符	1	澳门特别行政区，编码为“82”
992	记录长度	1	
993	应用锁定标志	1	
994 ～ 1020	记录内容	27	
1021 ～ 1024	预留	4	

注：① 本文件应按以下顺序建立记录（省（区、市）名称，代码）：
（1）北京市，“11”；（2）天津市，“12”；（3）河北省，“13”；（4）山西省，“14”；（5）内蒙古自治区，“15”；（6）辽宁省，“21”；（7）吉林省，“22”；（8）黑龙江省，“23”；（9）上海市，“31”；（10）江苏省，“32”；（11）浙江省，“33”；（12）安徽省，“34”；（13）福建省，“35”；（14）江西省，“36”；（15）山东省，“37”；（16）河南省，“41”；（17）湖北省，“42”；（18）湖南省，“43”；（19）广东省，“44”；（20）广西壮族自治区，“45”；（21）海南省，“46”；（22）重庆市，“50”；（23）四川省，“51”；（24）贵州省，“52”；（25）云南省，“53”；（26）西藏自治区，“54”；（27）陕西省，“61”；（28）甘肃省，“62”；（29）青海省，“63”；（30）宁夏回族自治区，“64”；（31）新疆维吾尔自治区，“65”；（32）台湾省，“71”；（33）香港特别行政区，“81”；（34）澳门特别行政区，“82”。

D.1.2.13　保留文件 4

保留文件 4 的文件结构，见表 1.D-14。

保留文件 4 的文件结构　　表 1.D-14

文件标识符	001C		
文件类型	二进制文件		
文件主体空间	255 字节		
操作权限	读写（自由读，外部认证密钥认证通过后可写）		
字节	数据元	长度（字节）	说明
1 ～ 255	保留	255	保留的应用扩展数据单元

D.1.2.14　保留文件 5

保留文件 5 的文件结构，见表 1.D-15。

保留文件 5 的文件结构 表 1.D-15

文件标识符	001D		
文件类型	二进制文件		
文件主体空间	255 字节		
操作权限	读写（自由读，外部认证密钥认证通过后可写）		
字节	数据元	长度（字节）	说明
1 ～ 255	保留	255	保留的应用扩展数据单元

D.2 OBE-SAM 卡文件结构和数据定义

D.2.1 OBE-SAM 卡文件结构

D.2.1.1 文件结构图

所有 OBE-SAM 必须建立以下文件，结构如图 1.D-2 所示。

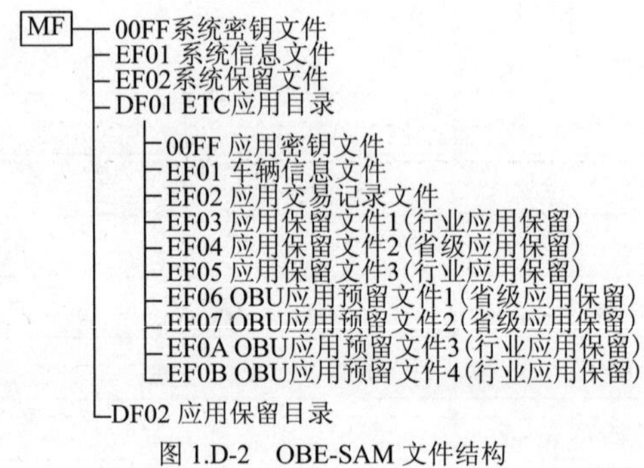

图 1.D-2 OBE-SAM 文件结构

D.2.1.2 文件结构说明

OBE-SAM 详细文件结构说明，见表 1.D-16。

OBE-SAM 详细文件结构 表 1.D-16

文件名称	文件类型	文件标识符	读权	写权	备注
MF	主文件	3F00	建立权：MK$_{MF}$		厂商交货时已经建立
密钥文件	密钥文件	—	禁止	增加密钥权：MK$_{MF}$	禁止读，通过卡片主控密钥 MK$_{MF}$ 采用密文+MAC 方式写入密钥
系统信息文件	二进制文件	EF01	自由	DAMK$_{MF}$	自由读，写时使用卡片维护密钥 DAMK$_{MF}$ 进行线路保护（明文 + MAC）
系统保留文件	二进制文件	EF02	自由	DAMK$_{MF}$	自由读，写时使用卡片维护密钥 DAMK$_{MF}$ 进行线路保护（明文 + MAC）
DF01 ETC 应用目录	目录文件	DF01	建立权 MK$_{MF}$	擦除权 MK$_{MF}$	卡主控密钥 MK$_{MF}$ 认证通过后可以建立和擦除文件
密钥文件	密钥文件	—	禁止	增加密钥权 MK$_{DF01}$	禁止读，通过应用主控密钥 MK$_{DF01}$ 采用密文+MAC 方式写入密钥
车辆信息文件	二进制文件	EF01	RK2$_{DF01}$ 线路保护	DAMK$_{DF01}$	RK2$_{DF01}$ 线路保护读，写时使用应用维护密钥 DAMK$_{DF01}$ 进行线路保护（明文 + MAC）
应用交易记录文件	循环定长记录文件	EF02	自由	自由	自由读，自由写
应用保留文件 1	二进制文件	EF03	自由	DAMK$_{DF01}$	自由读，写时使用应用维护密钥 DAMK$_{DF01}$ 进行线路保护（明文 + MAC）
应用保留文件 2	二进制文件	EF04	自由	自由	自由读，自由写
应用保留文件 3	二进制文件	EF05	认证读	DAMK$_{DF01}$	认证读，写时使用应用维护密钥 DAMK$_{DF01}$ 进行线路保护（明文 + MAC）

续上表

文件名称	文件类型	文件标识符	读权	写权	备　注
OBU 应用预留文件 1	二进制文件	EF06	自由	$DAMK_{\_DF01}$	自由读，写时使用应用维护密钥 $DAMK_{\_DF01}$ 进行线路保护（明文 + MAC）
OBU 应用预留文件 2	二进制文件	EF07	自由	自由	自由读，自由写
OBU 应用预留文件 3	二进制文件	EF0A	自由	认证写	自由读，外部认证 $UK_{\_DF01}$ 通过后可以写，无线路保护
OBU 应用预留文件 4	二进制文件	EF0B	自由	认证写	自由读，外部认证 $UK_{\_DF01}$ 通过后可以写，无线路保护

D.2.1.3　应用要求

（1）图 1.D-2 定义的所有保留文件分为行业应用保留文件和省级应用保留文件，行业应用保留文件作为将来行业统一定义使用，各省（区、市）不得自行应用；省级应用保留文件各省（区、市）应严格按照要求建立，并可根据需要使用，同时应向部路网中心报备。

（2）各省（区、市）不得自行更改统一定义的文件类型、空间长度和操作权限等，同时不得自行定义和使用文件中的行业预留字节，所有预留字节初始化时应写为 0xFF。

（3）MF 文件下的应用目录文件标识符，DF02 ～ DF0F 作为省级应用保留，各省（区、市）可根据需要建立和使用，并应提前向部路网中心报备；其他应用目录文件标识符作为行业应用保留，各省（区、市）不得自行使用。

（4）应用保留文件 1（EF03）和应用保留文件 3（EF05），作为行业应用保留文件，各省（区、市）自定义应用不得自行使用；应用保留文件 2（EF04）作为省级应用保留文件。

（5）OBU 应用预留文件 1（EF06）和 OBU 应用预留文件 2（EF07），作为省级应用保留文件。

（6）考虑到未来拓展应用，增加 OBU 应用预留文件 3（000A）和 OBU 应用预留文件 4（000B），作为行业应用保留文件，各省（区、市）自定义应用不得自行使用。

（7）OBE-SAM 文件结构的技术解释由交通运输部公路科学研究院负责。

D.2.2　数据文件说明

D.2.2.1　系统信息文件

系统信息文件详细说明，见表 1.D-17。

系统信息文件说明　　表 1.D-17

文件标识（FID）			‘EF01’
文件类型			二进制文件
文件大小			99 字节
读取：自由			写入：$DAMK_{\_MF}$ 线路保护（明文 + MAC）
字节	类型	长度（字节）	内容
1 ～ 8	cn	8	发行方标识，见《收费公路联网电子不停车收费技术要求》第二部分“1 关键信息编码”
9	cn	1	协约类型
10	cn	1	高 4 位：行业统一定义； 低 4 位：由各省根据需要自定义
11 ～ 18	cn	8	合同序列号
19 ～ 22	cn	4	合同签署日期 格式：CCYYMMDD
23 ～ 26	cn	4	合同过期日期 格式：CCYYMMDD
27	B	1	拆卸状态
28 ～ 99	an	72	预留

说明：

（1）依照本文件发行的OBE-SAM，版本高4位统一定义为“4”。

（2）省内不得自行扩展该文件长度。

拆卸状态说明，见表1.D-18。

拆卸状态说明 表1.D-18

项目	值	状态	描述
高4位	0000	RS	由路侧根据防拆信息控制OBU的通行
	0001	OB	由OBU根据防拆信息设置自身工作状态
	1111	NU	防拆信息未启用
	注：其他值被保留		
低4位	0000	PF	标签已被非法拆卸
	0001	OK	正常工作状态
	注：其他值被保留		

D.2.2.2 MF下保留文件

MF下保留文件详细说明，见表1.D-19。

MF下保留文件说明 表1.D-19

文件标识（FID）			'EF02'
文件类型			二进制文件
文件大小			512字节
读取：自由			写入：DAMK $_{MF}$ 线路保护（明文+MAC）
字节	类型	长度（字节）	内容
1～512	an	512	预留

D.2.2.3 ETC应用车辆信息文件

ETC应用车辆信息文件详细说明，见表1.D-20。

ETC应用车辆信息文件说明 表1.D-20

文件标识（FID）			'EF01'
文件类型			二进制文件
文件大小			79字节
读取：RK2_DF01线路保护（密文）			写入：DAMK _DF01线路保护（明文+MAC）
字节	类型	长度（字节）	内容
1～12	an	12	车牌号，全牌照（汉字+字母+数字）信息，采用字符型存储，汉字采用GB2312码，如：“京”编码为“BEA9”；牌照信息不足12字节，后补0x00
13～14	an	2	车牌颜色 高字节：00H 低字节：00H-蓝色；01H-黄色；02H-黑色；03H-白色
15	cn	1	车型，编码方式见《收费公路联网收费技术要求》表4.3
16	cn	1	车辆用户类型，编码方式见GB/T 20851.4－2007，P20
17～20	cn	4	车辆尺寸[长（2字节）×宽（1字节）×高（1字节）]，单位：dm
21	cn	1	车轮数
22	cn	1	车轴数
23～24	cn	2	轴距，单位：dm
25～27	cn	3	车辆载重/座位数，其中，载质量的单位为：kg
28～43	an	16	车辆特征描述
44～59	an	16	车辆发动机号
60～79	b	20	保留字段

D.2.2.4　ETC 应用交易记录文件

ETC 应用交易记录文件详细说明，见表 1.D-21。

ETC 应用交易记录文件说明　　表 1.D-21

文件标识（FID）			'EF02'
文件类型			循环定长记录文件
文件大小			57 字节 ×50 条记录
读取：自由			写入：自由
字节	类型	长度（字节）	内容
1 ～ 4	Datetime	4	出入口时间（UNIX 时间）
5 ～ 6	b	2	路网编码，见《收费公路联网收费技术要求》表 4.3
7 ～ 8	b	2	收费站编码，见《收费公路联网收费技术要求》表 4.3
9	b	1	收费车道编码，见《收费公路联网收费技术要求》表 4.3
10	b	1	卡类型，见《收费公路联网收费技术要求》表 4.3
11 ～ 18	b	8	卡号
19	b	1	车型
20 ～ 31	b	12	车牌号
32 ～ 33	SmallInt	2	收费额
34 ～ 37	b	4	OBU 的 MAC 地址
38 ～ 57	b	20	保留字段

注：UNIX 时间是 UNIX 或类 UNIX 系统使用的时间表示方式，从格林威治标准时间 1970 年 1 月 1 日 0 时 0 分 0 秒起至现在的总秒数，不包括闰秒。

D.2.2.5　应用保留文件 1

应用保留文件 1 详细说明，见表 1.D-22。

应用保留文件 1 说明　　表 1.D-22

文件标识（FID）			'EF03'
文件类型			二进制文件
文件大小			512 字节
读取：自由			写入：DAMK $_{DF01}$ 线路保护（明文 + MAC）
字节	类型	长度（字节）	内容
1 ～ 512	an	512	预留

D.2.2.6　应用保留文件 2

应用保留文件 2 详细说明，见表 1.D-23。

应用保留文件 2 说明　　表 1.D-23

文件标识（FID）			'EF04'
文件类型			二进制文件
文件大小			512 字节
读取：自由			写入：自由
字节	类型	长度（字节）	内容
1	an	1	路方所在省级行政区划代码，符合 GB/T 2260，采用压缩 BCD 编码
2 ～ 512	an	511	保留

D.2.2.7　应用保留文件 3

应用保留文件 3 详细说明，见表 1.D-24。

应用保留文件 3 说明　　表 1.D-24

文件标识（FID）			‘EF05’
文件类型			二进制文件
文件大小			512 字节
读取：认证读（安全报文）			写入：DAMK $_{DF01}$ 线路保护（明文 + MAC）
字节	类型	长度（字节）	内容
1 ～ 512	an	512	预留

D.2.2.8　OBU 应用预留文件 1

OBU 应用预留文件 1 详细说明，见表 1.D-25。

OBU 应用预留文件 1 说明　　表 1.D-25

文件标识（FID）			‘EF06’
文件类型			二进制文件
文件大小			512 字节
读取：自由			写入：DAMK $_{DF01}$ 线路保护（明文 + MAC）
字节	类型	长度（字节）	内容
1 ～ 512	an	512	预留

D.2.2.9　OBU 应用预留文件 2

OBU 应用预留文件 2 详细说明，见表 1.D-26。

OBU 应用预留文件 2 说明　　表 1.D-26

文件标识（FID）			‘EF07’
文件类型			二进制文件
文件大小			512 字节
读取：自由			写入：自由
字节	类型	长度（字节）	内容
1 ～ 512	an	512	预留

D.2.2.10　OBU 应用预留文件 3

OBU 应用预留文件 3 详细说明，见表 1.D-27。

OBU 应用预留文件 3 说明　　表 1.D-27

文件标识（FID）			‘EF0A’
文件类型			二进制文件
文件大小			128 字节
读取：自由			写入：外部认证密钥认证通过后可写
字节	类型	长度（字节）	内容
1 ～ 128	an	128	预留

D.2.2.11　OBU 应用预留文件 4

OBU 应用预留文件 4 详细说明，见表 1.D-28。

OBU 应用预留文件 4 说明　　表 1.D-28

文件标识（FID）			‘EF0B’
文件类型			二进制文件
文件大小			512 字节
读取：自由			写入：外部认证密钥认证通过后可写
字节	类型	长度（字节）	内容
1 ～ 512	an	512	预留

D.2.3　OBE-SAM 内密钥说明

OBE-SAM 内密钥说明，见表 1.D-29。

OBE-SAM 内密钥说明　　表 1.D-29

密钥	说明	用途	标识	版本	长度	分散级数
MF 下安全文件						
$MK_{\_MF}$	MF 主控密钥	00	00	00	16	0
$DAMK_{\_MF}$	MF 系统维护密钥	01	01	00	16	0
DF01 下安全文件						
$MK_{\_DF01}$	DF01 主控密钥	00	00	00	16	0
$DAMK_{\_DF01}$	DF01 应用维护密钥	01	01	00	16	0
$UK_{\_DF01}$	DF01 外部认证密钥	00	01	00	16	0
$RK1_{\_DF01}$	DF01 应用认证密钥	01	02	00	16	0
$RK2_{\_DF01}$	DF01 应用加密密钥	01	03	00	16	0
$RK2_{\_DF01}$	DF01 应用加密密钥	01	03	01	16	0
$RK2_{\_DF01}$	DF01 应用加密密钥	01	03	02	16	0

注：密钥用途说明。‘00’为外部认证密钥，用于外部认证命令；‘01’为传输密钥，用于数据传输时加密或计算 MAC。

D.2.4　OBE-SAM 内密钥管理

OBE-SAM 内密钥管理，见表 1.D-30。

OBE-SAM 内密钥管理　　表 1.D-30

分　类	密　钥	用　途
主控密钥	$MK_{\_MF}$	控制 MF 下文件的建立和密钥的写入
	$MK_{\_DF01}$	控制 DF01 下文件的建立和密钥的写入
维护密钥	$DAMK_{\_MF}$	发卡方或应用提供方用于产生更新二进制文件或记录命令的 MAC
	$DAMK_{\_DF01}$	
外部认证密钥	$UK_{\_DF01}$	用于验证路侧设备的合法性
计算密钥	$RK1_{\_DF01}$	用于产生读二进制文件或记录命令的 MAC
计算密钥	$RK2_{\_DF01}$	用于加密读取车辆信息文件信息

注：所有密钥的装载和修改应使用密文 +MAC 的方式。

D.2.5　OBE-SAM 卡复位信息的约定

OBE-SAM 复位信息中历史字节的约定（共 15 字节），见表 1.D-31。

OBE-SAM 复位信息的约定　　表 1.D-31

名　称	类　型	长度（字节）	说　明
交通运输部标识	an	1	固定为‘4A’
芯片商注册标识号	an	2	芯片厂商注册标识
OBE 厂商标识	an	2	由收费公路电子收费密钥管理单位分配
COS 版本号	cn	1	主版本号 + 次版本号，范围 1.0 ～ 9.9
COS 修订版本号	cn	1	范围 0 ～ 99
YEAR	cn	1	生产年份
MON	cn	1	生产月份
DAY	cn	1	生产日
ESAM 结构版本	cn	1	ESAM 结构版本号
流水号	an	4	唯一性（在卡商内部）

第二部分
联合测试方案

1 测试概述

根据《交通运输部关于开展全国高速公路电子不停车收费联网工作的通知》（交公路发〔2014〕64 号），为了保障全国联网工作的高效推进，确保不同省（区、市）的设备和系统的互联互通，特制订本测试方案。

测试的工作目标如下：

（1）确保联网区域内跨省（区、市）ETC 核心设备之间的有效互通兼容。

（2）实现 ETC 用户在联网区域内不同省（区、市）车道系统的正常交易和准确扣费。

（3）确保各省（区、市）清分结算系统与部联网中心清分结算系统之间数据接口正确、交易记账和清分结算准确。

2 测试依据

本方案编制主要依据以下技术文件：

（1）《电子收费　专用短程通信　第1部分：物理层》（GB/T 20851.1—2007）。

（2）《电子收费　专用短程通信　第2部分：数据链路层》（GB/T 20851.2—2007）。

（3）《电子收费　专用短程通信　第3部分：应用层》（GB/T 20851.3—2007）。

（4）《电子收费　专用短程通信　第4部分：设备应用》（GB/T 20851.4—2007）。

（5）《电子收费　专用短程通信　第5部分：物理层主要参数测试方法》（GB/T 20851.5—2007）。

（6）《电子收费　基于专用短程通信的电子收费交易》（GB/T 28421—2012）。

（7）《电子收费　关键信息编码》（GB/T 28422—2012）。

（8）《收费公路联网收费技术要求》（交通运输部2007年第35号公告）。

（9）《收费公路联网电子不停车收费技术要求》（交通运输部2011年第13号公告）。

（10）《全国高速公路电子不停车收费联网总体技术方案》。

（11）《公路电子收费联网运营和服务规范》（征求意见稿）。

3 测试范围及对象

3.1 2014年区域联网测试范围及对象

本测试范围为所有联网省（区、市）。测试对象为：

（1）北京、天津、河北、山西、辽宁、上海、江苏、浙江、安徽、江西、福建、山东、陕西、湖南的ETC核心设备（RSU、OBU、用户卡、用户卡机具）、车道软件以及各省（区、市）清分结算系统及记账系统。

（2）其他计划于2015年实现联网省（区、市）的OBU和用户卡。

测试项目主要集中在设备互联互通、车道交易功能和记账功能，不包括可靠性测试和交易成功率测试。

（3）军队与武警车辆的OBU和用户卡。

条件允许时纳入，测试项目主要集中在设备互联互通和车道交易功能，不包括可靠性测试和交易成功率测试。

3.2 2015年全国联网测试范围及对象

本测试范围为2015年联网省（区、市）。测试对象为：

广东、湖北、甘肃、宁夏、云南、贵州、青海、四川、河南、吉林、黑龙江、内蒙古、新疆、重庆、广西15省（区、市）的ETC核心设备（RSU、OBU、用户卡、用户卡机具）、车道软件以及各省（区、市）清分结算系统及记账系统。

4 测试组织

4.1 组织形式

测试采用联合测试方式，由部路网中心统一组织，各联网省（区、市）派1名技术人员参加，组成联合测试工作组，开展各项测试，并对测试结果负责，交通运输部公路科学研究院、北京市首都公路发展集团提供技术支持。测试报告由部路网中心出具并发送各省（区、市）。

4.2 测试组成

联网测试工作分四部分进行：车道及ETC设备测试、清分结算系统测试、实车测试及试运行测试。

4.2.1 车道及ETC设备测试

测试采用集中测试方式，各省（区、市）车道软件集成商自带设备，到部路网中心指定的联网测试场地进行测试，并协调配套的ETC核心设备厂家技术人员配合。

4.2.2 清分结算系统测试

在各省（区、市）组织完成自测后，按要求分别通过脱机（邮件或其他方式）和联网方式与部联网中心清分结算系统进行联调。

4.2.3 实车测试

实车测试根据部路网中心统一安排，由各省（区、市）配合按照6.3节的测试要求完成。

4.2.4 试运行测试

试运行测试根据部路网中心统一安排，由各省（区、市）按照6.4节的测试要求完成。

4.3 人员要求

各省（区、市）应安排具有相关测试经验的专业技术人员全职参加联合测试并确认所在省（区、市）测试结果。

5 测 试 准 备

5.1 提交技术规范

2014 年参与联网的 14 个省（区、市）运营商应在 2014 年 5 月 31 日前提交本省（区、市）技术规范，包括但不限于用户卡和 OBU 的文件结构规范和编码、RSU-OBU 交易流程规范、RSU-PC 接口规范、用户卡机具—用户卡交易流程规范及其他相关规范等。

2015 年参与联网的 15 个省（区、市）运营商应在 2015 年 1 月 31 日前提交本省（区、市）技术规范，包括但不限于用户卡和 OBU 的文件结构规范和编码、RSU-OBU 交易流程规范、RSU-PC 接口规范、用户卡机具—用户卡交易流程规范及其他相关规范等。

5.2 产品及车道软件信息登记

参与 2014 年区域联网省（区、市），在 2014 年内分别提交其所有天线、用户卡机具以及其他车道设备型号信息（详见附录 A），并提交车道软件相关信息（详见附录 B）。

参与 2015 年全国联网省（区、市），在 2015 年内分别提交其所有天线、用户卡机具以及其他车道设备型号信息（附录 A），并提交车道软件相关信息（附录 B）。

5.3 提交 RSU 和用户卡机具

已经联网的省（区、市）和计划联网的省（区、市）需要提交其测试定版车道 RSU 和用户卡机具，具体要求如下：

（1）各省（区、市）组织提交本省（区、市）测试定版的 RSU 硬件、软件、RSU 升级工具及符合本省（区、市）交易流程的配套交易 DEMO 软件，其中 RSU 硬件可由对应的厂家配合提供；

（2）各省（区、市）组织提交本省（区、市）测试定版的用户卡机具硬件及符合本省（区、市）交易流程的配套交易 DEMO 软件；

（3）2014 年参与区域联网的省（区、市），请于 2015 年 2 月 8 日前提交测试定版的车道 RSU 和用户卡机具；

（4）2015 年参与全国联网的省（区、市），请于车道及 ETC 设备测试结束后提交测试定版车道 RSU 和用户卡机具。

5.4 提交 OBU 和用户卡

5.4.1 车道及 ETC 设备测试使用

所有联网省（区、市）按照已经填报的设备列表，提交 OBU 和用户卡，并确保所提供的被测设备与实际使用的一致。

2015年计划联网省（区、市）在2014年未能提交OBU和用户卡的可以补充提交。补充提交的省（区、市）需填报设备列表（附录A），提交OBU和用户卡（用于车道及ETC设备测试），并确保所提供的被测设备与实际使用的一致。

OBU和用户卡具体要求如下：

（1）采用正式密钥，与实际客户使用的OBU及用户卡规格相同。

（2）各型号OBU至少提供4台，每种类型用户卡（记账卡、储值卡、银行联名卡等）至少提供4张。

（3）OBU和用户卡需已发行，OBU的MAC地址、合同序列号和用户卡卡号均不能重复。

（4）同一省（区、市）提供的所发行OBU和用户卡的信息必须相同，即车型、车牌、车牌颜色等信息都一致（即所有的用户卡和OBU都可以交叉使用，不影响车卡绑定），且OBU和用户卡有效期至少在2015年12月31日前有效，保持OBU防拆位有效。

（5）储值卡预存金额为1000元，记账卡金额按实际发行情况提供。

各省（区、市）按要求填写全国联网测试OBU和用户卡清单，并且必须在设备提交之前将完整信息的电子文档发送到部路网中心（模板参照附录C）。

测试中使用的OBU和用户卡由部路网中心收集、保管并组织测试，测试完成后留存部路网中心。参与测试单位应严格管理测试用OBU和用户卡。

5.4.2 清分结算系统测试及试运行测试使用

清分结算系统测试及试运行测试中的OBU和用户卡（正式密钥）具体要求如下：

（1）由北京、天津、河北、山东、山西、福建、辽宁、山西、湖南、上海、江苏、浙江、安徽、江西分别向2015年即将联网的15省（区、市）（广东、湖北、贵州、宁夏、甘肃、青海、云南、河南、四川、重庆、广西、吉林、黑龙江、新疆、内蒙古）提供4套典型OBU及用户卡，其中记账卡和储值卡各2张（如果只有一类卡则提供4张），每省（区、市）各提供60套，共840套；其中，山东作为省内多发行方代表，所提供典型OBU及用户卡需包括两个发行方，且每个发行方各提供2套。

（2）由广东、湖北、贵州、宁夏、甘肃、青海、云南、河南、四川、重庆、广西、吉林、黑龙江、新疆、内蒙古向已经联网的14省（市）（北京、天津、河北、山东、山西、福建、辽宁、山西、湖南、上海、江苏、浙江、安徽、江西）提供4套典型OBU及用户卡，其中记账卡和储值卡各2张（如果只有一类卡则提供4张），每省各提供56套，共784套。

（3）由广东、湖北、贵州、宁夏、甘肃、青海、云南、河南、四川、重庆、广西、吉林、黑龙江、新疆、内蒙古向2015年即将联网的不包含本省（区、市）的14省（区、市）提供4套典型OBU及用户卡，其中记账卡和储值卡各2张（如果只有一类卡则提供4张），每省各提供56套，共784套。

（4）OBU和用户卡需已发行，OBU的MAC地址、合同序列号和用户卡卡号均不能重复。

（5）OBU和用户卡应进行成套车卡绑定发行。

（6）OBU和用户卡有效期至少在2015年12月31日前有效，保持OBU防拆位有效。

（7）储值卡预存金额为2000元，记账卡金额按实际发行情况提供。

（8）异常测试专用OBU和用户卡由北京市发行方提供。

（9）OBU和用户卡产生的交易可以在所提供省（区、市）进行交易记账，但是不进行费用结算，统一做争议坏账处理。

提供OBU和用户卡各省（区、市）按要求填写全国联网测试OBU和用户卡清单，并将电子文档发送到部路网中心（模板参照附录C）。

5.5 车道软件准备

各省（区、市）按照提交的车道软件信息准备配套车道设备（包括工控机、天线、用户卡机具），确保各软硬件版本必须与实际系统保持一致，按照计划进行测试。

车道软件应具备以下功能：

（1）现场记录导出交易记录及车道日志（至少包含以下基本要素：广场号、车道号、交易日期、交易时间、OBU合同序列号、OBU发行方标识、用户卡卡号、用户卡发行方标识、用户卡网络编号、交易前金额、交易金额、交易后金额、TAC码、交易类型、终端机编号、脱机交易序号、OBU状态等）的功能。

（2）现场能配置成不同数量的状态名单测试（0、10万、50万、100万、200万、500万条状态名单）。

（3）现场能将不同异常状态（包括标签挂失、标签禁用、卡片挂失、卡片禁用和卡片透支等）的标签号和卡号列入车道通行黑名单。

（4）能够现场修改车道费率表和折扣率。

注：车道软件如不具备现场费率表、折扣率、状态名单等的修改能力，应提前准备配置文件，供替换使用。

5.6 清分结算中心系统环境准备

（1）部联网中心测试系统：模拟生产环境进行测试环境搭建，建立模拟的部联网中心清分结算系统。测试系统具备部联网中心清分结算系统的关键功能。

（2）各省（区、市）测试系统：各省（区、市）各自按照接口要求搭建省级清分结算系统。系统需要具备数据传输、数据处理、清分结算等核心功能。

（3）通信链路：由部联网中心、各省（区、市）共同进行通信链路的准备调试。

5.7 测试场地设施仪表要求

5.7.1 测试场地要求

（1）具备5.8GHz ETC专用微波暗室测试环境（针对物理指标测试）。

（2）测试场地具备防静电保护措施：防静电工作台面、防静电地板、接地设施以及其他防静电用品，测试场地至少在50m^{2}以上。

5.7.2 测试设备要求

需要至少具备以下专用仪器和专用设备（仪器在校准有效期内）：

（1）信号发生器（0～6GHz）。

（2）频谱仪（0～6GHz）。

（3）示波器。

（4）圆极化天线（5.8GHz）。

（5）DSRC 专用协议监听设备。

（6）DSRC 综合测试仪。

（7）IC 卡专用测试工具。

（8）OBU 专用测试工具。

（9）网口 / 串口专用监听工具。

6 测试内容

测试分四部分进行：车道及ETC设备测试、清分结算系统测试、实车测试及试运行测试。其中，车道及ETC设备测试侧重于前端车道系统及核心设备测试，清分结算系统测试侧重于后台系统传输及结算功能测试，这两部分测试都是实验室环境下测试；实车测试是在车道及ETC设备测试结束后对车道系统组织的实际车道环境下的验证性测试，确保各省（区、市）实际部署的车道系统已经针对前期集中测试中发现的问题进行了修改、完善，进一步验证对其他省（区、市）的OBU和用户卡的兼容性，实现互联互通；试运行测试则是在前三个测试环节测试通过后，进行正式的全功能业务测试，确保系统具备正式运行的条件。

6.1 车道及ETC设备测试

车道ETC设备测试包括用户卡测试、用户卡机具测试、OBU测试、RSU测试及车道软件测试几部分。

6.1.1 用户卡及用户卡机具测试

6.1.1.1 用户卡消费指令及用户卡结构测试

1）测试设备

IC卡专用测试工具，各省（区、市）用户卡。

2）测试内容

（1）消费相关指令测试。

（2）用户卡目录结构规范符合性测试。

3）测试要求

（1）用户卡可以正确支持与用户卡消费相关指令。

（2）用户卡的结构及发行信息符合规范要求。

6.1.1.2 车道用户卡机具—用户卡设备兼容性测试

1）测试设备

车道软件＋用户卡机具、各省（区、市）所有型号（版本）用户卡。

2）测试内容

本省（区、市）车道（含ETC车道和MTC车道）软件＋用户卡机具（含实际应用所有组合）与外省（区、市）所有型号（版本）用户卡之间的互通测试，包括物理兼容互通测试和协议符合性测试。

本项测试确保在不同的车道模式（封闭式入口、封闭式出口和开放式）下用户卡正常消费。每种车道模式下测试至少50次。

3）测试要求

（1）用户卡机具读写区域内任一位置、任一方向均能正常读写用户卡。

（2）交易成功率100%。

（3）三种车道模式下均扣费正确（封闭式入口不扣费、封闭式出口和开放式按照指定费率扣费）。

（4）车道软件发送给机具的指令和机具的响应数据正确。

（5）生成的车道交易记录中关键信息与实际保持一致。

（6）用户卡过站信息符合相关规范要求。

6.1.2　OBU 测试

6.1.2.1　RSU-OBU 设备兼容性测试

1）测试设备

车道软件 +RSU，各省（区、市）OBU+ 用户卡。

2）测试内容

本省（区、市）车道软件 +RSU（含实际应用所有组合）与外省（区、市）所有型号（版本）OBU 之间的兼容互通测试。

本项测试在确保 OBU 和 RSU 各自处于稳定通信区域的条件下进行，包括不同的车道模式（封闭式入口、封闭式出口和开放式）下完整的交易流程实现、稳定可靠的完成交易过程。每种车道模式下测试至少 50 次。

3）测试通过标准

（1）交易流程完整，DSRC 数据帧和 PC-RSU 数据帧无缺失、无重发。

（2）OBU 交易成功率 100%。

（3）扣费准确率 100%（封闭式入口不扣费、封闭式出口和开放式按照指定费率扣费）。

（4）整体交易时间稳定，交易时间在 270ms 以内（车道状态名单数分别为 0、10 万、50 万、100 万、500 万）。

6.1.2.2　OBU 的 DSRC 协议一致性测试

1）测试设备

OBU 专用测试工具、各省（区、市）OBU。

2）测试内容

按照国家标准和交通运输部相关技术规范中对 DSRC 协议的选择性应用及可能的扩展应用进行 OBU 的协议一致性测试，包括协议的符合性、各省（区、市）典型的 DSRC 交易流程、用户卡预读机制异常处理以及对各种异常情况的处理。

3）测试通过标准

（1）OBU 能正确响应 RSU 下发的各指令。

（2）OBU 能正确完成各种典型的交易流程。

（3）OBU 能正确提供预读用户卡信息（如果 OBU 支持预读功能）。

（4）OBU 能正确响应各种工程应用典型异常流程。

6.1.2.3　OBU 物理指标测试

本项测试作为补充测试内容，在 ETC 天线和 OBU 互联互通存在问题时进行本项测试。

1）测试设备

暗室环境、圆极化天线、信号发生器、频谱仪、示波器、DSRC 综合测试仪。

2）测试内容

OBU 载波频率和频率容限、占用带宽、调制系数、位速率。

3）测试要求

OBU 各项物理指标符合国家标准要求。

6.1.3 RSU 测试

6.1.3.1 RSU-OBU 协议互通测试

1）测试设备

车道软件 +RSU，各省（区、市）OBU+ 用户卡、网口 / 串口专用监听工具、DSRC 专用协议监听设备。

2）测试内容

本省（区、市）RSU 与外省（区、市）所有型号（版本）OBU 之间的协议符合性和兼容性测试，确保每一数据帧遵从协议要求、实现协议互通兼容。

本项测试应确保 OBU 和 RSU 交易流程完整、DSRC 数据帧完整，包括不同的车道模式（封闭式入口、封闭式出口和开放式）下不同卡类型（记账卡 / 储值卡）交易情况。

3）测试通过标准

（1）各种组合下的 DSRC 数据帧符合协议要求。

（2）OBU 正确响应 RSU 指令。

（3）RSU 正确处理 OBU 响应。

（4）交易前后用户卡中各文件、RSU 与 OBU 之间 DSRC 数据帧、RSU 至 PC 数据帧中相应数据保持一致。

6.1.3.2 RSU 物理指标测试

本项测试作为补充测试内容，在 RSU 和 OBU 互联存在问题时进行本项测试。

1）测试设备

暗室环境、圆极化天线、信号发生器、频谱仪、示波器、DSRC 综合测试仪。

2）测试内容

RSU 载波频率和频率容限、占用带宽、调制系数、位速率、唤醒信号波形。

3）测试要求

（1）RSU 各项物理指标符合国家标准要求。

（2）唤醒信号符合国家标准和交通运输部公告要求。

6.1.4 车道软件测试

6.1.4.1 车道异常交易处理测试

1）测试设备

车道软件 +RSU、测试用 OBU 及配套用户卡。

2）测试内容

（1）测试用例包括已知的所有异常情况，包括但不限于状态名单（黑名单）、防拆有效 / 失效、车卡绑定正常 / 错误、透支、余额不足、OBU& 用户卡禁用等。

（2）测试用例还包括各种状态名单会引发的异常。

（3）本项测试目的是验证在各测试用例下车道软件（MTC 和 ETC）的处理情况。

注：技术方案下发实施后再进行车道软件测试。

3）测试要求

（1）各测试用例车道软件均正确提示并处理。

（2）状态名单在车道软件得到正确提示并有效处理。

（3）所有异常车道软件会生成记录或者车道日志，以供后台的查询或者分析。

6.1.4.2　车道记录准确性测试

1）测试设备

车道软件（MTC 和 ETC）+RSU/ 用户卡机具，各省（区、市）OBU+ 用户卡。

2）测试内容

本省（区、市）车道软件 +RSU/ 用户卡机具（含实际应用所有组合）与外省（区、市）典型型号（版本）OBU 之间的互通测试，记录并比较交易扣费关键信息。

3）测试通过标准

（1）扣费准确率 100%（封闭式入口不扣费、封闭式出口和开放式按照指定费率扣费）。

（2）交易后上传记录关键信息准确率 100%，关键信息至少包括：广场号或收费站编号、车道号、交易日期、交易时间、OBU 合同序列号、OBU 发行方标识、用户卡卡号、用户卡发行方标识、用户卡网络编号、交易前金额、交易金额、交易后金额、TAC 码、交易类型、终端机编号、脱机交易序号、OBU 状态等信息。

6.1.4.3　车道交易时间测试

1）测试设备

车道软件 +RSU，各省（区、市）OBU+ 用户卡、DSRC 专用协议监听设备。

2）测试内容

本省（区、市）车道软件 +RSU（含实际应用所有组合）在不同的状态名单条件下，与外省（区、市）所有型号（版本）OBU 之间的交易时间测试。

本项测试在确保 OBU 和 RSU 处于各自稳定通信区域下进行，包括不同的车道模式（封闭式入口、封闭式出口和开放式）下交易时间稳定，不受状态名单大小的影响。

3）测试通过标准

（1）整体交易时间稳定，交易时间在 270ms 以内。

（2）不同状态名单下的交易时间差异小于 10ms。

6.1.4.4　车道交易异常 TAC 验证测试

1）测试设备

车道软件 +RSU、特殊 OBU、用户卡。

2）测试内容

本省（区、市）车道软件 +RSU（含实际应用所有组合）与标签进行交易，在扣款成功，但天线未收到扣款成功回复后（特殊定制标签确保），车道软件通过天线交易或者刷卡交易可以实现交易成功，并取得 TAC 码。

3）测试通过标准

异常情况下所取得 TAC 正确。

6.2　清分结算联合测试

清分结算联合测试包括消息文件验证测试、联合功能测试和其他专项测试，对部联网中心清分结算系统和各省级清分结算系统核心功能进行验证，对系统性能、可靠性及可用性进行验证，验证系统是否符合接口通信要求和结算功能要求。

6.2.1 消息文件验证

该测试是验证电子收费各参与方系统间传输的各类消息文件是否符合技术要求的数据接口规范。本项测试在非联网状态下进行，各省（区、市）通过邮件方式与部联网中心进行数据交互，脱网验证。

6.2.1.1 消息文件格式验证

1）测试设备

部联网中心清分结算系统应用软件，各省（区、市）电子收费参与方系统（清分结算、路方、发行方）应用软件，各省（区、市）车道软件，各省（区、市）OBU+用户卡。

2）测试内容

（1）对原始交易、记账结果、争议处理、清分结算、增全量状态名单等消息文件的名称合法性按照接口要求的文件命名规则进行验证，并验证文件名称中MD5值、数字签名是否符合数据接口规范。

（2）对原始交易、记账结果、争议处理、清分结算、增全量状态名单等消息文件的消息头和消息体按照接口要求进行验证，检验是否符合数据接口规范要求。

3）测试通过标准

消息文件格式符合技术要求的数据接口规范。

6.2.1.2 消息内容验证

1）测试设备

部联网中心清分结算系统应用软件，各省（区、市）电子收费参与方系统（清分结算、路方、发行方）应用软件，各省（区、市）车道软件，各省（区、市）OBU+用户卡。

2）测试内容

（1）对于原始交易、记账结果、争议处理、清分结算、增全量状态名单等消息文件中消息头和消息体中的参与方信息、清分目标日、清算日、记录条数和金额等关键数据信息的一致性进行验证。

（2）对于消息中的各节点的数据类型和赋值，按照接口要求进行验证。

3）测试通过标准

消息文件内容符合技术要求的数据接口规范。

6.2.1.3 测试方式

各参与测试的省（区、市）可根据测试进度、安排和系统实际情况对以下两种测试方式进行选择。

方式一：各方利用搭建的模拟测试系统对各类消息文件进行传输处理、对文件接口规范和合法性进行校验，由系统自动进行校验判断。

方式二：模拟生成消息文件，通过邮件方式与部联网中心交换消息文件，通过将消息文件导入测试系统或通过人工审核、校验工具等方式对消息文件进行校验。

6.2.2 联合功能性测试

本测试是对公路收费交易从公路收费方到清分方（含本地清分方及全国联网清分方），再到发行方的整个传输、记账、争议处理、清分统计、结算统计等各个过程，以及对状态名单和异常情况的系统处理情况进行检验。本项测试在联网状态下进行，各省（区、市）与部联网中心进行数据交互。

6.2.2.1　原始交易传输记账功能测试

1）测试设备

部联网中心清分结算系统应用软件，各省（区、市）电子收费参与方系统（清分结算、路方、发行方）应用软件，各省（区、市）与部联网中心间的通信链路，各省（区、市）车道软件，各省（区、市）OBU+用户卡

2）测试内容

（1）测试各省（区、市）电子收费参与方系统产生的原始交易是否具备定时、定量（每次不超过10000条）生成原始交易数据包，并具备自动发送、接收处理的功能。

（2）测试各省（区、市）对原始交易数据包的清分目标日定义是否符合技术要求。

（3）验证各省（区、市）清分结算系统和部联网中心清分结算系统是否具备对原始交易包进行解析、合法性验证功能，并具备对原始交易包的重新封装转发的功能。

（4）验证各省（区、市）电子收费参与方系统是否具备对部联网中心清分结算系统转发的原始交易包的接收解释、合法性验证功能。

（5）对各省（区、市）发行卡在本次联网的其他各省跨省原始交易中的TAC码数值进行校验，验证TAC码是否正确生成，每次验证不少于100条。

（6）验证各省（区、市）电子收费参与方系统是否具备对原始交易的记账验证、扣费处理和争议判断的功能。

（7）验证各省（区、市）电子收费参与方系统是否具备对记账结果的消息生成和发送的功能。

（8）验证各省（区、市）清分结算系统和部联网中心清分结算系统是否具备对记账消息的接收解析和数据处理功能。

（9）验证部联网中心和各省（区、市）清分结算系统是否具备记录原始交易和记账结果数据统计、消息发送情况查询的功能。

3）测试通过标准

交易数据消息符合接口规范、交易处理功能完善，不存在其他原则性问题或故障。

每次TAC验证测试，TAC验证通过率不低于0.1%（千分之一）。

6.2.2.2　争议处理功能测试

1）测试设备

部联网中心清分结算系统应用软件，各省（区、市）电子收费参与方系统（清分结算、路方、发行方）应用软件，各省（区、市）与部联网中心间的通信链路。

2）测试内容

（1）验证部联网中心清分结算系统在进行跨省交易的争议交易处理，并发送争议处理结果消息后，各省（区、市）清分结算系统是否可正常接收解析，并进行数据处理和消息转发。

（2）部联网中心清分结算系统和各省（区、市）清分结算系统具备记录争议交易数据处理结果和消息发送情况的功能。

3）测试通过标准

争议处理数据消息符合接口规范、争议处理处理功能完善，不存在其他原则性问题或故障。

6.2.2.3　清分结算功能测试

1）测试设备

部联网中心清分结算系统应用软件，各省（区、市）电子收费参与方系统（清分结算、路方、发

行方）应用软件，邮储银行划账结算系统，各省（区、市）、邮储银行与部联网中心间的通信链路。

2）测试内容

（1）验证部联网中心清分结算系统在进行跨省交易的清分结算，并发送清分结算消息后，各省（区、市）清分结算系统是否可按技术要求进行清分结算消息的验证处理和数据转发。

（2）验证各省（区、市）清分结算系统是否可生成与部联网中心清分结算系统核对的清结算报表，数据是否完整准确。

（3）部联网中心清分结算系统和各省（区、市）清分结算系统具备记录清分结算数据处理结果和消息发送情况的功能。

（4）测试部联网中心清分结算系统和邮储银行间进行结算指令发送和银行进行划账、扣款功能。

3）测试通过标准

清分结算数据消息符合接口规范，清分结算功能正常，清分结算数据准确，与邮储银行间结算指令发送处理正常，银行划账和扣款处理正常，不存在其他原则性问题或故障。

6.2.2.4 状态名单传输处理功能测试

1）测试设备

部联网中心清分结算系统应用软件，各省（区、市）电子收费参与方系统（清分结算、路方、发行方）应用软件，各省（区、市）与部联网中心间的通信链路，各省（区、市）车道软件，各省（区、市）OBU+用户卡。

2）测试内容

（1）对各省（区、市）发行系统用户卡和OBU状态名单全量和增量生成功能进行测试，系统应同时具备对全量名单的手工下发功能，并至少保证每天下发一次全量名单。

（2）对部联网中心清分结算系统和各省（区、市）电子收费参与方系统的状态名单转发和接收处理功能进行验证测试，对于增量和全量名单是否可根据名单类型、版本正确处理。

3）测试通过标准

状态名单数据消息符合接口规范，状态名单判断处理功能正常，不存在其他原则性问题或故障。

6.2.2.5 用户信息列表消传输处理功能测试

1）测试设备

国家中心系统应用软件，各省（区、市）中心系统（含清分结算、路方、发行方功能）应用软件，各省（区、市）与国家中心间的通信链路。

2）测试内容

（1）对各省（区、市）的用户信息列表消息生成功能进行测试，各省（区、市）中心系统应具备每天向国家中心系统发送一次增量用户信息列表消息的功能。

（2）对各省（区、市）中心系统发送给国家中心系统，以及国家中心系统转发给各省（区、市）中心系统的用户信息列表消息，进行消息发送、解析接收、消息转发功能的验证测试，验证各省（区、市）中心系统和国家中心系统对用户信息列表消息是否能正确发送、解析接收和转发，增量名单是否按照版本顺序处理。

3）测试通过标准

用户信息列表数据消息符合接口规范，用户信息列表判断处理功能正常，不存在其他原则性问题或故障。

6.2.2.6　消息文件处理回复功能测试

1）测试设备

部联网中心清分结算系统应用软件，各省（区、市）电子收费参与方系统（清分结算、路方、发行方）应用软件，各省（区、市）与部联网中心间的通信链路。

2）测试内容

（1）部联网中心清分结算系统和各省（区、市）电子收费参与方系统对于接收到的原始交易、记账结果、争议结果、清分结算消息、状态名单、参与方名单等消息文件，应给与确认回复，回复结果包括正常接收回复和接收错误回复，消息回复的文件结构要求和格式定义参考接口定义。

（2）对于部联网中心清分结算系统发送的原始交易消息文件，在正常情况下，从发送到各省（区、市）电子收费参与方系统接收处理，并返回记账结果的时间间隔应小于 2h。

3）测试通过标准

消息数据符合接口规范，消息回复功能正常，不存在其他原则性问题或故障。

6.2.2.7　消息文件异常处理功能测试

1）测试设备

部联网中心清分结算系统应用软件，各省（区、市）电子收费参与方系统（清分结算、路方、发行方）应用软件，各省（区、市）与部联网中心间的通信链路。

2）测试内容

（1）验证部联网中心清分结算系统和各省（区、市）电子收费参与方系统，对于重复发送的消息文件、格式不合法的消息文件、参与方信息有误的消息文件和内容数据不一致的消息文件是否具备检测和异常处理功能。

（2）验证部联网中心清分结算系统和各省（区、市）电了收费参与方系统，对丁发送或接收失败的消息文件，是否具备系统自动重发和重新处理的功能。

（3）验证部联网中心清分结算系统和各省（区、市）电子收费参与方系统，对于消息文件系统自动重发和重新处理后，仍然失败的情况，系统需要具备人工处理的功能。

3）测试通过标准

异常消息数据判断处理功能具备并处理正常，不存在其他原则性问题或故障。

6.2.2.8　全流程测试

1）测试设备

国家中心系统应用软件，各省（区、市）中心系统（含清分结算、路方、发行方功能）应用软件，各省（区、市）与国家中心间的通信链路。

2）测试内容

国家中心系统与各省（区、市）中心系统在完成 6.2.2.1 ～ 6.2.2.7 项测试后，在各项功能达到测试通过标准的基础上，由国家中心系统与各省（区、市）中心系统进行核心功能的全流程测试，主要对 6.2.2.1 ～ 6.2.2.6 测试项模拟联网开通后的情况，按照业务要求进行 3 ～ 5 天的全流程验证。

3）测试通过标准

全流程测试过程中，国家中心系统与各省（区、市）中心系统功能正常，各类消息的传输处理可通过系统自动完成，符合参与方接口和业务运营要求。

6.2.2.9 测试方式

联合功能测试需要各方搭建仿真于生产系统的模拟测试环境，测试环境中的系统功能应具备生产环境系统的核心功能，能够具备模拟处理日常业务的能力。

测试中各方模拟真实环境进行系统功能和关键参数的配置，通过通信线路模拟数据和消息文件的传输，仿真生产环境利用模拟系统进行消息文件和日常业务的自动处理。

6.2.3 其他专项测试

本测试是对各参与方系统的其他辅助功能、网络环境和系统压力进行测试验证。

6.2.3.1 网络通信测试

1）测试设备

部联网中心清分结算系统应用软件，各省（区、市）清分结算系统，各省（区、市）与部联网中心间的通信链路。

2）测试内容

（1）测试各省（区、市）清分结算系统与部联网中心清分结算系统间的数据传输通信和中间件数据转发情况是否正常。

（2）测试各省（区、市）清分结算系统与部联网中心清分结算系统间是否可建立 VPN 隧道通信，或者是否可使用点到点专线进行通信。

（3）测试各省（区、市）清分结算系统与部联网中心清分结算系统间对消息文件是否具备压缩功能。

3）测试通过标准

系统通信和网络正常，能够对大数据包（10 ～ 20MB）进行正常的完整传输，文件压缩功能符合技术要求。

6.2.3.2 压力测试

1）测试设备

部联网中心清分结算系统应用软件，各省（区、市）清分结算系统，各省（区、市）与部联网中心间的通信链路。

2）测试内容

（1）测试各省（区、市）清分结算系统与部联网中心清分结算系统是否具备对超过 5000 ～ 10000 条交易或记录数原始交易、状态名单（10 万、50 万、100 万、200 万、500 万条）消息文件的处理转发能力，检验记账效率和处理时间。

（2）测试各省（区、市）清分结算系统集中发送全量状态名单时，各省（区、市）清分结算系统与部联网中心清分结算系统的持续处理能力和处理时间。

（3）测试各省（区、市）清分结算系统与部联网中心清分结算系统是否具备对批量接收的数据包持续处理和转发的能力。

（4）测试各省（区、市）清分结算系统与部联网中心清分结算系统日清分功能的性能进行压力测试。

3）测试通过标准

具备对批量数据包的持续处理能力和功能。

6.2.3.3 测试方式

测试中各方模拟生产环境进行网络环境的调试联通，通过模拟环境进行大数据包处理和批量数据处理的系统压力的测试。

6.3　实车测试

6.3.1　测试地点

各省（区、市）界收费站、典型收费站。

6.3.2　测试内容

测试分两个阶段进行：

第一阶段：各省（区、市）自测。由各省（区、市）自行组织测试、相邻省（区、市）两两组织测试，对各省（区、市）内典型站点以及相邻省（区、市）界站进行实车验证性测试；省（区、市）界站测试原则上由先联网省（区、市）牵头负责。

第二阶段：联网区域联合测试。由部路网中心统一组织，在各省（区、市）典型站点、已联网区域与未联网省（区、市）的省界（合建）站及未联网省（区、市）之前的省界（合建）站进行。

6.3.2.1　各省（区、市）自测

本阶段测试由各省（区、市）交通主管部门组织、各省（区、市）高速公路收费管理中心负责具体执行，各省（区、市）车道软件开发商、天线厂家、卡机具厂家等共同参与。

ETC 车道采用实车、MTC 车道采用人工刷卡进行测试。测试分为省内典型站点测试和新增相邻省（区、市）测试。

1）典型站点测试

各省（区、市）组织测试车辆，使用部路网中心已提供的 OBU 和用户卡，即本部分 5.4.2 节要求提交的标签，在各省（区、市）典型站点进行测试。

本项测试应覆盖全部典型站点，包括非合建省（区、市）界站。

2）新增相邻省（区、市）测试

本项测试为针对新联网的省（区、市）进行专项测试。相邻省（区、市）提供的全部在用 OBU 和用户卡均应在各省（区、市）的典型站点和省（区、市）界站进行测试。

相邻省（区、市）每个合建省（区、市）界站的全部 ETC 车道和一条典型 MTC 车道均应覆盖。

6.3.2.2　联网区域联合测试

本阶段测试由部路网中心组织，北京市首都公路发展集团、交通运输部公路科学研究院负责执行，各省（区、市）交通主管部门、各省（区、市）车道软件集成商、天线厂家、卡机具厂家等共同参与。

测试采用部路网中心测试组携带的各联网省（区、市）提供的典型 OBU 和用户卡、异常测试专用 OBU 和用户卡。

ETC 车道以静态测试（在 ETC 车道天线通信区域范围内通过模拟入车、出车方式进行 OBU 与 RSU 的交易测试）和实车测试相结合方式、MTC 车道以人工刷卡方式进行测试。其中，静态测试需要修改车道软件和 / 或天线配置，确保交易能够连续进行，同时能够手动临时修改费率表，每次扣费金额为 5 分。

测试分为省（区、市）内典型站点测试和省（区、市）界站测试。

1）省（区、市）内典型站点测试

本项测试在部路网中心根据各省（区、市）上报的典型站点列表中选择 1 ～ 2 个站点进行，被测省（区、市）提供 6 辆测试车辆、6 名驾驶员以及 6 名记录人员进行配合。

2）省（区、市）界站测试

本项测试在新增联网的省（区、市）界站进行，被测相邻省（区、市）各提供 3 辆测试车辆、3 名驾驶员以及 3 名记录人员进行配合。

6.3.3 测试通过标准

6.3.3.1 各省（区、市）自测

本阶段测试通过要求如下：

（1）所有测试按附录 I、附录 G、附录 K 和附录 M 的表格进行详细记录。

（2）所有 OBU 和用户卡能够正常交易。

（3）每一个测试站点每个型号 OBU 的 ETC 交易和用户卡的 MTC 交易均应不少于 10 笔。

（4）所有异常交易都找到原因和解决方法并详细说明。

（5）测试记录本地保存并上报部联网中心。

6.3.3.2 联网区域联合测试

本阶段测试通过要求如下：

（1）所有测试按附录 I、附录 G、附录 K 和附录 M 的表格进行详细记录。

（2）测试组选用的 OBU 和用户卡能够正常交易。

（3）在每一个测试站点，测试组选用的各型号 OBU 的 ETC 交易和用户卡的 MTC 交易均不少于 10 笔。

（4）被测省（区、市）应对所有异常交易都找到原因和解决方法并详细说明。

（5）测试记录将由部联网中心保存。

6.3.4 测试安全要求

为确保测试现场测试人员、测试车辆和设备设施的安全，保证整个实车测试的顺利进行，各联网省（区、市）应至少采取以下措施：

（1）省清分结算中心和路方业主应各派一名管理人员进行现场组织协调。

（2）测试车道应采取车道封闭、放置警示标志等措施以防止社会车辆误入。

（3）所有测试车辆应在测试前完成维护保养和安全检查检测，确保车辆处于良好工作状态。

（4）应指派专职人员负责测试现场的安全，在测试期间负责指挥社会车辆避让、测试车辆的安全行驶等。

（5）测试车辆驾驶员的驾驶执照应在有效期内，且至少具备 3 年以上实际驾龄。

（6）所有测试人员应按照公路施工和测试要求，统一采取穿戴安全帽、交通安全反光服等安全保护措施。

（7）遇雨、雪、雾、冰等恶劣天气或路况，测试工作应暂停并顺延。

6.4 试运行测试

6.4.1 测试地点

（1）各省（区、市）界收费站、典型收费站、清分结算中心。

（2）部清分结算中心。

6.4.2　测试内容

6.4.2.1　车道端测试

（1）各省（区、市），使用外省（区、市）测试卡及电子标签，在市界站进行车道测试。

（2）各省（区、市），使用外省（区、市）测试卡及电子标签，在典型收费站进行补充测试。

（3）各省（区、市）测试交易量应达到50笔。

6.4.2.2　部清分结算中心测试

（1）数据是否正常交互。

（2）争议数据是否正常处理。

（3）状态名单是否正常处理。

（4）车道交易是否正常清算。

（5）各类报表是否正常。

（6）结算系统是否正常工作。

6.4.3　测试通过标准

（1）车道交易正常。

（2）部清分结算中心及各省清分结算中心数据交互正常。

（3）部清分结算中心清分结算正常。

7 测试计划

7.1 2014年区域联网测试计划

本测试分三个阶段：一是车道系统及ETC设备测试，二是清分结算系统测试，三是联网试运行测试。上述测试完成后，进行联网省（区、市）系统切换和联网开通试运行，各阶段时间计划如下（联网工程计划图如图2.7-1、图2.7-2所示）。

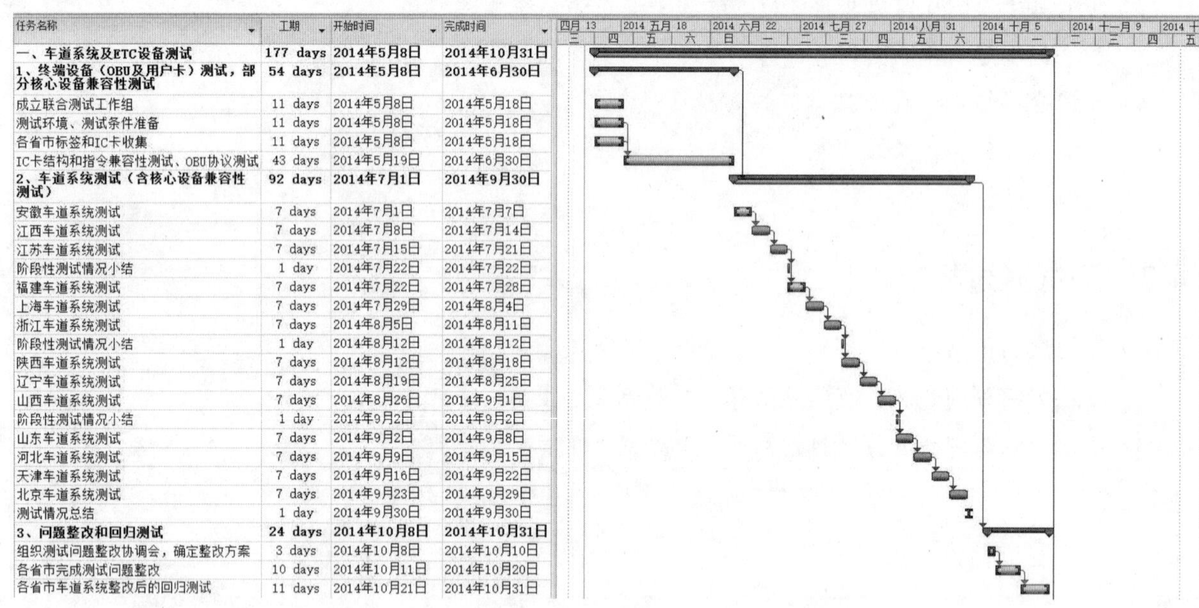

任务名称	工期	开始时间	完成时间
一、车道系统及ETC设备测试	**177 days**	**2014年5月8日**	**2014年10月31日**
1、终端设备（OBU及用户卡）测试，部分核心设备兼容性测试	**54 days**	**2014年5月8日**	**2014年6月30日**
成立联合测试工作组	11 days	2014年5月8日	2014年5月18日
测试环境、测试条件准备	11 days	2014年5月8日	2014年5月18日
各省市标签和IC卡收集	11 days	2014年5月8日	2014年5月18日
IC卡结构和指令兼容性测试、OBU协议测试	43 days	2014年5月19日	2014年6月30日
2、车道系统测试（含核心设备兼容性测试）	**92 days**	**2014年7月1日**	**2014年9月30日**
安徽车道系统测试	7 days	2014年7月1日	2014年7月7日
江西车道系统测试	7 days	2014年7月8日	2014年7月14日
江苏车道系统测试	7 days	2014年7月15日	2014年7月21日
阶段性测试情况小结	1 day	2014年7月22日	2014年7月22日
福建车道系统测试	7 days	2014年7月22日	2014年7月28日
上海车道系统测试	7 days	2014年7月29日	2014年8月4日
浙江车道系统测试	7 days	2014年8月5日	2014年8月11日
阶段性测试情况小结	1 day	2014年8月12日	2014年8月12日
陕西车道系统测试	7 days	2014年8月12日	2014年8月18日
辽宁车道系统测试	7 days	2014年8月19日	2014年8月25日
山西车道系统测试	7 days	2014年8月26日	2014年9月1日
阶段性测试情况小结	1 day	2014年9月2日	2014年9月2日
山东车道系统测试	7 days	2014年9月2日	2014年9月8日
河北车道系统测试	7 days	2014年9月9日	2014年9月15日
天津车道系统测试	7 days	2014年9月16日	2014年9月22日
北京车道系统测试	7 days	2014年9月23日	2014年9月29日
测试情况总结	1 day	2014年9月30日	2014年9月30日
3、问题整改和回归测试	**24 days**	**2014年10月8日**	**2014年10月31日**
组织测试问题整改协调会，确定整改方案	3 days	2014年10月8日	2014年10月10日
各省市完成测试问题整改	10 days	2014年10月11日	2014年10月20日
各省市车道系统整改后的回归测试	11 days	2014年10月21日	2014年10月31日

图2.7-1 联网工程进度计划图1

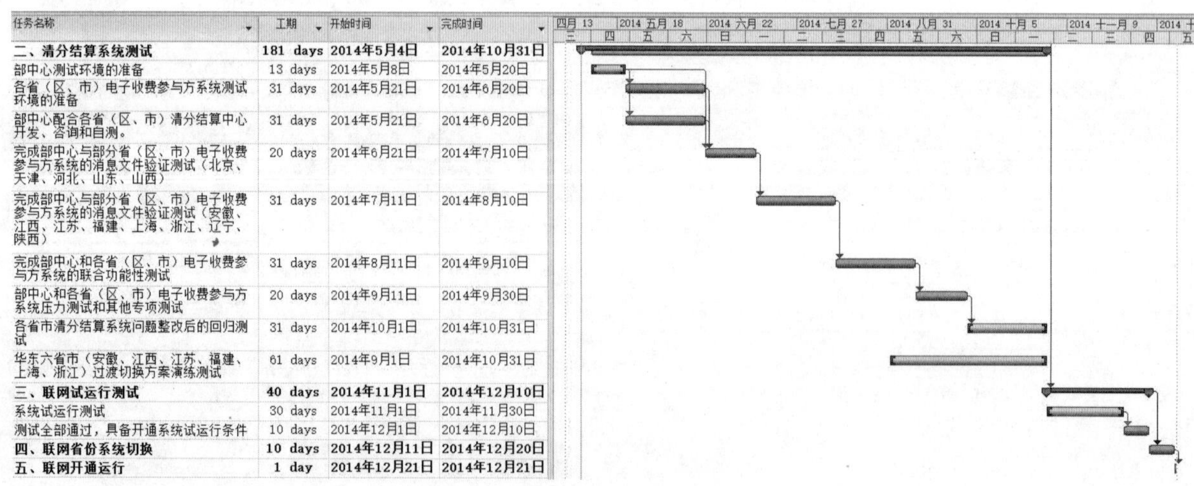

任务名称	工期	开始时间	完成时间
二、清分结算系统测试	**181 days**	**2014年5月4日**	**2014年10月31日**
部中心测试环境的准备	13 days	2014年5月8日	2014年5月20日
各省（区、市）电子收费参与方系统测试环境的准备	31 days	2014年5月21日	2014年6月20日
部中心配合各省（区、市）清分结算中心开发、咨询和自测。	31 days	2014年5月21日	2014年6月20日
完成部中心与部分省（区、市）电子收费参与方系统的消息文件验证测试（北京、天津、河北、山东、山西）	20 days	2014年6月21日	2014年7月10日
完成部中心与部分省（区、市）电子收费参与方系统的消息文件验证测试（安徽、江西、江苏、福建、上海、浙江、辽宁、陕西）	31 days	2014年7月11日	2014年8月10日
完成部中心和各省（区、市）电子收费参与方系统的联合功能性测试	31 days	2014年8月11日	2014年9月10日
部中心和各省（区、市）电子收费参与方系统压力测试和其他专项测试	20 days	2014年9月11日	2014年9月30日
各省市清分结算系统问题整改后的回归测试	31 days	2014年10月1日	2014年10月31日
华东六省市（安徽、江西、江苏、福建、上海、浙江）过渡切换方案演练测试	61 days	2014年9月1日	2014年10月31日
三、联网试运行测试	**40 days**	**2014年11月1日**	**2014年12月10日**
系统试运行测试	30 days	2014年11月1日	2014年11月30日
测试全部通过，具备开通系统试运行条件	10 days	2014年12月1日	2014年12月10日
四、联网省份系统切换	**10 days**	**2014年12月11日**	**2014年12月20日**
五、联网开通运行	**1 day**	**2014年12月21日**	**2014年12月21日**

图2.7-2 联网工程进度计划图2

7.1.1 车道系统及ETC设备测试

7.1.1.1 终端设备（OBU及用户卡）测试

（1）2014年5月18日前，成立联合测试工作组。

（2）2014年5月18日前，完成测试环境、测试条件准备。

（3）2014年5月18日前，完成各省市标签和IC卡收集。

（4）2014年5月19日～6月30日，完成IC卡结构和指令兼容性测试、OBU协议测试。

7.1.1.2 车道系统测试（含核心设备兼容性测试）

（1）2014年7月1日～7月7日，完成安徽车道系统测试。

（2）2014年7月8日～7月14日，完成江西车道系统测试。

（3）2014年7月15日～7月21日，完成江苏车道系统测试。

（4）2014年7月22日，阶段性测试情况小结。

（5）2014年7月22日～7月28日，完成福建车道系统测试。

（6）2014年7月29日～8月4日，完成上海车道系统测试。

（7）2014年8月5日～8月11日，完成浙江车道系统测试。

（8）2014年8月12日，阶段性测试情况小结。

（9）2014年8月12日～8月18日，完成陕西车道系统测试。

（10）2014年8月19日～8月25日，完成辽宁车道系统测试。

（11）2014年8月26日～9月1日，完成湖南车道系统测试。

（12）2014年9月2日～9月7日，完成山西车道系统测试。

（13）2014年9月8日～9月13日，完成山东车道系统测试。

（14）2014年9月14日～9月19日，完成河北车道系统测试。

（15）2014年9月20日～9月25日，完成天津车道系统测试。

（16）2014年9月26日～9月30日，完成北京车道系统测试。

（17）2014年9月30日前，测试问题整理、分析及修改意见。

7.1.1.3 完成问题整改和回归测试

（1）2014年10月10日前，组织测试问题整改协调会，确定整改方案。

（2）2014年10月20日前，各省市完成测试问题整改。

（3）2014年10月31日前，完成各省市车道系统整改后的回归测试。

7.1.2 清分结算系统测试

（1）2014年5月8日～5月20日，完成部联网中心测试环境准备。

（2）2014年5月20日～6月20日，各省（区、市）电子收费参与方系统测试环境的准备。

（3）2014年5月21日～6月20日，配合各省（区、市）清分结算中心开发、咨询和自测。

（4）2014年6月21日～7月10日，完成部联网中心与部分省（区、市）电子收费参与方系统的消息文件验证测试（北京、天津、河北、山东、山西）。

（5）2014年7月11日～8月10日，完成部联网中心与部分省（区、市）电子收费参与方系统的消息文件验证测试（安徽、江西、江苏、福建、上海、浙江、辽宁、陕西）。

（6）2014年8月11日～9月10日，完成部联网中心和各省（区、市）电子收费参与方系统的联合功能性测试。

（7）2014年9月11日～9月30日，完成部联网中心和各省（区、市）电子收费参与方系统压力测试和其他专项测试。

（8）2014 年 10 月 31 日前，完成各省级清分结算系统问题整改后的回归测试。

（9）2014 年 9 ～ 10 月，进行并完成华东六省（市）（安徽、江西、江苏、福建、上海、浙江）过渡切换方案演练测试。

7.1.3　联网试运行测试

（1）2014 年 11 月，系统试运行测试；

（2）2014 年 12 月上旬，测试全部通过，具备开通系统试运行条件。

7.1.4　联网省（区、市）系统切换

2014 年 12 月 11 日～ 12 月 20 日，完成华东六省（市）（安徽、江西、江苏、福建、上海、浙江）系统切换。

7.1.5　联网开通试运行

2014 年 12 月 21 日，联网省（区、市）电子收费系统开通试运行。

7.2　2015 年全国联网测试计划

本测试分四个阶段：一是车道系统及 ETC 设备测试，二是清分结算系统测试，三是实车测试，四是联网试运行测试。上述测试完成后进行联网省（区、市）系统切换和联网开通试运行，各阶段时间计划如下（联网工程计划图附后）。

7.2.1　车道系统及 ETC 设备测试

7.2.1.1　终端设备（OBU 及用户卡）测试

（1）2015 年 2 月 28 日前，完成各项测试准备工作。

（2）2015 年 2 月 28 日前，完成未提交标签和 IC 卡省（区、市）的标签和 IC 卡的收集。

（3）2015 年 3 月 3 日前，完成新增设备与已经提交的本省（区、市）设备之间（OBU 及 IC 卡）兼容性测试。

（4）2015 年 3 月 8 日前，完成新增终端设备的 IC 卡结构和指令兼容性测试、OBU 协议测试。

7.2.1.2　车道系统测试（含核心设备兼容性测试）

（1）2015 年 3 月 9 日～ 3 月 15 日，完成广东车道系统测试。

（2）2015 年 3 月 16 日～ 3 月 22 日，完成甘肃车道系统测试。

（3）2015 年 3 月 23 日～ 3 月 29 日，完成宁夏车道系统测试。

（4）2015 年 3 月 30 日～ 4 月 5 日，完成青海车道系统测试。

（5）2015 年 4 月 6 日～ 4 月 12 日，阶段性测试情况小结，确定第一批省（区、市）测试问题的整改方案。

（6）2015 年 4 月 13 日～ 4 月 19 日，完成第一批测试省（区、市）回归测试。

（7）2015 年 4 月 20 日～ 4 月 26 日，完成吉林车道系统测试。

（8）2015 年 4 月 27 日～ 5 月 3 日，完成黑龙江车道系统测试。

（9）2015 年 5 月 4 日～ 5 月 10 日，完成内蒙古车道系统测试。

（10）2015 年 5 月 11 日～ 5 月 17 日，完成广西车道系统测试。

（11）2015 年 5 月 18 日～ 5 月 24 日，完成新疆车道系统测试。

（12）2015 年 5 月 25 日～ 5 月 31 日，阶段性测试情况小结，确定第二批省（区、市）测试问题的整改方案。

（13）2015 年 6 月 1 日～ 6 月 7 日，完成第二批测试省（区、市）回归测试。

（14）2015 年 6 月 8 日～ 6 月 14 日，完成重庆车道系统测试。

（15）2015 年 6 月 15 日～ 6 月 21 日，完成河南车道系统测试。

（16）2015 年 6 月 22 日～ 6 月 28 日，完成湖北车道系统测试。

（17）2015 年 6 月 29 日～ 7 月 5 日，完成贵州车道系统测试。

（18）2015 年 7 月 6 日～ 7 月 12 日，完成广西车道系统测试。

（19）2015 年 7 月 13 日～ 7 月 19 日，完成四川车道系统测试。

（20）2015 年 7 月 20 日～ 7 月 26 日，阶段性测试情况小结，确定第三批省（区、市）测试问题的整改方案。

（21）2015 年 7 月 27 日～ 8 月 2 日，完成第三批测试省（区、市）回归测试。

7.2.2　清分结算系统测试

（1）2015 年 1 月 31 日～ 2015 年 2 月 28 日，国家中心完成国家中心测试环境准备，并完成国家中心与各省（区、市）的测试网络环境的通信配置，具备测试环境互联互通的条件。

（2）2015 年 3 月 1 日前，各省（区、市）将测试用标签、卡寄送至部路网中心。

（3）2015 年 3 月 9 日～ 3 月 15 日，完成国家中心与广东的消息文件验证测试、功能性联合测试与其他专项测试。

（4）2015 年 3 月 16 日～ 3 月 22 日，完成国家中心与甘肃的消息文件验证测试、功能性联合测试与其他专项测试。

（5）2015 年 3 月 23 日～ 3 月 29 日，完成国家中心与宁夏的消息文件验证测试、功能性联合测试与其他专项测试。

（6）2015 年 3 月 30 日～ 4 月 5 日，完成国家中心与青海的消息文件验证测试、功能性联合测试与其他专项测试。

（7）2015 年 4 月 6 日～ 4 月 12 日，阶段性测试情况小结，确定第一批省（区、市）测试问题的整改方案。

（8）2015 年 4 月 13 日～ 4 月 19 日，完成国家中心与第一批测试省（区、市）回归测试。

（9）2015 年 4 月 20 日～ 4 月 26 日，完成国家中心与吉林的消息文件验证测试、功能性联合测试与其他专项测试。

（10）2015 年 4 月 27 日～ 5 月 3 日，完成国家中心与黑龙江的消息文件验证测试、功能性联合测试与其他专项测试。

（11）2015 年 5 月 4 日～ 5 月 10 日，完成国家中心与内蒙古的消息文件验证测试、功能性联合测试与其他专项测试。

（12）2015 年 5 月 11 日～ 5 月 17 日，完成国家中心与广西的消息文件验证测试、功能性联合测试与其他专项测试。

（13）2015 年 5 月 18 日～ 5 月 24 日，完成国家中心与新疆的消息文件验证测试、功能性联合测试与其他专项测试。

（14）2015 年 5 月 25 日～ 5 月 31 日，阶段性测试情况小结，确定第二批省（区、市）测试问题的整改方案。

（15）2015 年 6 月 1 日～ 6 月 7 日，完成国家中心与第二批测试省（区、市）回归测试。

（16）2015 年 6 月 8 日～ 6 月 14 日，完成国家中心与重庆的消息文件验证测试、功能性联合测试与其他专项测试。

（17）2015 年 6 月 15 日～ 6 月 21 日，完成国家中心与河南的消息文件验证测试、功能性联合测试与其他专项测试。

（18）2015 年 6 月 22 日～ 6 月 28 日，完成国家中心与湖北的消息文件验证测试、功能性联合测试与其他专项测试。

（19）2015 年 6 月 29 日～ 7 月 5 日，完成国家中心与贵州的消息文件验证测试、功能性联合测试与其他专项测试。

（20）2015 年 7 月 6 日～ 7 月 12 日，完成国家中心与广西的消息文件验证测试、功能性联合测试与其他专项测试。

（21）2015 年 7 月 13 日～ 7 月 19 日，完成国家中心与四川的消息文件验证测试、功能性联合测试与其他专项测试。

（22）2015 年 7 月 20 日～ 8 月 15 日，配合各省（区、市）进行整体回归测试，同时对各省（区、市）测试遗留问题进行梳理和排查。

（23）2015 年 8 月 16 日～ 8 月 30 日，完成国家中心和各省中心切换前的模拟生产测试。

（24）2015 年 9 月 1 日～ 9 月 10 日，各省（区、市）完成向国家中心正式系统切换测试。

7.2.3　实车测试

2015 年 4 月中下旬启动，各省（区、市）分批完成，计划于 2015 年 8 月中旬，测试全部通过，具备开通系统试运行条件。

7.2.4　联网试运行测试

按照各省（区、市）测试进展，完成上述测试且具备接入系统条件的省（区、市）分批分阶段进入试运行测试。

7.2.5　联网开通试运行

2015 年 9 月底前，2015 年计划联网省（区、市）电子收费系统开通试运行。

附录A　全国联网设备信息表

全球联网设备信息，见表 2.A-1 ～表 2.A-5。

A.1　全国联网设备信息表——RSU

全国联网设备信息表——RSU　　表 2.A-1

序　号	厂　家	型　号	软件版本	硬件版本	是否安装使用	备　注
1						
2						
3						
4	……	……	……	……	……	……

A.2　全国联网设备信息表——OBU

全国联网设备信息表——OBU　　表 2.A-2

序　号	厂　家	型　号	软件版本	硬件版本	是否对外发行	备　注
1						
2						
3						
4	……	……	……	……	……	……

A.3　全国联网设备信息表——IC 卡

全国联网设备信息表——IC 卡　　表 2.A-3

序　号	厂　家	型　号	软件版本	硬件版本	是否对外发行	备　注
1						
2						
3						
4	……	……	……	……	……	……

A.4　全国联网设备信息表——车道 IC 卡机具

全国联网设备信息表——车道 IC 卡机具　　表 2.A- 4

序　号	厂　家	型　号	软件版本	硬件版本	是否安装使用	备　注
1						
2						
3	……	……	……	……	……	……

A.5 全国联网设备信息表——其他车道设备（比如便携机、无人值守机等）

全国联网设备信息表——其他车道设备　　表 2.A-5

序　号	设备类型	厂　家	型　号	软件版本	硬件版本	是否安装使用	备　注
1							
2							
3	……	……	……	……	……	……	

附录B　全国联网车道软件信息表

全国联网车道软件信息，见表 2.B-1。

全国联网车道软件信息表　　　　表 2.B-1

<table>
<tr><th>省（区、市）</th><th>序　号</th><th>集成商名称</th><th>车　道</th><th>交易方式</th><th>车道软件版本</th><th>设备厂家</th><th>产品型号</th><th>备　注</th></tr>
<tr><td rowspan="6"></td><td rowspan="5">1</td><td rowspan="5"></td><td rowspan="4">ETC</td><td rowspan="3">天线交易</td><td></td><td></td><td></td><td></td></tr>
<tr><td></td><td></td><td></td><td></td></tr>
<tr><td>……</td><td>……</td><td></td><td></td></tr>
<tr><td>刷卡交易</td><td></td><td></td><td></td><td></td></tr>
<tr><td>MTC</td><td>刷卡交易</td><td></td><td></td><td></td><td></td></tr>
<tr><td>2</td><td>……</td><td>……</td><td></td><td>……</td><td>……</td><td></td><td></td></tr>
</table>

注：ETC 车道如果没有刷卡功能，刷卡交易后续的机具型号等信息填“—”。

附录C　全国联网测试OBU和用户卡清单表

全国联网测试 OBU 和用户卡清单，见表 2.C-1、表 2.C-2。

C.1　全国联网测试 OBU 清单表

全国联网测试 OBU 清单表　　表 2.C-1

序　号	省（区、市）	设备厂家	设备型号	软件版本	硬件版本	应用序列号	车　牌	备　注
1								
2								
3								
4								

C.2　全国联网测试用户卡清单表

全国联网测试用户卡清单表　　表 2.C-2

序　号	省（区、市）	设备厂家	设备型号	软件版本	硬件版本	应用序列号	车　牌	类型（储值/记账）	备　注
1									
2									
3									
4									

附录D　RSU-OBU设备互通测试记录表

RSU-OBU 设备互通测试记录，见表 2.D-1。

RSU-OBU 设备互通测试记录表　　　　表 2.D-1

测试内容：

测试省（区、市）：　　　　系统集成商：　　　　车道软件版本：

天线厂家：　　　　设备型号：　　　　软件版本：　　　　硬件版本：

测试人员：　　　　测试日期：　　　　测试地点：　　　　BST 发送间隔：s

序号	省（区、市）	OBU 厂家	OBU 型号	标签应用序列号	IC 卡厂家	IC 卡型号	卡片类型	卡片应用序列号	入口——复合消费（信道）	出口——复合消费（信道）	开放式——复合消费（信道）	备注
1							储值卡					
2							记账卡					
3							储值卡					
4							记账卡					
5							储值卡					
6							记账卡					
7							储值卡					
8							记账卡					

附录E 卡机具—用户卡设备互通测试记录表

卡机具—用户卡设备互通测试记录，见表 2.E-1。

卡机具—用户卡设备互通测试记录表 表 2.E-1

测试内容：

测试省（区、市）： 系统集成商： 车道软件版本： 硬件版本：

天线厂家： 设备型号： 软件版本：

测试人员： 测试日期： 测试地点：

序号	省（区、市）	IC 卡厂家	IC 卡型号	卡片类型	卡片应用序列号	入口——复合消费（信道）	出口——复合消费（信道）	开放式——复合消费（信道）	备注
1				储值卡					
2				记账卡					
3				储值卡					
4				记账卡					
5				储值卡					
6				记账卡					
7				储值卡					
8				记账卡					

附录F　车道异常测试记录表

车道异常测试记录，见表 2.F-1。

车道异常测试记录表　　表 2.F-1

测试内容：交易异常测试

测试省（区、市）：　系统集成商：　车道软件版本：　车道模式：

设备厂家：　设备型号：　软件版本：　硬件版本：

测试人员：　测试日期：　测试地点：

序号	省（区、市）	OBU厂商	OBU型号	标签号	IC卡	测试项目	测试细项	期望结果	测试步骤	测试结果	测试情况	备注
1						异常交易	标签无卡	标签无卡	不插卡直接交易			
2							余额不足	余额不足	OBU 插卡直接交易			
3							车卡绑定错误	车卡绑定错误	OBU 插卡直接交易			
4							卡片未启用	卡片未启用	OBU 插卡直接交易			
5							标签未启用	标签未启用	OBU 插卡直接交易			
6							卡片过期	卡片过期	OBU 插卡直接交易			
7							标签过期	标签过期	OBU 插卡直接交易			
8							车卡绑定正常	车卡绑定正常	OBU 插卡直接交易			
9							非绑定卡	正常通过	OBU 插卡直接交易			
10							标签拆卸	标签拆卸	启用拆卸，OBU 插卡直接交易			
11							无入口信息	无入口信息	在出口交易，不刷入口			
12							标签挂失	标签挂失	OBU 插卡直接交易			
13							标签禁用	标签禁用	OBU 插卡直接交易			
14							卡片挂失	卡片挂失	OBU 插卡直接交易			
15							卡片禁用	卡片禁用	OBU 插卡直接交易			
16							卡片透支	卡片透支	OBU 插卡直接交易			
17							卡片注销	卡片注销	提示黑名单支付卡			
18							OBU 发行属地无效	标签发行属地无效	OBU 插卡直接交易			
19							卡片发行方无效	卡片发行方无效	OBU 插卡直接交易			
20							TAC 验证测试	计算正确	OBU 插卡直接交易			
21							OBU 和 IC 不是一个省（区、市）	提示 OBU 和 IC 不是一个路网	OBU 插卡直接交易			
22							普通 OBU 和军车 IC 卡	提示 OBU 和 IC 不是一个路网	OBU 插卡直接交易			
23							军车标签和北京 IC 卡	军车标签和北京 IC 卡	OBU 插卡直接交易			
24							标签拆卸	标签拆卸	启用拆卸，OBU 插卡直接交易			
25							正常通行	正常通行	OBU 插卡直接交易			

附录G　RSU-OBU协议互通测试报告和数据审核报告

RSU-OBU 协议互通测试报告和数据审核报告，见表 2.G-1、表 2.G-2。

G.1　OBU 测试报告示例

OBU 测试报告示例　　表 2.G-1

<table>
<tr><td rowspan="4">被测设备</td><td colspan="5">（冀）JLCZ-06</td></tr>
<tr><td>厂商</td><td colspan="2">聚利</td><td>版本</td><td></td></tr>
<tr><td>合同序列号</td><td colspan="4"></td></tr>
<tr><td>设备地区</td><td colspan="4"></td></tr>
<tr><td rowspan="4">测试系统</td><td>RSU 型号</td><td colspan="4">（京）金溢 G60</td></tr>
<tr><td rowspan="2">用户卡序列号</td><td>记账卡</td><td colspan="3"></td></tr>
<tr><td>储值卡</td><td colspan="3"></td></tr>
<tr><td>车道软件版本</td><td colspan="4"></td></tr>
<tr><td rowspan="6">测试内容</td><td rowspan="6">交易测试</td><td rowspan="2">封闭式入口</td><td>记账卡</td><td colspan="2"></td></tr>
<tr><td>储值卡</td><td colspan="2"></td></tr>
<tr><td rowspan="2">封闭式出口</td><td>记账卡</td><td colspan="2"></td></tr>
<tr><td>储值卡</td><td colspan="2"></td></tr>
<tr><td rowspan="2">开放式</td><td>记账卡</td><td colspan="2"></td></tr>
<tr><td>储值卡</td><td colspan="2"></td></tr>
<tr><td>测试人员</td><td colspan="2"></td><td>测试日期</td><td colspan="2"></td></tr>
<tr><td colspan="6"></td></tr>
<tr><td rowspan="4">数据审核内容</td><td colspan="3">DSRC 数据帧完整性</td><td colspan="2"></td></tr>
<tr><td colspan="3">DSRC 数据正确性</td><td colspan="2"></td></tr>
<tr><td colspan="3">DSRC 数据与用户卡信息一致性</td><td colspan="2"></td></tr>
<tr><td colspan="3">其他</td><td colspan="2"></td></tr>
<tr><td>审核结果</td><td colspan="5">☐ 通过　　　　☐ 不通过</td></tr>
<tr><td>审核人</td><td colspan="2"></td><td>审核日期</td><td colspan="2"></td></tr>
</table>

G.2　RSU 测试报告示例

RSU 测试报告示例　　表 2.G-2

<table>
<tr><td rowspan="4">被测设备</td><td colspan="4">（津）金溢 G60</td></tr>
<tr><td>厂商</td><td>金溢</td><td>版本</td><td></td></tr>
<tr><td>合同序列号</td><td colspan="3"></td></tr>
<tr><td>设备地区</td><td colspan="3"></td></tr>
<tr><td rowspan="4">测试系统</td><td>OBU 型号</td><td colspan="3">（晋）JLCZ-06</td></tr>
<tr><td rowspan="2">用户卡序列号</td><td>记账卡</td><td colspan="2"></td></tr>
<tr><td>储值卡</td><td colspan="2"></td></tr>
<tr><td>车道软件版本</td><td colspan="3"></td></tr>
<tr><td rowspan="6">测试内容</td><td rowspan="6">交易测试</td><td rowspan="2">封闭式入口</td><td colspan="2">记账卡</td></tr>
<tr><td colspan="2">储值卡</td></tr>
<tr><td rowspan="2">封闭式出口</td><td colspan="2">记账卡</td></tr>
<tr><td colspan="2">储值卡</td></tr>
<tr><td rowspan="2">开放式</td><td colspan="2">记账卡</td></tr>
<tr><td colspan="2">储值卡</td></tr>
<tr><td>测试人员</td><td></td><td>测试日期</td><td colspan="2"></td></tr>
<tr><td colspan="5"></td></tr>
<tr><td rowspan="4">数据审核内容</td><td colspan="2">DSRC 数据帧完整性</td><td colspan="2"></td></tr>
<tr><td colspan="2">DSRC 数据正确性</td><td colspan="2"></td></tr>
<tr><td colspan="2">DSRC 数据与 PC-RSU 对应数据一致性</td><td colspan="2"></td></tr>
<tr><td colspan="2">其他</td><td colspan="2"></td></tr>
<tr><td>审核结果</td><td colspan="4">□ 通过　　　　□ 不通过</td></tr>
<tr><td>审核人</td><td></td><td>审核日期</td><td colspan="2"></td></tr>
</table>

附录H　OBU协议一致性测试用例列表、测试报告

OBU 协议一致性测试用例列表、测试报告，见表 2.H-1、表 2.H-2。

H.1　OBU 协议一致性测试用例列表示例

OBU 协议一致性测试用例列表示例　　表 2.H-1

序号	测试例名称	说　明	备　注
1	TC_OBU_MAC_BT_BV_BST_01	BST 测试用例	
2	TC_OBU_E_TRANS_BT_BV_01	带预读的交易测试用例	
3	TC_OBU_E_TRANS_BT_BV_02	不带预读的交易测试用例	
4	……	……	
…	……	……	

H.2　OBU 协议一致性测试报告示例

OBU 协议一致性测试报告示例　　表 2.H-2

<table>
<tr><td>厂商</td><td></td><td>标签型号</td><td colspan="3"></td><td>测试时间</td><td></td></tr>
<tr><td>标签号</td><td></td><td>软件版本号</td><td></td><td>硬件版本号</td><td></td><td>测试地点</td><td></td></tr>
<tr><td>序号</td><td colspan="2">测试例名称</td><td colspan="3">返回值</td><td>结论</td><td></td></tr>
<tr><td>1</td><td colspan="2">TC_OBU_MAC_BT_BV_BST_01</td><td colspan="3">XXXXXXXXX</td><td>通过</td><td></td></tr>
<tr><td>2</td><td colspan="2">TC_OBU_E_TRANS_BT_BV_01</td><td colspan="3">XXXXXXXXX</td><td>通过</td><td></td></tr>
<tr><td>3</td><td colspan="2">TC_OBU_E_TRANS_BT_BV_02</td><td colspan="3">XXXXXXXXX</td><td>通过</td><td></td></tr>
<tr><td>4</td><td colspan="2">……</td><td colspan="3">……</td><td>……</td><td></td></tr>
<tr><td>…</td><td colspan="2">……</td><td colspan="3">……</td><td>……</td><td></td></tr>
<tr><td></td><td colspan="2"></td><td colspan="3"></td><td></td><td></td></tr>
<tr><td colspan="6"></td><td>结论</td><td>通过</td></tr>
<tr><td colspan="6"></td><td>测试人</td><td></td></tr>
</table>

附录I　实车测试站点信息表

实车测试站点信息，见表 2.I-1。

实车测试站点信息表　　　　表 2.I-1

<table>
<tr><th rowspan="2">序号</th><th colspan="8">车道信息</th><th colspan="4">设备信息</th><th rowspan="2">备注</th></tr>
<tr><th>站点</th><th>车道号</th><th>软件厂家</th><th>软件版本</th><th>省（区、市）</th><th>车道类型</th><th>车道模式</th><th>交易方式</th><th>设备厂家</th><th>设备型号</th><th>软件版本</th><th>硬件版本</th></tr>
<tr><td rowspan="3">1</td><td rowspan="3"></td><td rowspan="3"></td><td rowspan="3"></td><td rowspan="2"></td><td rowspan="3"></td><td rowspan="2">ETC</td><td rowspan="3">开放式 / 封闭式入口 / 封闭式出口 / 合建站</td><td>天线</td><td></td><td></td><td></td><td></td><td></td></tr>
<tr><td>刷卡</td><td></td><td></td><td></td><td></td><td></td></tr>
<tr><td></td><td>MTC</td><td>刷卡</td><td></td><td></td><td></td><td></td><td></td></tr>
<tr><td rowspan="3">2</td><td rowspan="3"></td><td rowspan="3"></td><td rowspan="3"></td><td rowspan="2"></td><td rowspan="3"></td><td rowspan="2">ETC</td><td rowspan="3">开放式 / 封闭式入口 / 封闭式出口 / 合建站</td><td>天线</td><td></td><td></td><td></td><td></td><td></td></tr>
<tr><td>刷卡</td><td></td><td></td><td></td><td></td><td></td></tr>
<tr><td></td><td>MTC</td><td>刷卡</td><td></td><td></td><td></td><td></td><td></td></tr>
<tr><td rowspan="3">3</td><td rowspan="3"></td><td rowspan="3"></td><td rowspan="3"></td><td rowspan="2"></td><td rowspan="3"></td><td rowspan="2">ETC</td><td rowspan="3">开放式 / 封闭式入口 / 封闭式出口 / 合建站</td><td>天线</td><td></td><td></td><td></td><td></td><td></td></tr>
<tr><td>刷卡</td><td></td><td></td><td></td><td></td><td></td></tr>
<tr><td></td><td>MTC</td><td>刷卡</td><td></td><td></td><td></td><td></td><td></td></tr>
</table>

附录J 实车测试RSU-OBU设备交易测试记录表

实车测试 RSU-OBU 设备交易测试记录，见表 2.J-1。

实车测试 RSU-OBU 设备交易测试记录表 表 2.J-1

测试内容：

测试省（区、市）： 系统集成商： 车道软件版本：

天线厂家： 设备型号： 软件版本： 硬件版本：

测试人员： 测试日期： 测试地点： BST 发送间隔：ms

序号	省（区、市）	OBU 厂家	OBU 型号	标签应用序列号	IC 卡厂家	IC 卡型号	卡片类型	卡片应用序列号	入口——复合消费（信道）	出口——复合消费（信道）	开放式——复合消费（信道）	备注
1							储值卡					
2							记账卡					
3							储值卡					
4							记账卡					
5							储值卡					
6							记账卡					
7							储值卡					
8							记账卡					

附录K　实车测试卡机具—用户卡设备交易测试记录表

实车测试卡机具—用户卡设备交易测试记录，见表2.K-1。

实车测试卡机具—用户卡设备交易测试记录表　　表2.K-1

测试内容：

测试省（区、市）：　　系统集成商：　　车道软件版本：　　硬件版本：

天线厂家：　　设备型号：　　软件版本：

测试人员：　　测试日期：　　测试地点：

序号	省（区、市）	IC卡厂家	IC卡型号	卡片类型	卡片应用序列号	入口——复合消费（信道）	出口——复合消费（信道）	开放式——复合消费（信道）	备注
1				储值卡					
2				记账卡					
3				储值卡					
4				记账卡					
5				储值卡					
6				记账卡					
7				储值卡					
8				记账卡					

附录L　实车测试车道异常测试记录表

实车测试车道异常测试记录，见表 2.L-1。

实车测试车道异常测试记录表　　表 2.L-1

测试内容：交易异常测试

测试省（区、市）：　　系统集成商：　　车道软件版本：　　车道模式：

设备厂家：　　设备型号：　　软件版本：　　硬件版本：

测试人员：　　测试日期：　　测试地点：

序号	省（区、市）	OBU 厂商	OBU 型号	标签号	IC 卡	测试项目	测试细项	期望结果	测试步骤	测试结果	测试情况	备注
1						异常交易	标签挂失	标签挂失	OBU 插卡直接交易			
2							标签未启用	标签未启用	OBU 插卡直接交易			
3							标签过期	标签过期	OBU 插卡直接交易			
4							标签拆卸	标签拆卸	启用拆卸，OBU 插卡直接交易			
5							卡片挂失	卡片挂失	OBU 插卡直接交易			
6							卡片未启用	卡片未启用	OBU 插卡直接交易			
7							卡片过期	卡片过期	OBU 插卡直接交易			
8							非绑定卡（全 F）	正常通过	OBU 插卡直接交易			
9							非绑定卡（全 0）	正常通过	OBU 插卡直接交易			
10							卡片发行方无效	卡片发行方无效	OBU 插卡直接交易			
11							车卡绑定错误	车卡绑定错误	OBU 插卡直接交易			
12							OBU 和 IC 卡归属地不一致	OBU 和 IC 卡归属地不一致	OBU 插卡直接交易			
13							TAC 验证测试	计算正确	OBU 插卡直接交易			

附录M　省（区、市）界站/典型站点ETC车道机电系统统计

省（区、市）界站 / 典型站点 ETC 车道机电系统统计，见表 2.M-1。

省（区、市）界站 / 典型站点 ETC 车道机电系统统计　　表 2.M-1

＿＿＿＿＿省（区、市）＿＿＿＿＿收费站：

<table>
<tr><td>车道布局</td><td colspan="4">ETC 车道（出口）：＿＿条 MTC 车道（出口）：＿＿条
ETC 车道（入口）：＿＿条 MTC 车道（入口）：＿＿条
ETC 车道位置：居左＿＿ 居中＿＿ 居右＿＿</td></tr>
<tr><td>栏杆位置</td><td colspan="4">栏杆前置：＿＿栏杆中置：＿＿栏杆后置：＿＿</td></tr>
<tr><td>人工值守</td><td>是 / 否</td><td>支持人工刷卡</td><td colspan="2">是 / 否</td></tr>
<tr><td>ETC 引导标志</td><td>是 / 否</td><td>车道彩色铺装</td><td colspan="2">是 / 否</td></tr>
<tr><td>数据库类型 ※</td><td></td><td>ETC 专用键盘</td><td colspan="2">是 / 否</td></tr>
<tr><td>线圈个数</td><td></td><td>光栅个数</td><td colspan="2"></td></tr>
<tr><td>线圈作用 ※</td><td></td><td>光栅作用 ※</td><td colspan="2"></td></tr>
<tr><td colspan="5">ETC 车道：</td></tr>
<tr><td>设备</td><td>厂家</td><td>品牌 / 型号 / 规格 ※</td><td>功能 ※</td><td>备注</td></tr>
<tr><td>天线（单 / 双）</td><td></td><td></td><td></td><td></td></tr>
<tr><td>刷卡机具</td><td></td><td></td><td></td><td></td></tr>
<tr><td>车道机 / 工控机</td><td></td><td></td><td></td><td></td></tr>
<tr><td>费额显示器</td><td></td><td></td><td></td><td></td></tr>
<tr><td>高速栏杆机（单 / 双闸）</td><td></td><td></td><td></td><td></td></tr>
<tr><td>车道摄像机（车牌识别）</td><td></td><td></td><td></td><td></td></tr>
</table>

注：带 ※ 内容可选填。

记录人：　　　　时间：